北京法院参阅案例

BEIJING FAYUAN CANYUE ANLI

（第八卷）

北京市高级人民法院　编

知识产权出版社
全国百佳图书出版单位

内容提要

本书精选了2012年北京市三级法院审理的54个案例，所选案例涉及刑事、民事、知识产权、行政及执行各个领域，不仅内容新颖，而且具有典型性，反映了我国司法实践的最新发展。针对每个案例，在介绍案情和审理结果的基础上，重点对案件中的疑点、难点进行了深入的分析，并针对审判结果进行了充分的阐释，将法学理论和法律适用紧密结合起来，对司法实务中一些法律问题认识和处理有着指导意义。

读者对象：法官、律师、高等院校法律专业师生及有关研究人员等。

责任编辑：彭小华　　**责任出版**：卢运霞
执行编辑：雷春丽　　**文字编辑**：王丽丽　俞　楠　王　岩　崔开丽

图书在版编目（CIP）数据

北京法院参阅案例．第八卷/北京市高级人民法院编．—北京：知识产权出版社，2012.12
ISBN 978-7-5130-1742-8
Ⅰ.①北…　Ⅱ.①北…　Ⅲ.①审判-案例-汇编-北京市
Ⅳ.①D927.100.5
中国版本图书馆CIP数据核字（2012）第284236号

北京法院参阅案例·第八卷
北京市高级人民法院　编

出版发行：知识产权出版社
社　　址：北京市海淀区马甸南村1号　　邮　　编：100088
网　　址：http://www.ipph.cn　　邮　　箱：bjb@cnipr.com
发行电话：010-82000860转8101/8102　　传　　真：010-82005070/82000893
责编电话：010-82000860转8115　　责编邮箱：pengxiaohua@cnipr.com
印　　刷：北京雁林吉兆印刷有限公司　　经　　销：新华书店及相关销售网点
开　　本：720mm×960mm　1/16　　印　　张：15.5
版　　次：2013年1月第1版　　印　　次：2013年1月第1次印刷
字　　数：290千字　　定　　价：35.00元
ISBN 978-7-5130-1742-8/D·1643（4582）

《北京法院参阅案例》

序

在我国古代司法体制及传统法律文化中，案例或判例制度具有重要地位。案例或判例被称为“比附援引”或“比附断案”。秦有“廷行事”、汉有“决事比”、宋有“断狱”，而明清更是律例并行。自清末修律至民国时期，我国虽整体秉承大陆法体系，但为补民国初年成文法典未颁之需，遂正式于大理院建立判例制度，“以为嗣后裁判之规则”。新中国成立后，我国虽全面废止“六法全书”，但就法律渊源而言，成文法体系不改，排斥以判例作为判决的依据。虽最高人民法院仍定期公布典型案例，但与判例之法仍有差距。探究其源，与一国法制不可脱离其历史传统与现实文化而独行不无关系。我国古代虽有判例制度，但始终是“以例辅律”，当是其主要原因之一。

时至今日，制定法与判例法两大法系虽并行于世，界线鲜明，但已然呈现相互借鉴融合之势。究其根源，判例法重其经验、失之严谨，而制定法严谨有余、灵活不足。在我国，制定法在建立国家法制、倡导依法治国方面居功甚伟，但其相对抽象、滞后的法律规则，对于应对纷繁复杂的社会生活，不免略显乏力。而今，各界有识之士倡议重新审视判决先例的积极意义，最高人民法院适时提出“完善案例指导制度”，为充分发挥先前判决对审判的指导作用提供了一条可资借鉴的途径。

北京市法院自建立“案例参阅制度”以来，定期在北京市法院已决案件中选择一些在法律适用上有典型意义、具有普遍性并对审判工作有指导作用的生效裁判，详加分析说理，以一定程序公布，旨在以典型案例指导审判实践，规范裁判标准，统一司法尺度，至今已发布典型案例 1 300 余件，在社会上引起较好反响。现将 2012 年发布的参阅案例汇编出版，既为法官适用提供查阅便利，也为与各界交流、促进和宣讲法制以及接受公众监督提供平台，以此改进法院工作。

是为序。

北京市高级人民法院院长 池强

2012 年 12 月

目　　录

刑事案例

民商事案例

知识产权案例

行政案例

执行案例

刑事案例

1. 被告人交通肇事后移置逃逸的行为应定故意杀人罪

被告人：李某，男，32 岁，农民

一、案情

2010 年 11 月 6 日 9 时许，被告人李某在北京市房山区良坨路安庄村委会前，驾驶车号为京 PM××××的五菱牌小型客车将正在过马路的被害人燕某（男，殁年 65 岁，住房山区良乡镇大南关村 126 号）撞伤，后李某将燕某送往房山区良乡医院救治，并报警寻找燕某家人未果，在被医院告知燕某需住院治疗的情况下，被告人李某当日 14 时许将燕某带离医院。李某在燕某说不清准确住址的情况下，将其遗弃于房山区良乡镇北潞园小区东门内一花坛边。因燕某一直未回家，其家人和朋友一起在附近寻找，当日 15 时 15 分左右，燕某儿子的朋友在距燕某家不远的北潞园小区东门附近发现了燕某，即通知了燕某的家人，当时燕某半卧在花坛上，已经说不出话，身上有伤，神志尚清醒。2010 年 11 月 6 日 15 时 40 分许，燕某被送至医院。

燕某被机动车撞击后，因外伤、疼痛，情绪激动等因素诱发了急性心肌梗死；因外伤后遭遗弃、身体受寒等诱发了双肺严重感染。2010 年 11 月 11 日燕某由于冠状动脉粥样硬化性心脏病、急性心肌梗死、双肺急性化脓性支气管炎致全身呼吸循环衰竭，经抢救无效死亡。被告人李某作案后被查获归案。

二、审理结果

一审法院经审理认为，被告人李某在交通肇事后为逃避法律追究将被害人燕某带离事故现场后遗弃，致使燕某无法得到救助而死亡，其行为已构成故意杀人罪。被告人李某自动到案，到案后虽未如实供述犯罪事实，但在公安机关掌握其犯罪事实后能如实供述，对其予以从轻处罚，因本案被害人的死亡系多因一果，故对被告人李某酌情从轻处罚。据此，依照《中华人民共和国刑法》（以下简称《刑法》）第 232 条、第 47 条、第 55 条第 1 款、第 56 条第 1 款、第 67 条第 3 款、第 61 条、第 36 条第 1 款，最高人民法院《关于审理交通肇事刑事案件具体应用法律若干问题的解释》第 6 条，《中华人民共和国民法通则》（以下简称《民法通则》）第 119 条，《中华人民共和国侵权责任法》（以下简称《侵权责任法》）第 16 条，最高人民法院《关于审理人身损害赔偿案件适用法律若干问题的解释》第 17 条第 1 款及第 3 款、第 22 条、第 27 条、第 29 条、第 35 条的规定判决：被告人李某犯故意杀人罪，判处有期徒刑 10 年，剥夺政治权利 2 年，赔偿附带民事诉讼原告人孙某等经济损失共计人民币 235 022元。

一审宣判后，被告人李某以原判认定事实不清、定性不准、量刑过重为由，对刑事部分判决提出上诉。

二审法院经审理认为，一审法院认定的事实清楚、定罪正确、量刑适当、程序合法，应予维持。故依照《刑法》第 232 条、第 55 条第 1 款、第 56 条第 1 款、第 61 条、最高人民法院《关于审理交通肇事刑事案件具体应用法律若干问题的解释》第 6 条及《中华人民共和国刑事诉讼法》（以下简称《刑事诉讼法》）第 189 条第（1）项的规定裁定：驳回李某的上诉，维持原审刑事部分判决。

三、意见

本案涉及的是行为人交通肇事后逃避法律责任的定罪问题。对此，本案在审理中，对李某犯罪行为如何定性存在以下三种不同意见：

第一种意见认为，被告人李某构成故意杀人罪。主要理由是：被告人交通肇事撞人后本应积极施救，其在将被害人送到医院救治后，因被害人需要住院治疗，在未征得医生同意的情况下，其将被害人带离医院后予以遗弃，并最终导致了被害人死亡结果的发生，具有放任被害人死亡的主观故意，符合最高人民法院《关于审理交通肇事刑事案件具体应用法律若干问题的解释》第 6 条规定的情形，应以故意杀人罪定罪量刑。

第二种意见认为，被告人李某构成交通肇事罪，并具有“因逃逸致人死亡”的加重处罚情节。理由是：被告人交通肇事后，已经采取了积极的救护措施，将被害人送往医院救治，报警请求协助寻找被害人亲属未果，在此情况下，其将被害人带离医院，并将被害人放置于其所说的小区内，可见，其主观上并不希望发生被害人死亡的后果，对被害人的遗弃是为了逃逸。因此，被告人李某的行为不应适用最高人民法院《关于审理交通肇事刑事案件具体应用法律若干问题的解释》第 6 条的规定，而符合《刑法》第 133 条因逃逸致人死亡的情形，应当认定为交通肇事罪，处 7 年以上有期徒刑。

第三种意见认为，被告人李某构成交通肇事罪，并具有“逃逸”的加重处罚情节。理由是：本案的尸体检验鉴定书证明，被害人系因心脏病、急性心肌梗死、双肺急性化脓性支气管炎致全身呼吸衰竭死亡，据此，被害人在被撞伤后诱发了急性心肌梗死，是导致被害人死亡的主要原因，与被告人是否将被害人带离医院后遗弃并无必然联系，因此，不应让被告人承担因逃逸致人死亡的加重处罚情节，更不应让被告人承担由交通肇事转化为故意杀人的刑事责任。

笔者同意第一种意见。主要理由分析如下。

（一）从主观方面分析

从《刑法》第133条到最高人民法院《关于审理交通肇事刑事案件具体应用法律若干问题的解释》第5～6条，立法意图明确，即对交通肇事后逃逸行为区分"消极模式"和"积极模式"设置了不同的处罚：行为人在交通肇事后，即负有接受法律追究、现场救助义务以及经济赔偿责任，这种先前行为引起的行为义务是一种法定义务。如果行为人逃逸，则违反了自己的作为义务，就构成了不作为犯罪，其对因逃逸致人死亡仍属于过失心理状态，这种消极行为模式中，被害人的死亡是基于行为人先肇事后不救的整体行为而发生的危害后果；但行为人在交通肇事后为逃避法律责任，将被害人带离事故现场置于自己的控制下，此时无论是救助义务还是前后行为因果联系，均对行为人提出了更为严格的要求，其以积极行为的方式背弃救助义务，此时，行为人的主观心态已不再是对死亡后果的无认识，已由肇事的过失心态演变为出于逃避责任的目的而放任被害人死亡的间接故意心态，有的甚至发展成为直接故意杀人的心态。

本案中，被告人李某肇事后将被害人送至医院、报警，并寻找被害人的家人，从表面上看，其确实履行了一定的救助义务，但其救助不彻底，从行为的本质上来看，仍是一种"积极逃逸"的情形。一是被告人作为具有完全刑事责任能力的成年人，且在医院明确告知被害人发生骨折需要住院的情况下，对于被害人的危急状态应有明确认知；二是被告人经过报警求助未找到被害人的亲属，仅依对意识已处于模糊状态的被害人的简单询问，且未得到进一步印证的情况下，就将被害人搁置该处，也反映了其放任的主观心理特征。可以说，被告人李某在主观动机上既存在希望被害人被他人发现而救治的因素，也存在为逃避法律责任而不顾被害人死活的因素，从行为的整体来看，后者为主要因素。因此，认定被告人在主观方面对被害人的死亡持放任的心理态度，属间接故意是正确的。

（二）对客观方面分析

交通肇事转化为故意杀人在客观上表现为将被害人带离事故现场后隐藏或者遗弃，并且致使被害人无法得到救助而死亡。在积极逃逸模式中，行为人的积极逃逸情形包含了两个前后互相联系的行为，即先前的交通肇事行为和之后的隐匿、抛弃行为，被害人的死亡结果是其前后两个危害行为混合所致。

在本案中，被告人及辩护人提出的主要辩护意见是：被告人对被害人并没有遗弃行为。从表面上来看，被告人将被害人放置在居住小区内，似乎并非遗弃，但分析被告人的心理状态，其遗弃行为是显见的。其一，如前所述，被告人对被害人是否居住在该小区并不确定。据被告人供述，听被害人说好像是在北潞园小区，其在到达该小区，并询问保安未果的情况下，即将被害人放置在该处。客观上被害人确实居住在该小区，但被告人的主观心理对此点应是不确定的。因此，被告人主观心理上的不确定性是显而易见的。其二，在被害人居住地未确定的情况下，被告人所辩称的“快下班了，被害人的家人应能看见”的理由就更不能成立了。对于被告人来说，其不认识被害人，更谈不上了解被害人家人的生活规律，其对于被害人能否得到及时救助，在主观心理上也是不确定的。在以上两点均不确定的情况下，被告人仅因当时有急事就草率把被害人从车上放置下来，显然是一种不负责任的遗弃行为。

（三）从刑法上的因果关系分析

行为人移置逃逸的情形与被害人死亡成就因果关系，即行为人的先前肇事行为和遗弃行为最终造成了被害人死亡结果的发生。根据最高人民法院《关于审理交通肇事刑事案件具体应用法律若干问题的解释》的规定，这包括两层意思：一是被害人虽被隐藏或者遗弃，但因为他人救助或者其他原因没有发生死亡或严重残疾的后果，对肇事人就不能以故意杀人罪或故意伤害罪定罪处罚；二是被害人死亡或者严重残疾的后果在没被带离现场隐藏或遗弃之前发生，不是由于被隐藏或者遗弃而无法得到救助所致，如因伤势严重不可避免地要发生死亡的，也同样不能对肇事人以故意杀人罪或故意伤害罪定罪处罚。

在本案中，被告人在肇事后将被害人及时送往医院救助，无疑被害人在医院可以得到及时、有效的救助，被告人在医院告知需要住院的情况下，擅自将被害人带离医院，显然，这种移置行为是将被害人死亡的风险提高了，且在事后得到了医学鉴定的证明。本案法医学尸体检验鉴定书证明：被害人系因冠状动脉粥样硬化性心脏病、急性心肌梗死，双肺急性化脓性支气管炎致全身呼吸循环衰竭死亡。外伤、疼痛、情绪激动等因素诱发了急性心肌梗死；外伤后遭遗弃、身体受寒等是双肺严重感染的重要诱因。死者所受损伤系巨大钝性物体（机动车）撞击形成。从现有证据来看，被告人的肇事行为和其后遗弃行为的结合，与被害人的死亡形成了刑法上的因果关系。

此外，考虑到被告人在肇事后曾对被害人采取了积极救治行为，在量刑时必须有所体现，否则容易使公众产生肇事后救人不如逃逸的错误观念，影响裁判效果。

综上，一审、二审法院的裁判是正确的。

2. 追逐竞驶的行为构成危险驾驶罪

被告人：彭某，男，33 岁

一、案情

2011 年 5 月 11 日 12 时许，被告人彭某在北京市密云县密溪路阳光大桥红绿灯处，因侯某（另案处理）驾驶红色宝来轿车（京 N×××M×）别挡了其驾驶的白色桑塔纳 2000 型轿车（京 P××Q××），后两人驾车在密溪路高速追逐、相互别挡，驶入北京市密云县溪翁庄镇溪翁庄村内仍然相互追逐，行驶至溪翁庄镇中学路口时，两人在别挡过程中，两车同时撞上停靠在路边的杨某驾驶的帕萨特（领驭）轿车（京 GPV×××），造成三车损坏。被告人彭某下车后又手持砖头将侯某驾驶的红色宝来轿车的前挡风玻璃砸坏。经价格鉴定，帕萨特（领驭）轿车损坏修复价格为人民币 2.8 万元，白色桑塔纳 2000 型轿车损坏修复价格为人民币 4 800余元，红色宝来轿车损坏修复价格为人民币 6 300元。

公诉机关认为，被告人彭某无视国法，在道路上驾驶机动车追逐竞驶，情节恶劣，危害公共安全，其行为触犯了《刑法》第 133 条之一，应当以危险驾驶罪追究其刑事责任，故向一审法院提起公诉。

被告人彭某对起诉书指控的事实无异议，但是认为赔偿了被害人的经济损失，希望法院从轻处罚。

二、审理结果

一审法院经审理认为：被告人彭某无视国家法律，在道路上驾驶机动车追逐竞驶，情节恶劣，危害公共安全，其行为已构成危险驾驶罪，应依法惩处。检察机关指控被告人彭某犯危险驾驶罪的事实清楚、证据充分、指控罪名成立。鉴于被告人彭某认罪态度较好，对其依法从轻处罚。依照《刑法》第 133 条之一第 1 款、第 42 条、第 44 条、第 52 条、第 53 条、第 67 条第 3 款、第 61 条和最高人民法院、最高人民检察院、司法部《关于适用简易程序审理公诉案件的若干意见》第 9 条之规定，以被告人彭某犯危险驾驶罪，判处拘役 4 个月，罚金人民币 2 000元。

一审宣判后，被告人未提出上诉，检察院未抗诉，一审判决已发生法律效力。

三、意见

本案在审理中，对于被告人彭某的追逐竞驶行为的定性存在争议，一种意见认为应定以危险方法危害公共安全罪，另一种意见认为应定危险驾驶罪。笔者同意第二种意见，具体理由分析如下。

（一）两罪侵害的客体都是公共安全，但危害程度区别明显

首先，从危险程度上讲，一般的追逐竞驶行为不具有以危险方法危害公共安全罪相当的社会危害性。以危险方法危害公共安全罪，是指故意以放火、决水、爆炸、投毒以外的并与之相当的危险方法，足以危害公共安全的行为。对此罪中“以其他危险方法”应做严格解释，不能任意扩大其适用的范围，只有行为人实施危害公共安全的行为所采用的危险方法与放火、决水、爆炸、投毒的危险性相当，且行为的社会危害性达到相当严重的程度，才能按照以危险方法危害公共安全罪论处。本案中彭某与侯某在追逐竞驶过程中，虽然在一定程度上会造成一些社会公众的恐慌，而且最终造成两车相撞并撞坏他人车辆的恶劣后果，但是其社会危害性远不及放火、决水、爆炸、投毒等行为，比较而言，危险驾驶罪的危险程度更轻。其次，从危险主动性讲，危险驾驶罪不具有“加害性”。以危险方法危害公共安全的行为，行为人的目的往往是损害他人的生命健康安全，具有明显的“加害性”。行为人对可能发生的危害后果虽然很难控制和预料，但行为人能够控制自身的安全。而危险驾驶行为一般不具有这种“加害性”特征，它的危险性来自行为本身而不是“加害性”。本案中，被告人彭某与侯某追逐竞驶，仅仅是斗气，并没有想加害对方以及他人，内心也并不希望造成恶劣后果。况且，被告人彭某在追逐竞驶的状态下，自身也置于危险之中，不仅对他人的生命健康安全无法掌控，对自己的安全也无法控制，属于在侥幸心理下试试的危险驾驶行为。

（二）两罪的主观故意有所不同

以危险方法危害公共安全的行为，在主观方面表现为犯罪的故意。即行为人明知其实施的危险方法会危害公共安全，会发生危及不特定多数人的生命、健康或公私财产安全的严重后果，并且希望或者放任这种结果发生。这里既包括直接故意，又包括间接故意。而本案中，被告人彭某明知自己的危险驾驶行为对道路交通与行人安全有高度的危险，且可能发生危害社会的结果，但是他本身并不希望危害结果发生，只是对于危险驾驶行为所引起的危险状态或危险结果持放任的态度，因此，被告人彭某的心理状态是间接故意而不是直接故意。

（三）追逐竞驶构成的危险驾驶罪是情节犯

对于追逐竞驶行为，《中华人民共和国刑法修正案（八）》（以下简称《刑法修正案（八）》）中规定："在道路上驾驶机动车追逐竞驶，情节恶劣的，或者在道路上醉酒驾驶机动车的，处拘役，并处罚金。"由此可见，追逐竞驶只有达到"情节恶劣"的程度，才构成危险驾驶罪。一般的追逐竞驶行为，则不能认定为犯罪。一般认为，在道路上驾驶机动车追逐竞驶的"情节恶劣"包括如下情形：（1）酒后、吸食毒品后在道路上驾驶机动车追逐竞驶的。（2）无驾驶资格追逐竞驶的。（3）在道路上驾驶非法改装的机动车追逐竞驶的。（4）以超过规定时速50%的速度追逐竞驶的。（5）在车流量大、行人多的道路上追逐竞驶的。（6）多人或者多次追逐竞驶的。（7）追逐竞驶引起严重交通堵塞或者公共恐慌的。（8）使用伪造、变造或者其他机动车号牌，或者故意遮挡、污损、不按规定安装机动车号牌的。（9）因追逐竞驶受过行政处罚，又在道路上追逐竞驶的。（10）其他应当认定为情节恶劣的情形，如造成财产损失等。

具体到本案，被告人彭某与侯某多次追逐竞驶，如在密溪路、溪翁庄镇溪翁庄村内、溪翁庄镇中学路口等多处路段高速竞驶，相互别挡。被告人彭某与侯某均以超过规定时速50%的速度追逐竞驶，如彭某在限速70迈的路段车速最高达到110迈，侯某在限速50迈的路段车速大约为70～80迈，均超速50%以上。同时，其两人在相互别挡过程中同时撞上停靠在路边的杨某驾驶的帕萨特轿车，造成三车损坏，且被告人彭某下车后又手持砖头将侯某驾驶的红色宝来轿车的前挡风玻璃砸坏。经鉴定，此次事故造成三车实际损失人民币3.91万元，损失数额较大。故上述案情，均显示被告人彭某的行为属于"情节恶劣"的情形。

综上，一审法院的判决是正确的。

3. 收集、提供大量嫖客信息的行为人在卖淫团伙中起核心作用、具有核心地位的，应认定为组织卖淫罪

被告人：尼某，别名“宝哥”，男，30岁，农民

被告人：孟某，别名“小欢”，男，28岁，农民

一、案情

2010年7月至2011年9月，被告人尼某、孟某与他人（据被告人供述，该人别名“小军”，在逃）合谋，在北京市海淀区、朝阳区等地组织卖淫活动，两被告人按照分工，组织陈某、于某（均另案处理）等人在北京市海淀区各大饭店等地散发大量招嫖卡片，数次与嫖客约定卖淫时间、地点、价格、对妓女的要求等信息，并将该信息提供给卖淫人员的直接管理者小军，由其派出卖淫人员。两被告人事后对卖淫所得对半分成。

2011年9月6日，被告人尼某被公安机关抓获归案；2011年9月7日，被告人孟某被公安机关抓获归案。

公诉机关指控尼某、孟某的行为构成组织卖淫罪，向法院提起公诉。

被告人尼某、孟某对检察院指控的事实和罪名提出异议。被告人尼某及其辩护人辩称：尼某系为他人打工，仅从事散发卡片的活动，公诉机关指控被告人其犯组织卖淫罪的事实不清、证据不足，建议法庭宣告其无罪。被告人孟某及其辩护人辩称：虽然发卡片的人系由孟某找的，但工资并非其发放，建议法庭对被告人孟某宣告无罪。

二、审理结果

一审法院经审理认为，被告人尼某、孟某无视社会管理秩序，组织他人卖淫，其行为均已构成组织卖淫罪，应予惩处。关于被告人尼某、孟某的无罪辩解及其辩护人的无罪辩护意见，根据本案同案犯的供述及证人的证言相互印证表明，被告人尼某、孟某与他人合谋实施组织卖淫行为，按照约定的分工和提成方式，通过控制、管理数人发放招嫖卡片获取大量嫖客信息提供给他人，在卖淫活动中起到关键作用，两被告人这种提供大量嫖客信息的行为属于组织卖淫行为的表现形式之一，两被告人的行为完全符合组织卖淫罪的构成要件，故两被告人的无罪辩解及辩护人的无罪辩护意见无事实及法律依据，不予采纳。

据此，依照《刑法》第358条第1款、第25条第1款、第53条的规定判决：被告人尼某、孟某犯组织卖淫罪分别判处有期徒刑6年，罚金人民币6 000元。

一审宣判后，两被告人均未提出上诉。

三、意见

本案的焦点问题是：收集、提供大量嫖客信息的行为应如何定性，即对组织卖淫行为的理解。对此，审理中曾出现以下两种不同意见。

第一种意见坚持对组织卖淫罪的形式理解，认为本案不构成组织卖淫罪，只能认定为协助组织卖淫罪。“组织”一词的意思是指为达到一定目的，安排分散的人或事物，使之具有一定的系统性和整体性。组织卖淫罪的实行行为，应当表现为对卖淫人员从事了管理、控制、安排和调度。组织卖淫罪中的组织对象应当是卖淫人员，她们是卖淫行为的直接实施者。《刑法》第358条第3款规定的协助组织卖淫罪是指：“为组织卖淫的人招募、运送人员或者其他协助组织他人卖淫的行为。”根据此法条，对于仅从事发招嫖广告、接送卖淫女、为卖淫嫖娼通风报信等行为应按照协助组织卖淫罪处罚。本案中两被告人虽也有一定的组织行为，但组织对象是发招嫖卡片的人，他们仅仅是招嫖行为的实施者，故不构成组织卖淫罪，应构成协助组织卖淫罪。

第二种意见坚持对组织卖淫罪的实质理解，认为本案构成组织卖淫罪。最高人民法院，最高人民检察院于1992年印发的《关于执行〈全国人民代表大会常务委员会关于严禁卖淫嫖娼的决定〉的若干问题的解答》中第2条明确提到，组织卖淫罪的主体“必须是卖淫的组织者，可以是几个人，也可以是一个人，关键要看其在卖淫活动中是否起组织者的作用”。因此，判断一个行为是否构成组织卖淫罪，根本上取决于该行为在卖淫行为中起到了何种作用，而不仅仅从形式上来理解法律条文。

笔者认为第二种意见更为合理。按照我国刑法的规定，组织卖淫罪的起刑点为5年以上有期徒刑，最高为死刑，而协助组织卖淫罪的起刑点为5年以下有期徒刑，最高为10年有期徒刑。组织卖淫者和协助组织卖淫者本来都属于共同犯罪，将协助组织卖淫者按照组织卖淫罪的从犯论处，在我国的刑法理论上没有任何障碍。但刑法之所以将协助组织卖淫罪独立出来，设立一个专门的罪名，具有多重目的。一是为了明确区分行为人在实施组织卖淫过程中的不同作用，按照组织者和协助组织者的刑事责任大小设置不同的罪名，实现处罚的精确；二是鉴于司法实践中协助组织卖淫行为的多发性和多样性，立法者为强调打击此类违法行为的决心，需用刑法罪名对其刑事当罚性予以确认，防止轻纵此类犯罪。归根结底，对这两类犯罪行为进行准确定罪的根本目的在于贯彻刑法责任主义原则，使罪名能精确反映出被告人的刑事责任大小，并在此基础上裁量适度的刑罚，实现刑法的一般预防和特殊预防之目的。

基于此，笔者认为，在区分组织卖淫罪和协助组织卖淫罪时，关键要斟酌行为人在整个犯罪过程中的刑事责任大小，看其应负组织卖淫之责，还是应负协助组织卖淫之责，具体而言，可以从以下两个“核心”因素着手进行分析。

一是功能因素，即行为人在卖淫活动中是否发挥“核心作用”。行为人在组织卖淫中的所谓“核心作用”，就是指对整个卖淫团伙的“全部事项”或者“核心事项”负责。如果起到核心作用，应当可以被认定为组织卖淫罪。

所谓“全部事项”比较容易理解，即是对卖淫团伙中的“人”（卖淫人员及其他人员）、“事”（卖淫活动及其他联络、保障工作）、“物”（卖淫定价及非法所得的分配使用）三者具有最后的统筹、决定权。行为人若负责全部事项，他必然起核心作用，应当构成组织卖淫罪。

关键点在于如何理解“核心事项”。笔者认为，在通常情况下，只要对上述“人、事、物”中的一项或者多项起到实质上的组织管理作用，便可认定为在卖淫活动中发挥了“核心作用”，也应当被认定为组织卖淫罪。然而，收集、提供大量嫖客信息是否属于核心作用则应具体问题具体分析。

客观而论，卖淫是一种非法买卖“性服务”的双方行为，双方的意思沟通与合意，表现为“与嫖客接触双方谈论卖淫时间、地点、价格、方式和其他要求谈妥”这一具体过程，它类似于契约签订中的“要约”和“承诺”，该阶段一旦完成，“卖淫契约”宣告成立。后继的“派出妓女、实施卖淫、给付嫖资”等行为都是“卖淫契约”的履行阶段。因此，对于卖淫团伙而言，“卖淫契约”的成立与“卖淫契约”的履行都具有重要地位。尤其对于没有固定卖淫地点的卖淫团伙而言，“卖淫契约”的成立阶段甚至更为重要，因为其无固定卖淫场所，嫖客无法自行主动前来嫖娼，招嫖行为对于卖淫的促成起着基础作用；而且卖淫地点不固定，更为隐蔽，一旦“卖淫契约”成立，性交易的发生过程很难被公安机关发觉。所以说，无论是从犯罪学角度，还是侦查学角度而言，无固定卖淫地点的卖淫团伙中的“卖淫契约”成立阶段都具有核心作用，在该类团伙中，组织多人收集、约定、提供大量卖淫信息，完全可以认定为一种组织卖淫行为。

本案的两被告人组织专人负责发招嫖广告，嫖客根据广告上的电话联系两被告人，两被告人直接与嫖客约定好卖淫时间、地点、价格及对卖淫女的要求，此时“卖淫契约”业已成立，之后被告人再将嫖客信息提供给掌控卖淫女的小军。由此可见，两被告人不仅实施了发放招嫖广告的管理行为，还负责与嫖客约定具体卖淫细节，实施了卖淫的核心事项，应当构成组织卖淫罪。如果两被告人仅仅是发招嫖广告，并不负责接招嫖电话，或者虽然接招嫖电话，但不负责与嫖客确定卖淫细节，则仍无法将其认定为组织卖淫罪。

二是人际因素，即行为人在卖淫团伙中是否具有“核心地位”。通过上文对“核心作用”的分析，基本上能解决大部分案件的定性问题。然而，不排除司法实践中存在“核心作用”难以认定的场合，此时，笔者还可以对行为人在卖淫团伙中的地位进行分析，看其是否具有“核心地位”，并结合其在犯罪中所起的作用大小，来综合认定其是组织卖淫，还是协助组织卖淫。

任何具有相当规模的卖淫团伙，其内部都在一定程度上存在层级关系。组织卖淫罪一般只适用于其中的一定层级，而不是全部适用，除非该团伙人数少，且无明显分工。因此，要判断某一行为人是否是组织卖淫者，需看他是否处于或者接近该团伙的核心层，而不取决于该人是否直接管理、控制卖淫者，直接管理、控制卖淫者的也可能仅是被雇用的一般打手。

在有些案件中，将卖淫团伙的核心人物一次性全部定位并非易事，因此只能采取比较排除的方式进行筛选。根据已有证据，首先要定位卖淫团伙中最容易被确定的核心人物，他们应当是组织卖淫者。只要该名或者几名核心人物确定，如果其团伙内的某行为人与该核心人物之间是平等协作关系，则该行为人也可以被认定为组织卖淫者。如果某行为人与核心人物之间是隶属关系，即听命于核心人物，则还要看该行为人的具体分工和权责大小，如比较接近核心层，则仍可以认定为组织卖淫者，如不接近核心层，则应当被认定为协助组织卖淫者。

本案的同案犯小军，其必定是卖淫团伙的核心人物，其负责直接掌控和派遣卖淫人员，并负责集中收取卖淫人员带回的嫖资，然后进行统一发放，他应当被认定为组织卖淫者。而本案的两被告人与直接管理卖淫女的同案犯小军之间是按照事先合谋进行的分工协作，且约定的分成方式为五五分成，分成之高，并非简单的协助卖淫者所能获得。据此，可以说，两被告人与小军之间并非上下级的层属关系，而是平等的分工协作关系。故本案中被告人也应当被认定为组织卖淫者。

综上，一审法院的判决是正确的。

4. “抢先交易”行为构成操纵证券市场罪

被告人：汪某，男，43岁，北京首放投资顾问有限公司法定代表人

一、案情

被告人汪某在担任北京首放投资顾问有限公司负责人期间，于2006年7月至2008年3月间，先后利用本人及他人身份证开立并实际控制沪、深证券账户。2007年1月9日至2008年5月21日间，被告人汪某采取先买入“工商银行”、“中国联通”等38只股票，并在公司例会上，要求分析师在股评分析报告中加入推荐其买入股票的信息和让分析师将上述股票作为个股加入到掘金报告中。后利用首放公司名义通过“新浪网”、“搜狐网”、上海证券报、证券时报等媒介对外推荐先期买入的股票，并在股票交易时抢先卖出，人为影响上述股票的交易价格，获取非法利益。根据中国证券监督管理委员会统计，在首放公司推荐股票的内容发布后，相关38只股票交易量在整体上出现了较为明显的上涨：个股开盘价、当日均价明显提高；集合竞价成交量、开盘后1小时成交量成倍放大；全天成交量大幅增长；当日换手率明显上升；参与买入账户明显增多；新增买入账户成倍增加。汪某采取上述方式操纵证券市场55次，累计买入成交额人民币52.6亿余元，累计卖出成交额人民币53.8亿余元，非法获利1.25亿余元归个人所有。

二、审理结果

一审法院经审理认为，被告人汪某无视国家法律，为获取不正当利益，操纵证券市场，侵害了国家对证券交易的管理制度和投资者的合法权益，情节特别严重，其行为已构成操纵证券市场罪，依法应予惩处。故依照《刑法》第182条第1款第（4）项、第52条、第53条、第61条、第64条及最高人民法院《关于执行〈中华人民共和国刑事诉讼法〉若干问题的解释》（以下简称《刑诉法解释》）第359条第3款的规定判决：（1）被告人汪某犯操纵证券市场罪，判处有期徒刑7年，罚金人民币125 757 599.5元。（2）随案移送的财物分别予以充抵罚金、发还、存档备查和退回北京市人民检察院第二分院。

一审判决后，被告人汪某不服，提出上诉。其上诉理由为：一审量刑过重，请求二审法院对其从轻或减轻处罚。二审法院经审理认为，一审法院判决

认定汪某犯操纵证券市场罪的事实清楚，证据确实、充分，定罪及适用法律正确，量刑适当，审判程序合法，应予维持，故依照《刑事诉讼法》第 189 条第（1）项的规定裁定：驳回汪某的上诉，维持原判。

三、意见

本案主要涉及的问题是“抢先交易”行为性质的认定。

“抢先交易”俗称“抢帽子”交易，指证券公司、证券咨询机构、专业中介机构及其工作人员，买卖或者持有相关证券，并对该证券或其发行人、上市公司公开作出评价、预测或者投资建议，以便通过期待的市场波动取得经济利益的行为。本案中，汪某作为证券咨询机构的法定代表人，先期购买证券，再向社会公众公布建议买入对应证券的咨询意见，最后提前卖出相关证券的行为，属于典型的抢先交易行为。对于抢先交易行为能否以操纵证券市场定罪处罚，审理中存在以下两种不同观点。

第一种观点认为，抢先交易的行为虽然破坏了市场正常的交易秩序，但无论是依据《中华人民共和国证券法》（以下简称《证券法》）第 77 条、还是《刑法》第 182 条，都不能得出该行为属于法律所规定的操纵证券市场行为方式之一的结论。在法律没有明文规定的情况下，汪某的行为的违法性就难以界定。

第二种观点认为，严重的抢先交易与操纵证券市场罪明示规定的犯罪类型具有相同性质，根据操纵证券市场罪“以其他方法操纵证券、期货市场”这一“兜底条款”，将汪某抢先交易行为认定为犯罪，符合罪刑法定原则。

笔者同意第二种观点，主要理由如下。

（一）抢先交易行为符合操纵证券市场罪的犯罪构成要件

一是在犯罪主体方面，抢先交易行为的主体是“证券公司、证券资讯机构、专业中介机构及其工作人员”，符合操纵证券市场罪的主体要件。同时，若与他人合谋，亦能构成共犯。

二是在犯罪客体方面，抢先交易行为与操纵证券市场罪明示的“连续联合买卖、相互交易、自买自卖”三种行为指向同一客体，即证券、期货市场的管理秩序和投资者对交易机会的把握及合法权益。

三是在犯罪主观方面，抢先交易与操纵证券市场罪的主观方面都是出于操纵证券市场故意，即行为人主观上有通过先期买卖或持有的证券予以推荐，使其他市场参与者做出其所期待的交易行为，从而对股票价格产生影响，实现操纵证券市场的故意。即行为人明知操纵行为是违法且妨害市场经济秩序，仍追求或决意为之。同时，在《中华人民共和国刑法修正案（六）》（以下简称

《刑法修正案（六）》）出台后，是否出于“获取不正当利益或者转嫁风险”的目的已不是必备要件。

四是在犯罪客观方面，严重的抢先交易行为符合操纵证券市场罪范畴内的客观行为要件。具体而言，有以下两个特征：（1）必须同时具备符合先后顺序的“推荐”与“交易”行为。“推荐”是指证券从业机构或其工作人员利用自身的专业性、影响力获得投资者的信赖，通过各种公开媒介推荐股票。“交易”是指行为人在推荐股票前已经买入或者持有所推荐的股票，在推荐后，投资者跟进，出现预期市场波动的情况下，行为人又进行交易，以获取差价。（2）行为人的行为必须具有引起市场明显波动的较大可能性。只有行为引起或者足以引起市场明显波动，行为人才可能会获得不法收益，投资者才可能会收到较大损害，达到情节严重的入刑标准。

（二）本案属于“操纵证券市场”的抢先交易行为

本案中，汪某大多是在买入股票的当天，在公司例行召开的讨论会上，要求分析师在股评分析报告中加入推荐该股票的信息，他让分析师加入到掘金报告中的个股，同其自己购买的股票一样。后利用首放公司在证券市场的影响力并以该公司名义通过网络、报纸等媒介，对外推荐其先期买入的股票，人为影响上述涉案股票的交易价格，并在股票交易时抢先卖出相关股票的手段，个人非法获利共计人民币 1.25 亿余元。此外，由于汪某每次买入股票的金额非常巨大，基本上超过千万，所以第二天即使每股只涨几分钱，汪某卖出后仍然能赚钱、从中获利。

汪某的行为同时具备符合“时间先后顺序”的“推荐”股票与“交易”股票两种行为，并且其行为是促成相关证券交易价格或者交易量变动的重要原因。汪某利用其实际控制的账户先后进行 55 次违规交易，涉及 38 只股票，获取利益 1.25 亿余元，已经严重侵犯了国家对证券交易的管理制度，严重破坏了证券交易市场的公平、公正、公开的原则，也严重地损害了投资者的合法权益，其行为的社会危害性，完全达到了“情节严重”的入刑标准。因此，可认定汪某行为的本质是以抢先交易的方式操纵证券市场的犯罪行为

综上，一审、二审法院作出的裁判是正确的。

5. 骗取他人信用卡并使用的理解和认定

被告人：樊某某，男，北京市海淀区第三极书局员工

一、案情

被告人樊某某于2009年9月，编造能以刷卡后返还200元人民币好处的虚假事实，在北京市海淀区第三极书局骗取同事傅某银行卡5张后，在北京昊盛恒达商贸中心等地多次透支刷卡消费人民币44 125元，后离开单位并拒绝与被害人傅某联系。自2009年8月，被告人樊某某以非法占有为目的，使用中国工商银行信用卡在北京、江苏南通等地恶意透支刷卡消费、取现，经发卡银行多次催收后超过3个月仍有本金人民币19 510.26元尚未归还。2010年4月12日，被告人樊某某被公安机关抓获。检察机关指控被告人樊某某犯信用卡诈骗罪，向法院提起公诉。

二、审理结果

一审法院经审理认为，被告人樊某某以非法占有为目的，骗取他人信用卡并使用，数额较大；利用信用卡恶意透支，数额较大，其行为已构成信用卡诈骗罪，应予惩处。鉴于被告人樊某某认罪态度较好，简化适用刑事普通程序审理本案，可以酌情从轻处罚。据此，依照《刑法》第196条第1款第（3）项、第（4）项，第2款；第53条；第64条的规定，判决：（1）被告人樊某某犯信用卡诈骗罪，判处有期徒刑4年6个月，罚金人民币8万元。（2）责令被告人樊某某退赔人民币63 635.26元；其中人民币44 125元发还被害人傅某；人民币19 510.26元发还被害单位中国工商银行。

一审宣判后，被告人樊某某未提起上诉，检察院亦未抗诉，判决已发生法律效力。

三、意见

审理过程中，对于本案的犯罪事实和有关量刑情节的事实，控辩双方没有异议。本案争议的焦点是樊某某的部分行为应如何定性。审理中存在以下两种意见：第一种意见认为，被告人樊某某以非法占有为目的，骗取被害人傅某同意其使用信用卡的行为，因被告人樊某某使用该信用卡属于经被害人傅某授

权，不能认定系冒用被害人信用卡，构成犯罪的，应认定为诈骗罪。被告人用卡消费、取现的行为属于诈骗罪的事后不可罚行为。第二种意见认为，被告人樊某某骗取傅某信用卡并使用的行为，根据最高人民法院、最高人民检察院《关于办理妨害信用卡管理刑事案件具体应用法律若干问题的解释》第5条的规定，骗取他人信用卡并使用的属于《刑法》第196条第1款第（3）项规定“冒用他人信用卡”的行为，构成信用卡诈骗罪。笔者同意第二种意见，主要理由如下。

（一）“冒用他人信用卡”并不局限于未经持卡人同意而使用的情形

我国刑法规定的“信用卡”是指由商业银行或者其他金融机构发行的具有消费支付、信用贷款、转账结算、存取现金等全部功能或者部分功能的电子支付卡。不仅包括国际通行意义上的具有透支功能的信用卡，也包括不具有透支功能的借记卡。不论是何种形式的信用卡，其基本的使用规则必然是由持卡人本人使用。由持卡人以外的人员使用，则明显违反了信用卡管理秩序。而冒用他人信用卡不仅是针对持卡人本人，对发卡银行而言此时行为人也是一种冒用他人信用卡的行为。未经持卡人同意，如拾得或骗取他人信用卡而使用固然属于冒用他人信用卡，即使经持卡人同意而使用的情况下，如果行为人具有信用卡诈骗的犯罪故意与非法占有公私财物的目的，仍应属于信用卡诈骗罪中的“冒用他人信用卡”。

（二）有机地理解和把握“骗取他人信用卡”

实践中常见的情形是，被告人虚构事实，以骗取被害人“同意”将本人的信用卡交给被告人使用。在这种情况下，必须全面、客观地理解被害人是否基于真正的自愿而交付信用卡，不能仅因被害人交付信用卡这一单一行为未受到胁迫等就认为被害人的行为完全基于自愿，就认定被害人真正同意将本人的信用卡交给被告人使用。此外，还应结合行为人的目的性进行综合考量。如果行为人以非法占有为目的，以信用卡为目标，骗取合法持卡人的信用卡的，由于行为人先行行为具有犯罪目的性，合法持卡人交付信用卡的行为本质上是违背其意志的。在这种情况下，仍应当认定被告人属于“骗取他人信用卡”。在本案中，被害人傅某虽然“同意”被告人樊某某使用其信用卡，但这种“同意”是因为被樊某某先前编造的刷卡后能返还200元人民币好处的虚假事实所欺骗，在这种情况下，仍应认定被告人樊某某骗取被害人傅某的信用卡。

（三）以合法持卡人是否同意使用其信用卡来区分诈骗罪与信用卡诈骗罪使得犯罪数额的认定难以操作

如果以合法持卡人是否同意使用其信用卡来区分诈骗罪与信用卡诈骗罪，在不少情况下，使得犯罪数额的认定难以操作。在一些案件中，如果行为人在非法占有的目的下，经合法持卡人授权使用的金额未达到诈骗罪的定罪数额标准，但未经持卡人授权使用的金额达到信用卡诈骗罪的定罪数额标准，这必然导致部分犯罪数额无法评价；而在另一些案件中，如果授权、未授权的金额均达到诈骗罪、信用卡诈骗罪的定罪数额标准，则性质相同的行为实际上被割裂开后二次评价，这也显然是不适宜的；再如，倘若持卡人授权行为只是一个大概范围，如何确定具体数额，特别数额关系跨档量刑时更难以确定。而将行为人骗取合法持卡人信用卡并使用均认定为信用卡诈骗的行为，在司法实践中标准统一，便于执行。

（四）骗取信用卡后使用的行为不是事后不可罚行为

所谓事后不可罚行为，是指主行为完成以后，在原法益的范围内又实施的一个对主行为所造成的不法状态加以保持或者利用，未侵害新法益的行为。在事后不可罚行为中，即使不出现后续的行为，先前的行为也已独立构成犯罪，足以完整对该行为进行评价。后行为不单独进行评价，只是前行为的一个延续。我国刑法规定盗窃信用卡并使用的按盗窃罪定罪处罚，这显然是按照事后不可罚之行为理论来对待的。事实上，在盗窃信用卡并使用过程中，盗窃信用卡的行为并没有侵犯持卡人的财产所有权。信用卡只是记载以财产为内容的载体，其只是一个支付凭证，本身并没有多大的价值。其价值主要体现在其所代表的一定金额上。行为人占有信用卡后还需要通过支取行为才能获得财产。如果合法持卡人及时地对信用卡进行冻结挂失，其财产权是不会遭受侵害的。也就是说，盗窃信用卡的行为本身没有侵犯刑法保护的任何法益，该行为不独立构成犯罪。既然前盗窃信用卡的行为不构成犯罪，则谈不上事后不可罚行为了。我国刑法作出上述的规定，属于法律上的拟制。在刑法没有将骗取信用卡并使用的行为作出拟制规定的情况下，不能将事后不可罚行为理论适用到骗取信用卡并使用的行为评价中。否则有类推适用之嫌。在本案中，樊某某以欺骗手段取得傅某的信用卡，其骗取信用卡的行为没造成傅某现实财产的损害。对傅某财产权造成侵害的是樊某某事后透支刷卡并逃匿的行为。单就樊某某取卡的行为而言，樊某某不构成犯罪。在前行为不构成犯罪的情况下，其事后透支刷卡并逃匿的行为不是事后不可罚行为，故能以事后不可罚行为理论认定樊某某构成诈骗罪。

综上，一审法院的判决是正确的。

6. 对危险驾驶案件中“道路”的理解

被告人：谢某某，男，23岁，农民

一、案情

被告人谢某某于2011年7月11日零时许，在北京市顺义区仁和镇河南村西口处，醉酒驾驶一辆红色金陵无牌照摩托车，后被查获。经法医鉴定，谢某某血液检材中的酒精含量为144.7mg/100ml。

二、审理结果

一审法院经审理认为，被告人谢某某在道路上无证醉酒驾驶机动车，其行为侵犯了公共交通安全，已构成危险驾驶罪。被告人谢某某案发后明知他人报警而在现场等候，到案后能如实供述犯罪事实，系自首，且当庭认罪、悔罪，故依法对其从轻处罚。故依照《刑法》第133条之一、第67条第1款、第52条、第53条的规定，以危险驾驶罪判处被告人谢某某拘役2个月，并处罚金人民币1 000元。

一审宣判后，被告人谢某某没有提出上诉。现判决已生效。

三、意见

危险驾驶罪是《刑法修正案（八）》新增设的罪名，其规定“在道路上驾驶机动车追逐竞驶，情节恶劣的，或者在道路上醉酒驾驶机动车的，处拘役，并处罚金”。本案中，被告人谢某某醉酒驾车发生交通事故，撞坏路边商户大门，其血液检材中的酒精含量符合醉酒标准，但对醉驾行为地是否应认定为道路，从而以危险驾驶罪定罪处罚存在以下两种不同意见。

第一种意见认为，按照2011年修订的《中华人民共和国道路交通安全法》（以下简称《道路交通安全法》）的规定，案发地属于公众通行的场所，应视为道路，被告人的行为构成危险驾驶罪。

第二种意见则认为，1999年最高人民法院、公安部发布的《关于处理道路交通事故案件有关问题的通知》以列举的方式罗列了道路的范畴，这就将“城市街道、胡同、国道、省道、县道和乡道”以外的发生地排除在危险驾驶的发生地范围之外，因此，案发地不属于道路范畴，不能以危险驾驶罪对被告人定罪处罚。

笔者同意第一种意见，主要理由如下。

（一）《道路交通安全法》对“道路”范畴的界定是开放式的，赋予了法官一定的自由裁量权

现行《道路交通安全法》第119条第（1）项明确规定：“道路，是指公路、城市道路和虽然在单位管辖范围但允许社会机动车通行的地方，包括广场、公共停车场等用于公众通行的场所。”可见，《道路交通安全法》在对何谓道路作了一般列举的基础上，为了防止遗漏以及出于适应经济发展前瞻性的考虑，又作了“等用于公众通行的场所”的补充。同理，《关于处理道路交通事故案件有关问题的通知》第3条虽然列举了公路的种类，“公路是指《中华人民共和国公路管理条例》规定的，经公路主管部门验收认定的城间、城乡间、乡间能行驶汽车的公共道路（包括国道、省道、县道和乡道）”，但也不仅限于罗列的几种，只要符合“经公路主管部门验收认定，能行驶汽车”条件，都可以视为道路。

（二）从设定危险驾驶罪的立法意图来看，“公共性”应是道路认定的重要特征

《刑法修正案（八）》之所以将危险驾驶行为纳入刑法调整的范围，其理念是：随着“汽车社会”的到来，危险驾驶行为增多，这一行为潜在危险和现实危害总量的增大使得立法者对其社会危害性重新作出了评价。从该罪被列入的“危害公共安全罪”类罪来看，危险驾驶罪侵害的犯罪客体是交通安全，危害的是不特定的多数人的生命、健康或者重大公私财产的安全，这属于一种公共危险。因此，危险驾驶罪作为危险犯，以一定危险状态的存在作为构成犯罪的基本要件，而无论是否实际发生了损害后果。也正基于此，立法将危险驾驶行为限定发生在“道路”这一特定的空间场域中，其保护的不仅是特定事故的受损害方（在发生交通事故的情况下），而且希望借此在一定程度上起到保护社会秩序和公共安全的预警作用。因此，是否具有“公共性”是判断是否属于道路的特征之一。

近年来，随着经济的发展，农村的一些道路出现了明显的公路化倾向，农村的机动车数量也逐步增多，机动车在农村道路上发生的交通事故也有所增加。因此，将农村中具有一定规模和较强公共性的农村道路纳入“道路”范畴不仅符合立法的价值取向，而且也顺应了客观实际情况的发展。

具体到本案，事故发生在北京市顺义区仁和镇河南村西口处，为了慎重起见，北京市公安局顺义分局交通支队在经过实地调查后，为此地的

"公共性"出具了相关书证，证明谢某某危险驾驶案案发地可以通行社会车辆，根据《道路交通安全法》第119条第（1）项的规定，符合道路的范畴。

综上，一审法院的判决是正确的。

7. 销售假药罪既未遂的认定

被告人：卢某，男，农民
被告人：鲁某，男，农民
被告人：吴某，男，农民

一、案情

2010年9月至2010年11月间，被告人卢某、鲁某、吴某无任何药品经营许可的情况下，在北京市丰台区云岗北区东里35号楼西单元3号、28楼4单元5号，利用网络发布信息，以快递邮寄的方式对外销售二十味肉豆蔻丸，销售金额共计人民币89 980元。2010年11月间，被告人卢某、鲁某、吴某伙同朱某（另案处理），在上述地点，将无名水丸贴上“二十味肉豆蔻丸”标签后，利用网络发布信息，以快递邮寄的方式进行销售。后被查获，当场起获二十味肉豆蔻丸16瓶、无名水丸2 500瓶，经北京市药品监督管理局鉴定二十味肉豆蔻丸为真药，上述无名水丸均为假药，足以严重危害人体健康。

二、审理结果

一审法院经审理认为：被告人卢某、鲁某、吴某以非法牟利为目的，未经许可销售药品，扰乱市场秩序，情节严重，其行为均已构成非法经营罪，依法应予惩处；被告人卢某、鲁某、吴某销售假药，足以严重危害人体健康，其行为亦均已构成销售假药罪，依法亦应予惩处。鉴于三被告人能够如实供述犯罪事实，认罪态度较好，且被告人鲁某、吴某系受被告人卢某雇用而从事销售药品或假药的行为，在共同犯罪中起次要、辅助作用，系从犯，故对三被告人均予以从轻处罚。法院依照《刑法》第141条、第225条第（1）项、第63条第3款、第69条、第25条第1款、第26条、第27条、第52条、第53条、第64条、第61条的规定判决如下：（1）被告人卢某犯非法经营罪，判处有期徒刑10个月，并处罚金人民币1万元，犯销售假药罪，判处有期徒刑10个月，并处罚金人民币1万元；决定执行有期徒刑1年6个月，并处罚金人民币2万元。（2）被告人鲁某犯非法经营罪，判处有期徒刑7个月，并处罚金人民币7 000元，犯销售假药罪，判处有期徒刑7个月，并处罚金人民币7 000元；决定执行有期徒刑11个月，并处罚金人民币1.4万元。（3）被告人吴某犯非法经营罪，判处有期徒刑7个月，并处罚金人民币7 000元，犯销售假药罪，判处有期徒刑7个月，并处罚金人民币7 000元；决定执行有期徒刑1年，并处罚金人民币1.4万元。（4）已起获作案工具手机1部、电脑1台，均予以没收。

一审宣判后，当事人均未上诉，检察机关亦未提起抗诉，现判决已发生法律效力。

三、意见

本案审理中，对于犯罪事实均无异议，其争议的焦点在于销售假药罪是否存在未遂以及如何掌握既未遂的标准。

（一）销售假药罪存在未遂形态

我国传统的刑法理论认为，犯罪既遂的表现形态有行为犯、结果犯、危险犯、实害犯等。通常意义上，行为犯与结果犯是一对概念范畴，危险犯与实害犯是一对概念范畴。行为犯与结果犯这组概念旨在解决既未遂标准的问题，即行为犯犯罪既遂标志是法定犯罪行为的实施或完成，而结果犯犯罪既遂的标志是法定的有形危害结果的发生。销售假药罪是指明知是假药而进行销售的行为。《刑法修正案（八）》对该罪表述上取消了“足以严重危害人体健康”的内容，也就是说销售假药不以发生实质的危害结果或危险状态为既遂的标准，只要完成销售行为即构成既遂，因此属于行为犯。

行为人实施某种行为，自然有其目的或者预期的结果，但对于行为犯来说立法并未将其目的的实现和预期结果的现实化作为犯罪既遂的条件，这并不是说行为犯就没有对法益的侵害或者侵害可能，而是说立法重视某一行为对法益的侵害，将其处罚提前，或者某一行为本身就已经侵害了某种特定的法益，而使得刑法可以直接对其加以处罚，而无须等到现实的实害实现。

行为犯是以法定的犯罪行为的完成作为既遂的标志，而行为完成与否的判断，还应以对法益的侵害是否实现为标准，而这种法益侵害的实现具有一定的过程性，并非着手即能完成。在这个过程中，完全可能因为意志以外的因素而被阻碍，被迫停止，因此行为犯当然可能具有未遂形态。笔者认为，行为犯的过程进行程度是指行为从着手进行到现实侵害合法权益有一个发展过程，如果行为已现实侵害了合法权益，就认为达到了相应的程度，可认为基本构成要件行为已经完成，反之则为犯罪未遂。以本案销售假药罪为例，由于本罪侵害的客体是国家的药品管理制度和人民群众的生命、健康权利，只有对药品管理秩序或人民群众的生命健康权利之一已经造成侵害，才能认为本罪已经达到既遂，如果行为人只是为销售假药与他人协商购进假药，但该假药的购进行为尚未完成即被抓获，此时就应构成销售假药的犯罪未遂，因为此时尚未对药品管理秩序或人民群众的生命、健康权利造成侵害。

（二）销售假药罪的既遂标准

既然明确了销售假药罪存在未遂形态，那么确定销售假药罪的既遂、未遂区分标准就成为了必须要解决的问题。对此，审理在存在以下两种不同意见。

第一种意见认为，销售假药罪既未遂与否以假药是否卖出成交为准。行为人不仅已着手实施了销售假药的行为，而且其犯罪目的已经达到，即已将假药销售出手为既遂；反之尚未售出即被抓获的为未遂；按此标准，本案被告人为销售假药虽然购进无名水丸 2 500瓶，但该假药尚未卖出，因此应认定为销售假药犯罪未遂。

第二种意见认为，销售假药罪应以假药进入交易的环节为既遂，而不论是否已经成交或已经付款。如果因行为人意志以外的原因未进行实质性的假药交易行为，则构成未遂。按此标准，本案被告人为销售假药而购进无名水丸 2 500瓶，虽然尚未卖出，但其利用网络发布假药信息，对公众发出了销售假药的“要约邀请”，假药实质已经进入交易环节，且其在购进假药时已经发生了一次交易，因此不论该假药是否在被告人手中卖出都不影响销售假药罪既遂的成立。

笔者同意第二种意见，主要理由如下。

第一，由犯罪行为实际侵害的法益决定的。犯罪的本质是侵犯合法权益，而刑法的目的就在于保护合法权益。那么刑法分则条文在每一个罪设置上所要保护的合法权益是否发生实际损害，就应当成为犯罪既遂认定的根本标准。刑法所保护的合法权益受到了实际损害，即为既遂；未受到实际损害，即为未遂。具体到销售假药罪，其侵害的法益是国家的药品管理制度和人民群众的生命、健康权利，这属于复杂客体，即犯罪行为在“完美状态”下会同时损害这二种法益，但是否应以二种法益同时受到侵害作为犯罪行为既遂的标准呢？答案显然是否定的。犯罪行为侵犯的是复杂客体，恰恰说明了该犯罪行为的社会危害程度较大，对于此类犯罪我国刑法均采取了从严惩处的态度，而对于其犯罪既遂的标准也均确定为只要行为实际侵害了一种法益，即认定为犯罪既遂。如我们熟知的侵犯复杂客体的抢劫罪、绑架罪，均以一种法益受到侵害作为既遂的标准，即人民群众的财产权利或人身权利只要其中一种受到侵害即构成犯罪的既遂。销售假药的既遂标准亦应如此，即只要行为使国家的药品管理制度或人民群众的生命、健康权利两者其一的法益受到实际侵害，就应构成本罪的既遂。销售假药罪不仅包括出售行为，还包括以出售为目的低价购买或制作假药的行为，后一种行为可以单独对国家的药品管理制度造成实际损害，因此可以单独成立销售假药罪的既遂。

第二，由犯罪行为的社会危害性决定的。如前所述，销售假药行为是一项性质十分严重的刑事犯罪，它不仅破坏了国家的药品生产流通秩序，还影响着国家经济的发展，同时对人民群众的生命、健康权利构成威胁，历来是伪劣产品犯罪中打击的重点。为销售假药而购买的行为一经实现，也同时成就了另一桩假药交易行为，且为进一步从事出售行为创造了条件，其危害性是不言而喻的。针对这类性质严重的刑事犯罪活动，将认定既遂状态的时间提前是很有必要的，无论是购买还是卖出，只要以销售为目的完成了其中一个行为，就应视为犯罪既遂，而不能以是否达到销售目的作为衡量既遂、未遂的标准。

第三，由假药犯罪自身的特点决定。如果按照前述第一种观点，将假药卖出成交作为划分销售假药罪既遂、未遂的标准，那么在司法实践中是很难操作的。随着我国对假药犯罪的惩罚力度不断加大，假药犯罪的风险性也不断提高，故而犯罪分子在进行假药交易时采用的手段也越来越隐蔽，一般都是通过网路宣传、快递邮寄的方式，犯罪分子根本不会与买方直接面对面的交易，即使是通过直接面对面的交易进行销售，要求公安机关在犯罪分子把假药交到买方手中后再将其当场抓获归案的可能性也是极其微小的。一般情况下，都是公安机关在接到相关举报后，在犯罪地点进行搜查起获大量假药。假设将本罪既遂状态规定得过于狭窄，上述情况都只能被认定为未遂的话，则不但会大大降低公安机关破案本罪既遂案件的比率，也有悖于从严惩处假药犯罪的立法精神，放纵了罪犯。

另外，笔者认为，虽然我国刑法对于假药犯罪采取的是从严惩处的原则，但是在审理这类案件的过程中，还应认真贯彻区别对待的原则，划清不同犯罪形态的界限。这对于准确认定行为性质，正确适用刑罚，加强同犯罪分子的斗争都具有重要意义。具体来说，在司法实践中可以进行如下区分：一是行为人为销售假药而买进假药，尚未买进即被查获的，是未遂；如已买进，若有足够的证据证实行为人购买假药目的是为了销售，则不管是否卖出均构成销售假药罪既遂。二是行为人通过盗窃、抢劫、捡拾等非购买方式取得假药的，试图销售获利，但尚未卖出即被查获的，系犯罪未遂。三是行为人因销售假药被抓获的，从其住处起获的假药，应全部按销售假药罪既遂认定。对未卖出的部分，量刑时可予以考虑。本案中，被告人卢某、鲁某、吴某的行为属于上述第一种情况，即行为人为销售假药而购进无名水丸 2 500瓶（经鉴定为假药），虽然尚未卖出，但亦应认定为销售假药的既遂。

综上，一审法院的判决是正确的。

8. 部分抢劫行为未得逞仍构成抢劫罪既遂

被告人：李某，男，农民
被告人：王某，男，农民
被告人：高某，男，农民

一、案情

被告人李某伙同王某、高某，于2010年7月4日23时许，在北京市朝阳区和平西街青年沟路口北侧马路西侧便道上，持刀抢劫被害人麦某的诺基亚3110C型手机1部，经鉴定，手机价值人民币270元。

被告人李某伙同王某、高某，于2010年7月6日凌晨1时许，在北京市西城区德外佳苑小区南门冰窖口胡同路北侧，持刀抢劫被害人赵某的诺基亚QD手机1部，经鉴定，手机价值人民币189元；欲持刀抢劫赵某的华硕牌X88S型笔记本电脑一台，未得逞，电脑经鉴定价值人民币1 800元，后被查获。

被告人李某伙同于某（另案审理），于2010年3~4月的一天中午，驾驶面包车在河北省冀州市医院住院部门口处，趁四周无人注意，盗窃跑狼牌TDR-45Z型兰灰相间电动自行车1辆，经鉴定价值人民币1 800元。

二、审理结果

一审法院经审理认为，被告人李某、王某、高某以非法占有为目的，当场使用暴力劫取他人财物的行为，侵犯了公民的人身权利及财产权利，已构成抢劫罪。被告人李某伙同他人以非法占有为目的，采取秘密手段窃取他人财物的行为，侵犯了公民的财产权利，已构成盗窃罪。被告人李某、王某、高某抢劫罪行未被司法机关发觉，仅因形迹可疑被司法机关盘问后，主动交代自己的罪行，应视为自首，可依法从轻处罚；且被告三人部分抢劫犯罪行为系未遂，可比照既遂犯从轻处罚；鉴于涉案赃物已追缴，且被告三人当庭认罪态度较好，故可酌情从轻处罚。据此，依据《刑法》第263条、第264条、第25条第1款、第23条、第67条第1款、第69条第1款和第2款、第55条第1款、第56条第1款、第52条、第53条、第64条，以及最高人民法院《关于处理自首和立功具体应用法律若干问题的解释》第1条的规定判决：（1）被告人李某犯抢劫罪，判处有期徒刑8年，剥夺政治权利1年，并处罚金人民币1.6万元；犯盗窃罪，判处有期徒刑10个月，并处罚金人民币1 000元；决定执行有期徒刑8年8个月，剥夺政治权利1年，并处罚金人民币1.7万元。(2) 被告人王某犯抢劫罪，判处有期徒刑7年6个月，剥夺政治权利1年，并处罚金人民币1.5万元。(3) 被告人高某犯抢劫罪，判处有期徒刑7年，剥夺政治权利1年，并处罚金人民币1.4万元。(4) 随案移送的诺基亚手机1部发还被害人麦某，随案移送的折叠刀3把予以没收。(5) 尚未追缴之违法所得继续予以追缴，追缴后予以没收。

一审判决后，三被告人均不服，提出上诉。高某认为其与李某、王某未抢劫被害人电脑一节，应认定为犯罪中止，一审法院对其量刑过重；被告人李某、王某均认为法院对其量刑过重。

二审法院经审理认为，上诉人高某、原审被告人李某、王某以非法占有为目的，结伙当场使用暴力劫取他人财物，其行为均已构成抢劫罪，依法应予惩处。李某以非法占有为目的，伙同他人秘密窃取公民财物，数额较大，其行为已构成盗窃罪，应与其所犯抢劫罪数罪并罚。在案经查证属实的证据证明，上诉人高某与李某、王某在持刀欲抢劫被害人赵某电脑之前，已将赵某的手机抢走，三人虽最终未抢劫赵某的电脑，但其抢劫行为已经完成，一审法院据此认定高某、李某、王某部分抢劫犯罪行为系未遂，不符合我国刑法关于犯罪未遂构成要件的规定；在案经查证属实的证据证明，巡逻民警在对上诉人高某和原审被告人李某、王某进行盘查时，即发现了三人所带刀具及三人之前所抢手机，高某、李某、王某不属于仅因形迹可疑被盘查，而是在司法机关已掌握了他们涉嫌犯罪的客观证据的情况下，交待了自己的犯罪事实，因此，一审法院认定高某、李某、王某具有自首情节亦不当，予以纠正。但依据我国刑事诉讼法关于上诉不加刑原则的规定，二审不再加重被告人的刑罚。上诉人高某所提其与李某、王某未抢劫被害人电脑一事，应认定为犯罪中止的上诉辩解，缺乏法律依据，本院不予采纳。一审法院根据上诉人高某及原审被告人李某、王某犯罪的事实，犯罪的性质、情节及对于社会的危害程度所作出的判决，事实清楚，证据确实、充分，定罪准确，审判程序合法，鉴于高某、李某、王某能够主动坦白犯罪事实，认罪、悔罪，犯罪所得均已追缴等情节，予以从轻处罚正确，高某、李某、王某所提一审法院对其量刑过重的辩解，缺乏法律依据，不予采纳。唯一审法院判决尚未追缴之违法所得继续予以追缴，追缴后予以没收，缺乏事实及法律依据，予以纠正。据此，依据《刑事诉讼法》第189条第（1）项和第（2）项、第190条第1款；《刑法》第263条、第264条、第56条第1款、第25条第1款、第26条第1款和第4款、第69条、第52条、

第53条、第61条的规定判决：（1）撤销一审法院刑事判决第5项；（2）维持一审法院刑事判决第1~4项；（3）驳回上诉人高某的上诉。

三、意见

本案主要焦点问题在于对三名被告人持刀抢劫被害人赵某手机、笔记本电脑的行为应如何认定。对此，审理中，存在以下两种意见。

第一种意见认为，三名被告人抢劫手机的行为已经既遂，抢劫笔记本电脑的行为未遂，应认定三名被告人部分抢劫犯罪行为未遂，可比照既遂犯从轻处罚。

第二种意见认为，三名被告人在持刀欲抢劫被害人赵某电脑之前，已将赵某的手机抢走，三人虽最终未劫走赵某的电脑，但其抢劫行为已经完成，构成抢劫罪既遂。

笔者同意第二种意见。理由如下。

第一，刑法分则规定的个罪是以实行行为为基准的。刑法思维是一种类型化的思维方式，刑法分则规定的具体的犯罪行为都是从千姿百态的具体犯罪行为中抽象出来的一种类型化的犯罪模型，它有别于自然行为。比如故意杀人的方法有很多种，动作也由一系列自然动作所组成，但刑法规定的故意杀人罪的实行行为就只抽象为“杀人”这个模型。在审判实践中，必须首先确立实行行为的概念原则，对自然行为予以梳理、归类，找到其对应的刑罚分则条款上规定的行为类型，否则就会被淹没在千千万万具体的犯罪行为中，无从下手。

第二，抢劫罪的实行行为包括侵犯人身的行为和劫取财物的行为。尽管对于实行行为的概念尚有一定的争议，但在最基础的理解上，犯罪的实行行为指的是刑法分则中具体犯罪构成客观方面的行为，刑罚分则规定的抢劫罪犯罪构成的客观方面为“以暴力、胁迫或者其他方法抢劫公私财物”，因此，抢劫罪侵犯的是复杂客体，其行为由两部分构成，包括以暴力或其他相当手段侵犯人身，以及通过这种暴力压制取得财物。根据当然解释，这里的暴力指的是足以压制当事人反抗的一切行为，自然不仅指某一拳、某一脚，抢劫财物指的是利用前行为的暴力状态劫取的所有物品，当然不仅指某一个物品。具体到本案中，无论是被告人李某伙同王某、高某，持刀抢劫被害人赵某的诺基亚QD手机1部，还是欲抢劫赵某的华硕牌X88S型笔记本电脑1台没有成功，都是其持刀抢劫他人财物的行为，都只构成抢劫罪一个行为，至于具体到抢劫了某个物品，根本不影响对行为的定性（当然抢劫特殊物品可能涉及认识错误的问题从而影响定性）。一审法院片面地将抢劫手机和电脑的一个抢劫实行行为，割裂为抢手机和抢电脑两个行为，明显是错误的。

第三，具备劫取财物或者造成他人轻伤以上后果两者之一的就构成抢劫既遂。一方面，从司法解释的角度来看，只有既未劫取财物，又未造成他人人身伤害后果的，才属于抢劫未遂。这点从文义解释的角度看也非常明显，抢劫在罪名的表述上，用的是“抢劫公私财物”，而在司法解释中，既遂标准用的是“劫取财物”。具体到本案中，三名被告人抢劫他人手机、电脑等财物，虽然没有成功劫取电脑，但最后已经成功劫取了手机，自然构成抢劫罪的既遂。另一方面，从未遂犯的本质上来看，未遂犯与其他犯罪形态的本质区别在于犯罪未得逞，所谓未得逞，指的是没有发生行为人所希望或者放任的、行为性质所决定的侵害结果。而在本案中，行为人实施了抢劫行为，希望以暴力行为劫取他人财物，最终也通过暴力取得了他人的财物，从行为整体来看，很难说犯罪没有得逞。

综上，二审法院的改判是正确的。

9. 职务犯罪中“办案机关掌握的线索”的范围及“主动投案”的认定

被告人：刘某，原北京华康宾馆、北京市康乐工贸公司经理

被告人：姚某，原北京华康宾馆、北京市康乐工贸公司财务主管

一、案情

被告人刘某在担任北京华康宾馆、北京市康乐工贸公司经理期间私设“小金库”，后于2004年10月至2006年3月，指使被告人姚某三次使用“小金库”资金共计人民币58万元为其个人购买国债，后均在当月归还。2009年，被告人所在单位的上级集团公司纪委接到关于该单位私设“小金库”的举报，后调取了“小金库”涉及的个人银行存折的存取款记录及部分原始单据，发现“小金库”涉及的存折在2005年转账支出23万元用于为李某（被告人刘某之妻）购买国债。集团公司纪委遂于2010年4月16日找到被告姚某谈话，并问及李某的身份，被告人姚某交代了3次使用公款为刘某购买国债的事实。次日，被告人刘某主动到集团公司纪委交代其挪用公款购买国债的事实。经集团公司纪委向检察机关报告，检察机关于2010年5月13日到两被告人单位将其带至检察机关调查。检察机关指控被告人刘某、姚某犯挪用公款罪，向法院提起公诉。

二、审理结果

一审法院经审理认为，被告人刘某、姚某挪用公款进行营利活动，情节严重，均已构成挪用公款罪。被告人刘某主动向办案机关投案，如实供述犯罪事实，系自首；被告人姚某在办案机关调查谈话时坦白了犯罪事实；在两被告人共同犯罪中，被告人刘某指使被告人姚某挪用公款为其购买国债，处于支配地位，系主犯，被告人姚某处于受支配地位，起次要作用，系从犯；因两被告人挪用公款使用时间较短，在案发前主动归还，具有认罪悔罪表现，不致再危害社会，故对两被告人所犯罪行分别减轻处罚，并宣告缓刑。故依照《刑法》第384条第1款，第25条第1款，第26条第1款、第4款，第27条，第72条第1款，第67条第1款，第73条第2～3款，第61条以及最高人民法院《关于处理自首和立功具体应用法律若干问题的解释》（以下简称《自首解

释》）第1条的规定判决：（1）被告人刘某犯挪用公款罪，判处有期徒刑3年，缓刑3年；（2）被告人姚某犯挪用公款罪，判处有期徒刑3年，缓刑3年。

一审宣判后，被告人刘某、姚某未上诉，公诉机关未提起抗诉，一审判决已发生法律效力。

三、意见

本案中，对于两被告人行为的定性没有争议，但对两被告人是否具有自首情节，存在不同意见。认定两被告人是否具有自首情节，涉及对职务犯罪案件中“办案机关掌握的线索”的范围和“主动投案”的理解问题。

（一）如何认定职务犯罪案件中“办案机关掌握的线索”

《刑法》以及《自首解释》，对自首的规定均较为原则，适用于所有刑事案件。职务犯罪案件本身具有一定的特殊性，在如何适用《刑法》以及《自首解释》认定自首时，容易产生分歧。最高人民法院、最高人民检察院《关于办理职务犯罪案件认定自首、立功等量刑情节若干问题的意见》（以下简称《职务犯罪自首意见》），针对实践中容易产生分歧的问题做了进一步的明确。其中规定：“没有自动投案，在办案机关调查谈话、讯问、采取调查措施或者强制措施期间，犯罪分子如实交代办案机关掌握的线索所针对的事实的，不能认定为自首。”这一规定，对职务犯罪案件中，犯罪分子在纪检部门谈话时交代犯罪事实如何认定自首，做了一个界限划分，即犯罪分子交代办案机关掌握的线索所针对的事实，不能认定为自首；犯罪分子交代办案机关掌握线索所针对的事实之外的事实的，或者办案机关不掌握线索，犯罪分子交代犯罪事实的，可能认定为自首。《职务犯罪自首意见》只规定办案机关掌握线索，未规定办案机关掌握犯罪事实，可见，即使办案机关未掌握犯罪事实，只要掌握了线索，犯罪分子交代此线索所针对的事实的，不能认定为自首。这一规定，对自首作为了更为严格的要求，符合刑法规定，也符合打击职务犯罪案件的需要，避免了自首的滥用。

在这种情况下，正确理解“办案机关掌握的线索”的范围，就成为认定自首的关键因素。“线索”本身是一个中性的概念，并非就能反映出犯罪事实，包括两种类型，其一是直接反映犯罪事实的线索，其二是与犯罪具有一定关联性的线索。如果办案机关掌握了第一种类型的线索，等于掌握了犯罪事实，犯罪分子在被调查谈话时交代的，不能认定为自首。比如，行贿人揭发受贿人受贿事实，办案机关据此线索与受贿人谈话，受贿人交代受贿事实的，不能认定为自首。如果办案机关掌握了第二种类型的线索，线索本身并不能证明犯罪事实，犯罪分子在谈话时交代的，能否认定自首则有争议。比如，办案人员发现贪污犯罪分子在单位报销的单据中有虚假发票，这一线索并不能反映其就一定具有贪污事实，有可能是贪污，也有可能是因其他需要以假发票顶账。持肯定观点的人认为，在这种情况下，办案人员对犯罪事实尚不掌握，犯罪线索尚未证明犯罪事实，犯罪分子在被调查谈话时交代的，具有一定的主动性，可以认定为自首。笔者认为，根据《职务犯罪自首意见》的精神，这种情况下同样不能认定为自首。因为，办案机关掌握此类线索后，向其调查谈话具有一定的针对性，行为人只有如实交代才能说明此问题，其交代犯罪事实属于此线索针对的事实，缺乏主动性，不能认定为自首。

具体到本案而言，集团公司纪委掌握了“小金库”所涉及存折转账购买国债的线索，并不掌握挪用公款的事实。基于何种背景，为谁购买国债，这些问题均会影响行为性质的认定。作为当时的财务主管，被告人姚某在被调查谈话时必须作出解释，其交代的事实正是办案机关掌握的线索所针对的事实。其如实交代罪行，缺乏主动投案要件，只能属于坦白，不能认定为自首。办案机关只掌握了此一项犯罪线索，被告人姚某交代出三次挪用公款购买国债的事实，但其交代的事实与办案机关掌握的线索所针对的事实属于同种罪行，均不成立自首。

（二）职务犯罪案件中的“主动投案”，需结合案情具体分析

本案中，被告人姚某先交代犯罪事实，被告人刘某后交代犯罪事实，法院却否定被告人姚某的自首情节，认定被告人刘某具有自首情节，这就需要对主动投案进行界定。

在职务犯罪案件中，犯罪分子的归案经过，往往比其他刑事案件更为复杂。一般理解，《职务犯罪自首意见》中的办案机关包括了纪检部门和司法机关，办案主体就多于其他刑事案件；办案过程往往包括接受举报、外围调查、谈话、双规、司法机关介入等诸多环节，这都为职务犯罪案件自首的认定带来难度。但无论如何，归案的主动性是衡量自首与否的一个重要标准。

在办案机关掌握了犯罪事实，或者掌握了线索的情况下，直接找到涉案人员调查谈话的，不论其是否如实交代，因为缺乏主动投案这一要件，均不成立自首。如果是通过电话或者捎信等方式通知涉案人员到指定地点接受调查谈话的，需要区分行为人是否知道办案机关通知其的真实目的。如果明知办案机关系针对其所涉问题找其调查，仍然前往接受调查谈话的，其归案具有主动性、自愿性，属于主动投案，如实供述的，可以认定为自首。如果系被办案机关以其他理由通知到指定地点，行为人对此缺乏明知，到达指定地点后经谈话交代犯罪事实的，归案不具有主动性、自愿性，不属于主动投案，也就不成立自首。如果明知办案人员掌握了其犯罪事实，由于幡然悔悟、迫于压力，或者其他原因，自行主动到办案机关投案的，不论其基于何种动机，均属于主动投案。

行为人在纪检部门办案时，主动投案，成立自首。在此之后，只要其没有抗拒行为，不论如何被移转至检察机关，均不影响自首的成立。一般包括两种情况：其一是在纪检部门主动归案后，纪检部门将其送至检察机关或者通知检察机关到纪检部门接人，这种情况下，检察机关的介入对其自首的成立没有影响，当然如果行为人知道检察机关介入后逃跑或者抗拒移转的，则其归案主动性消失，不成立自首；其二是在纪检部门主动归案后，让其回家等候处理，后检察机关介入，不论是检察机关到其所在地方将其带走，还是电话通知其到检察机关接受处理，也不影响其自首的成立，有逃跑和抗拒行为的除外。

行为人在纪检部门办案时，没有主动投案，只是如实供述的，在这一阶段不成立自首。在检察机关介入后是否成立自首，要区别对待。其一，纪检部门将其送至检察机关或者通知检察机关到纪检部门接人，其归案仍然没有主动性，不成立自首。其二，纪检部门让其回去等候处理，检察机关介入后通过电话或者捎信等方式让其到检察机关接受处理的，其归案具有主动性，可以成立自首；检察机关介入后直接到其所在地方将其带走的，其归案仍然缺乏主动性，不成立自首。

具体到本案而言，被告人刘某在未受到办案机关调查谈话时，主动到集团公司纪委投案，具有主动性，成立自首。检察机关介入后，到其单位将其查获，其没有逃跑、抗拒行为，所以应认定具有自首情节。被告人姚某在集团公司纪委向其调查谈话时交代犯罪事实，缺乏归案的主动性，在此阶段不成立自首。后纪检部门让其回去等候处理，检察机关介入后直接到其所在单位将其查获，仍然不具有归案的主动性，不能成立自首。如果其系接检察机关电话通知后，自行主动到检察机关接受处理的，可以认定为自首。

综上，一审法院认定被告人刘某构成自首并结合两被告人的地位、作用等情节对两被告人分别判处缓刑是适当的。

10. 交通事故后逃逸被科处的行政拘留可视具体情况折抵醉驾刑期

被告人：李某，男，25 岁，四川省人，农民

一、案情

被告人李某于 2012 年 1 月 7 日 18 时许，酒后驾驶小型客车由西向东行驶至北京市大兴区魏善庄镇吴庄村村东时，将由西向东步行人员韩某某、孙某某撞伤后逃逸，经法医鉴定两人均为轻伤，后被告人被查获。经北京市公安交通司法鉴定中心鉴定，李某体内血液检测酒精含量为 159.5 毫克/100 毫升。

二、审理结果

一审法院经审理认为，被告人李某违反《道路交通安全法》，醉酒后驾驶机动车在道路上行驶，其行为已构成危险驾驶罪。故依照《刑法》第 133 条之一、第 52 条、第 53 条、第 61 条的规定判决：被告人李某犯危险驾驶罪，判处拘役 3 个月，并处罚金人民币 3 000元。

一审宣判后，被告人李某未提起上诉，检察院亦未提出抗诉，判决发生法律效力。

三、意见

本案中，被告人李某醉酒驾驶机动车在道路上行驶，发生轻微交通事故后逃逸。其中存在的争议问题是：被告人因逃逸被公安机关行政拘留 10 日，在醉驾行为被以危险驾驶罪定罪处刑时，已执行的行政拘留日期能否折抵刑期？对此，有两种不同意见：第一种意见认为，因逃逸行为已执行的行政处罚，应该在危险驾驶罪科处的拘役刑期中予以折抵。第二种意见则持否定观点。

笔者同意第一种意见，主要理由如下。

（一）逃逸行为依造成后果程度分别由行政法规和刑法调整；而醉驾行为则一律由刑法加以调整

根据 2011 年 4 月 22 日修正颁发的《道路交通安全法》的规定，危险驾驶行为包括无证驾驶、超速驾驶（包括飙车）、酒后驾驶（包括醉驾）、疲劳驾

驶、吸食毒品或服用镇静类药物后驾驶、超载驾驶、驾驶存在安全隐患的车辆、闯红灯等行为。《刑法》将危险驾驶罪的行为类型限定为醉驾和飙车这两类最多发、最危险的行为。对于醉驾行为，《道路交通安全法》规定："醉酒驾驶机动车的，由公安机关交通管理部门约束至酒醒，吊销机动车驾驶证，依法追究刑事责任。"《刑法》规定："在道路上驾驶机动车追逐竞驶，情节恶劣的，或者在道路上醉酒驾驶机动车的，处拘役，并处罚金。"由此可见，醉驾行为除了受"吊销机动车驾驶证"行政处罚外，一个直接的、也是必然的后果就是要被追究刑事责任，并且没有"情节严重"或者"情节恶劣"的条件限制。

对于逃逸行为，则依交通事故是否构成犯罪，分别由行政法规和刑法加以调整。对于造成交通事故后逃逸，尚不构成犯罪的，根据《道路交通安全法》第99条和第101条的规定，应处200元以上2 000元以下罚款、吊销机动车驾驶证；对于造成交通事故构成犯罪的，根据《刑法》第133条的规定，逃逸行为则成为加重处罚的量刑情节，根据造成的不同后果对行为人应分别处以3年以上7年以下以及7年以上有期徒刑。

（二）作为量刑情节的逃逸行为被执行的行政拘留应折抵危险驾驶罪的刑期

对于同一行为同时触犯行政法和刑法，而两法又同时对该行为规定有剥夺人身自由的处罚措施的处理，行政法规和相关司法解释已明确规定应予折抵。《中华人民共和国行政处罚法》（以下简称《行政处罚法》）第28条规定，违法行为构成犯罪，人民法院判处拘役或者有期徒刑时，行政机关已经给予当事人行政拘留的，应当依法折抵相应刑期。1988年2月23日最高人民法院研究室《关于行政拘留日期折抵刑期问题的电话答复》更是明确了"如果被告人被判处刑罚的犯罪行为和以前受行政拘留处分的行为系同一行为，其被拘留的日期，应予折抵刑期"。

与上述规定内容不同的是，本案所涉及的是被告人两个不同的行为，受行政拘留的是交通事故后逃逸的行为，而被刑罚判处则是因醉驾行为，需要说明的是，因刑法所规定的醉驾构成犯罪并没有情节上的限制，所以仅有醉驾就可以构成危险驾驶罪。从法理上来说，"禁止重复评价"的原则是针对同一行为而言，而不能规范两个行为。但就本案来说，对于两者并不能完全割裂开来，因为同样的醉驾，不同的情形，对公共安全的威胁以及所反映出的行为人的主观恶性、人身危险性，有很大的差别。比如醉驾者血液中的酒精含量超过醉驾标准的数量、被查获时醉驾者的驾驶能力、驾车行驶的道路性质、被查获时醉驾者驾车行驶的距离、醉驾者在遵守交通法规方面的一贯表现、醉驾的危害后果、醉驾者的认罪态度、醉驾者的主体身份、民事赔偿情况等各种情节，都是在量刑时需要作出全面考虑的。因此，在被告人的逃逸行为作为危险驾驶罪的量刑情节予以考量的情况下，对逃逸行为所作出的行政处罚应折抵醉驾犯罪的刑期。

综上，一审法院的判决是正确的。

11. 死缓考验期内发现漏罪，一审宣判前减为无期徒刑的，如何并罚

被告人：徐某，男，59岁，原系北京华人龙文化艺术发展中心经理。2006年12月4日因犯集资诈骗罪被判处死刑，缓期两年执行，剥夺政治权利终身，并处没收个人全部财产（未执行）；2009年5月8日经裁定减为无期徒刑，剥夺政治权利终身；因涉嫌犯集资诈骗罪于2008年4月15日被押解回北京市羁押。

被告人：张甲，男，50岁，原系北京华人龙文化艺术发展中心法定代表人。1997年5月19日因犯侵占罪被判处有期徒刑1年6个月；2006年12月4日因犯集资诈骗罪被判处无期徒刑，剥夺政治权利终身，并处没收个人全部财产（未执行）；因涉嫌犯集资诈骗罪于2008年4月1日被押解回北京市羁押。

被告人：李某，男，63岁。2006年12月4日因犯非法吸收公众存款罪被判处有期徒刑9年，并处罚金人民币40万元（未执行）；因涉嫌犯非法吸收公众存款罪于2008年10月21日被押解回北京市第一看守所羁押。

被告人：张乙，男，60岁。2006年12月4日因犯非法吸收公众存款罪被判处有期徒刑5年，并处罚金人民币20万元（未执行）；因涉嫌犯非法吸收公众存款罪于2008年4月7日被羁押，2009年7月15日被逮捕，2010年6月15日被取保候审。

一、案情

2004年3～7月，被告人徐某、张甲先后以张甲任法定代表人的北京华人龙艺术发展中心（以下简称华人龙中心）的名义，虚构该中心在北京市延庆县建设无污染千亩种植园、万头奶牛养殖基地、修建八达岭残长城“毛主席诗词纪念亭”以及租赁北京八达岭长城国际会展中心（以下简称八达岭会展中心）展位等事实，以支付10%或8%高于国家规定的利息为诱饵，采用3个月为一期，到期结清本息，并以不具有担保能力的北京华鹤盛世酒制品有限公司进行虚假担保等方式，向社会公众非法集资。期间，徐某、张甲分工负责，并分别在中国农业银行开设户名为徐某，账号尾数为0376及7418的个人账户；户名为张甲，账号尾数为7012的个人账户；在华夏银行开设户名为徐某，账号尾数为6968的个人账户，用以吸收社会公众存款。两被告人在北京市、

吉林省等地先后骗取被害人霍某、井某、刘某等120余人的610余万元人民币（以下币种均为人民币），并非法占有。

被告人李某、张乙及王某（已判刑）等人听信徐某的宣传后，为获取高额管理费，以宣传的内容积极发展下线非法吸收公众存款。2004年3月至7月间，李某本人或通过其下线向被害人井某、刘某等27人非法吸收存款149万元；张乙本人或通过其下线向被害人李某、张某等19人非法吸收存款41万元。

二、审理结果

一审法院经审理认为，被告人徐某、张甲以非法占有为目的，使用诈骗方法非法集资，其行为均已构成集资诈骗罪，且数额特别巨大；被告人李某、张乙非法吸收公众存款，扰乱公众秩序，其行为均已构成非法吸收公众存款罪，李某犯罪数额巨大，依法均应惩处。故依照《刑法》第192条、第176条第1款、第57条、第25条第1款、第26条第1款和第4款、第48条、第47条、第52条、第53条、第59条、第61条、第64条、第69条、第70条的规定判决如下：

被告人徐某犯集资诈骗罪，判处无期徒刑，剥夺政治权利终身，并处没收个人全部财产，与前罪所犯集资诈骗罪，判处死刑，缓期两年执行，剥夺政治权利终身，并处没收个人全部财产并罚，决定执行死刑，缓期两年执行，剥夺政治权利终身，并处没收个人全部财产。

被告人张甲犯集资诈骗罪，判处无期徒刑，剥夺政治权利终身，并处没收个人全部财产，与前罪所犯集资诈骗罪，判处无期徒刑，剥夺政治权利终身，并处没收个人全部财产并罚，决定执行无期徒刑，剥夺政治权利终身，并处没收个人全部财产。

被告人李某犯非法吸收公众存款罪，判处有期徒刑4年，并处罚金人民币4万元，与前罪所犯非法吸收公众存款罪，判处有期徒刑9年，并处罚金人民币40万元并罚，决定执行有期徒刑11年，并处罚金人民币44万元。

被告人张乙犯非法吸收公众存款罪，判处有期徒刑1年6个月，并处罚金人民币1万元，与前罪所犯非法吸收公众存款罪，判处有期徒刑5年，并处罚金人民币20万元并罚，决定执行有期徒刑5年11个月，并处罚金人民币21万元。

继续追缴被告人徐某、张甲、李某、张乙的犯罪所得，按比例发还各被害人。

被告人徐某、李某以量刑不当为由分别提出上诉，二审法院经审理认为，一审判决认定事实清楚，证据确实、充分，定罪正确，量刑适当，审判程序合法，应予维持。故依照《刑法》第192条、第176条第1款、第25条第1款、第26条第1款和第4款、第48条、第47条、第52条、第53条、第57条第1款、第59条、第70条、第69条、第61条、第64条和最高人民法院《关于适用财产刑若干问题的规定》第5条及《刑事诉讼法》第189条第（1）项的规定裁定：驳回两被告人的上诉，维持原判。

三、意见

由于本案中，被告人徐某在死缓考验期内因发现有漏罪被解回看守所，提起公诉前死缓考验期满减为无期徒刑。被告人张乙在前罪所判5年有期徒刑执行完毕前因发现漏罪被解回看守所，漏罪一审宣判前其前罪主刑终止日期已过，但所判罚金刑尚未执行。故本案涉及的主要问题是，如何正确适用《刑法》第70条对徐某与张乙进行并罚。即对徐某漏罪判处无期徒刑的情况下，决定执行刑罚时，是与前罪所判死缓并罚还是与前罪减刑后的无期徒刑并罚？对张乙漏罪判处刑罚的情况下，决定执行刑罚时，是与前罪所判主刑及附加刑并罚还是仅与尚未执行的罚金刑并罚？对此，笔者结合案情从以下两个方面进行分析。

（一）死缓考验期满减为无期徒刑后发现漏罪的，应当将漏罪所判处刑罚与前罪所作死缓判决进行并罚，前罪已经执行的死缓考验期不能折抵

对于被告人徐某如何数罪并罚的问题，实践中存在不同意见。有意见认为，将徐某漏罪所判无期徒刑与前罪减刑后的无期徒刑并罚较为妥当。理由：一是本案系集资诈骗的部分被害人在一审宣判后报案发现的漏罪，与被告人刻意隐瞒漏罪的情况存在较大区别，在后罪仅判处无期徒刑且前罪所判死缓考验期已满的情况下，与前罪所判死缓并罚决定执行死刑，缓期两年执行，刑事责任过于严厉。二是如果与前罪所判死缓并罚，鉴于并罚时前罪所判处的死缓吸收了后罪所判处的无期徒刑，实际上执行的是前罪所判处的死缓，考虑到被告人徐某的前罪所判死缓考验期已满，而并罚决定执行死缓时必须同时宣告缓期两年执行，故可与前罪减刑后的无期徒刑并罚。

笔者认为，应当将徐某漏罪所判无期徒刑的判决与前罪所判死刑缓期两年执行的判决并罚，并且前罪已经执行的死缓考验期不能折抵。理由是：一是根据《刑法》第70条的规定，“判决宣告以后，刑罚执行完毕以前，发现被判刑的犯罪分子在判决宣告以前还有其他罪没有判决的，应当对新发现的罪作出判决，把前后两个判决所判处的刑罚，依照本法第六十九条的规定，决定执行的刑罚……”因此，对于被告人徐某，应当将漏罪所判处的无期徒刑与前次判决所判处的死缓并罚，决定执行死缓。二是死缓考验期不同于刑期，不能折抵死缓考验期。根据上述条文的规定，将漏罪与前罪所作判决并罚后，“已经执行的刑期，应当计算在新判决决定的刑期以内”。这就涉及对被告人徐某已经执行的死缓考验期能否折抵刑期的问题。死缓不是独立的刑种，是死刑的一种执行方式，即对论罪应当判处死刑的罪犯附条件的暂不执行死刑，如果罪犯在死刑缓期执行期间没有故意犯罪，对罪犯就不再执行死刑。因此，死缓考验期在性质上不属于刑期，而是对罪犯的考察期，对于死缓判决已经执行的考验期间不能等同于《刑法》第70条所规定的“已经执行的刑期”，也就不能折抵数罪并罚后决定执行死缓的考验期。三是无论后罪是否判处死缓，并罚后决定执行的刑罚与前次判决的刑罚或者后罪的宣告刑均不相同，是对被告人刑事责任的全面重新评价，决定执行死缓的两年考验期依据的是并罚后的执行刑，并非前、后罪的宣告刑，前罪死缓考验期满的法律后果不能施加于并罚后决定执行的死缓。因此，对于前罪死缓考验期已满但并罚后决定执行死缓的，应当按照刑法的规定继续执行死缓的两年考验期。四是无论后罪属于何种漏罪，如果被告人及时全面坦白，司法机关就无需再次启动刑事诉讼程序，从而节约司法资源。严格执行漏罪并罚制度，不折抵死缓考验期间，可以促使被告人如实供述和及时全面坦白余罪。

（二）有期徒刑执行期间发现漏罪但一审宣判前期满且附加刑尚未执行的，应当将漏罪所作判决与前罪所判处的有期徒刑及附加刑并罚

对于如何对被告人张乙并罚的问题，实践中同样存在不同意见。一种意见认为，张乙在解回羁押期间前罪所判刑罚的主刑5年有期徒刑期满，可视为前罪主刑已执行完毕。并罚时将漏罪判处的刑罚与前罪尚未执行完毕的罚金刑并罚即可。笔者认为，对张乙并罚时应当将漏罪所判处的“有期徒刑1年6个月，并处罚金人民币1万元”与前罪所判处的“有期徒刑5年，并处罚金人民币20万元”并罚，而不能与尚未执行完毕的罚金刑并罚。

在对被告人张乙数罪并罚决定执行的刑罚时，涉及的关键问题是如何计算已经执行的有期徒刑的刑期。一种意见认为，一审宣判前张乙在解回羁押期间前罪所判主刑届满，可视为前罪主刑已执行完毕。根据《刑法》第47条的规定，对于有期徒刑，羁押期间可予以折抵。张乙从服刑场所解回后一直处于羁押之中，可视为继续服刑，其前罪所判5年有期徒刑至2009年7月15日刑满，故至2009年12月17日一审宣判时其前罪主刑已执行完毕。因此，张乙前罪所判5年有期徒刑的刑期应当在执行刑中予以扣除。

笔者认为，张乙前罪所判5年有期徒刑的刑期应当自解回羁押时停止计算。首先，将漏罪或者新罪诉讼羁押期间视为原判刑期没有法律依据。《刑法》第47条关于“判决执行以前现行羁押的，羁押一日折抵刑期一日”的规定是解决判决执行以前先行羁押期间的折抵问题，不能当然认为判决执行开始后同样可以进行羁押期间的折抵。因此，不能将被告人服刑期间因为发现漏罪或者再犯新罪立案侦查、审查起诉及审判而被羁押的期间视为前罪主刑服刑的刑期而予以折抵。其次，如果将漏罪或者新罪诉讼羁押期间视为原判刑期将会导致数罪并罚原则的不确定，影响到被告人刑事责任的承担。如果因为漏罪或者新罪一审判决时原判刑期期满而不实行数罪并罚，就会出现后罪诉讼羁押时间长可能不需要数罪并罚而诉讼羁押时间短则需要进行数罪并罚的情况，导致数罪并罚原则的适用因漏罪或者新罪诉讼时间长短的差异而处于无法确定的状态。一般情况下而言，实行数罪并罚比不实行数罪并罚对被告人有利，如果因为漏罪或者新罪一审判决时原判刑期期满而不实行数罪并罚，就会导致被告人承担更为严厉的刑事责任，违背法律面前人人平等原则。最后，最高人民法院在《关于在执行附加刑剥夺政治权利期间犯新罪应如何处理的批复》中指出，“前罪尚未执行完毕的附加刑剥夺政治权利的刑期从新罪的主刑有期徒刑执行之日起停止计算”。实践中，对于被告人因漏罪或者新罪被羁押的，前罪尚未执行完毕的附加刑剥夺政治权利的刑期从因后罪被羁押之日起停止计算。参照该批复的精神，对于有期徒刑服刑期间发现漏罪或者新罪被羁押的，前罪有期徒刑的刑期应从因后罪被羁押之日起停止计算，将停止计算之日前已经执行的刑期计算在决定执行的刑罚之内。

基于以上理由，张乙前罪的有期徒刑尚未执行完毕。因此，在对张乙并罚时，应当先将漏罪所作判决与前罪所判处的有期徒刑及附加刑并罚，减去已经执行的有期徒刑，决定应当执行的刑罚。

综上，一审、二审法院的裁判是正确的。

12. 外国籍被告人被判处无期徒刑和死缓的，不能附加驱逐出境

被告人：林某某，男，美利坚合众国公民

一、案情

2005 年 10 月至 2006 年 6 月，被告人林某某虚构其在英国银行有 1 550 万美元存款，准备将该款汇入中国境内用于投资的事实，以引入该资金需要向境外银行、政府部门等机构缴纳保管费、保险金、清算费用等为由，以借款为名，骗取中油新兴能源产业集团有限公司（以下简称中油公司）人民币 551 万余元。

2006 年 4 月至 2006 年 11 月，林某某以上述同样手段，骗取被害人毛某、高某人民币共计 547 万元。

被告人林某某被抓获后，其所骗款项均未起获。

二、审判结果

一审法院经审理认为，被告人林某某以非法占有为目的，虚构其有巨额存款准备在中国境内投资的事实，以其存款汇入中国需要向境外多个机构缴纳各种费用为由，骗取他人钱款，数额特别巨大，其行为已构成诈骗罪，其所诈骗钱款均未追回，犯罪情节特别严重，依中华人民共和国法律应予惩处。故依法判决：(1) 被告人林某某犯诈骗罪，判处无期徒刑，并处没收个人全部财产；(2) 继续追缴犯罪所得分别发还各被害单位和被害人。

一审宣判后，被告人林某某以一审判决事实不清、证据不足为由，提出上诉。

二审法院经审理认定，一审法院认定事实清楚，证据确实、充分，定罪及适用法律正确，量刑适当，审判程序合法，应予维持。故依法作出终审裁定：驳回林某某的上诉，维持原判。

三、意见

对于本案的定性及主刑的判处，没有争议。唯对是否对被告人林某某一并附加驱逐出境，审理中存在以下分歧。

第一种意见认为，对于外国籍被告人被判处无期徒刑的，应当一并附加驱逐出境。理由是：根据最高人民法院《关于办理减刑、假释案件具体应用法律若干问题的规定》，被判处无期徒刑的犯罪分子，符合一定条件即可减为有期徒刑，这与国外针对严重刑事犯罪适用的不得假释的终身监禁是有区别的，结合我国的刑罚执行制度，对被判处无期徒刑的外国籍被告人，按照《刑法》第35条的规定，决定在判决书中是否一并附加驱逐出境，符合我国无期徒刑这一刑罚的执行特点；而且《刑法》第35条应当适用于所有外国人犯罪的案件。

第二种意见认为，对于外国籍被告人被判处死缓和无期徒刑的，不应当附加驱逐出境。

笔者同意第二种意见。理由具体分析如下。

（一）对判处无期徒刑的外国籍被告人附加驱逐出境与无期徒刑的刑罚性质不符

无期徒刑作为我国刑罚体系中主刑的一种，是指剥夺犯罪分子终身自由，并强制劳动改造的一种刑罚方法。对于外国籍被告人而言，无期徒刑既然是剥夺其终身自由，并且由我国的监狱执行，就不存在将其驱逐出境的问题。如果在判决书中表述“判处无期徒刑，附加驱逐出境”，就会与无期徒刑的刑罚性质相矛盾，有损我国法律的严肃和权威。而对于判处有期徒刑的外国人附加驱逐出境，则不会出现这种情况。

（二）对于被判处无期徒刑的外国籍被告人可在减刑时一并附加驱逐出境

我国刑罚中的无期徒刑不同于国外的终身监禁，服刑期间满足一定条件即可减为有期徒刑。但减为有期徒刑时，根据案件具体情况有必要驱逐出境的，法院可以在作出减刑裁定时一并对被告人附加驱逐出境。《刑法》第35条规定的驱逐出境既不属于主刑，也不属于附加刑，只是针对外国籍犯罪分子实施的防止其再在我国进行违法犯罪行为的一种制裁措施，法院在减刑时一并附加驱逐出境并未加重被告人的刑罚。最高人民法院在1997年召开的涉外、涉侨、涉港澳台刑事案件工作座谈会上对此问题进行了明确。

（三）对判处死缓的外国籍被告人不附加驱逐出境与死刑缓期两年执行的特点一致

死缓是死刑的一种执行方式，是附条件的不执行，也就是说是否执行死刑在两年的考验期内处于一种不确定的状态，而对于在考验期内故意犯罪的经最高人民法院核准后执行死刑。如果附加驱逐出境，而被告人又因故意犯罪被执行死刑，显然自相矛盾。因此，不能对外国籍被告人在作出死缓判决的同时一并附加驱逐出境。而对于死缓考验期满没有故意犯罪被减为无期徒刑或者有重大立功表现被减为有期徒刑的，与前述理由一致，在减为有期徒刑时可决定是否附加驱逐出境。

（四）对外国籍被告人判处无期徒刑时不附加驱逐出境并不违背刑法规定

《刑法》第 35 条规定，“对于犯罪的外国人，可以独立适用或者附加适用驱逐出境”。一是从条文文义上而言，无论外国籍被告人被判处何种刑罚，均是可以附加驱逐出境，特殊情况下也可以不附加。即使对于判处无期徒刑的外国籍被告人，也是可以附加驱逐出境，而非必须一律附加驱逐出境。对于具有特殊情况的，可以不附加驱逐出境。二是是否附加驱逐出境，要综合案件情况及国家安全、外交等方面因素综合决定。一般而言，对于犯罪行为严重、被判处较重刑罚的，或者主观恶性较深、人身危险性较强、再犯可能性较大的，应当附加驱逐出境。最高人民法院在前述座谈会上指出，对于判处有期徒刑的，除个别特殊情况外，原则上应当附加驱逐出境。但对外国籍被告人是否附加驱逐出境，并不完全取决于被告人犯罪行为的严重程度和所判刑罚的轻重，更要考虑国家安全、外交等方面的因素，综合决定是否附加驱逐出境。

综上，一审、二审法院的裁判是正确的。

民 商 事 案 例

13. 国家房屋买卖限贷政策背景下，情势变更原则在房屋买卖合同中的适用

原告（反诉被告、被上诉人）：王某

被告（反诉原告、上诉人）：葛某

原审被告：美邦公司

一、案情

2009年6月26日，王某、葛某、美邦公司签订《北京市存量房屋居间合同》，约定王某与葛某在美邦公司提供的居间服务下签订房屋买卖合同。当日，王某与葛某签订《北京市存量房屋买卖合同》，约定葛某将诉争房屋出售给王某，房屋建筑面积104.89平方米。葛某（甲方）、王某（乙方）、美邦公司（丙方）签订《补充协议》，约定：甲方同意将诉争房屋出售给乙方，成交价为160万元；乙方于合同签订之日起向甲方支付购房定金2万元，剩余房款48万元乙方于2009年6月29日前支付甲方；甲方拿到房屋所有权证后，甲方应在7个工作日内配合乙方办理乙方的房屋贷款手续，乙方的银行贷款批款后，甲乙双方应在3个工作日内办理房屋产权转移手续；甲方取得房产证后，丙方有责任协助甲、乙双方办理贷款及房屋产权转移手续；因合同未全之处造成房屋未能按时办理过户手续的，由甲、乙、丙三方协商解决；补充协议与合同正文约定不符的，以补充协议为准。

合同签订后，王某于2009年6月26日支付葛某2万元、于2009年6月29日支付葛某48万元。葛某于2009年6月29日向王某交付房屋。

2010年6月7日，葛某取得诉争房屋的所有权证。后王某未办理贷款购买该房屋的手续。2010年7月27日，葛某向王某发出告知函，要求王某于2010年7月31日前，将剩余购房款110万元一次性支付给他，届时葛某将配合王某办理房屋过户手续；若逾期不履行上述义务，将依法追究其违约责任。2010年8月5日，葛某以特快专递邮件形式向王某发出告知函，主张王某构成根本违约，要求解除双方购房合同及补充协议，王某腾退房屋并支付占用房屋期间的使用费。王某主张未收到该告知函。2010年8月23日，王某通过银行转账方式支付葛某购房款110万元。

王某起诉到原审法院，要求葛某将其所有的诉争房屋的产权转移给他，美

邦公司协助葛某办理过户手续。

葛某答辩并反诉称：鉴于王某一直拒付剩余购房款，且在其给予的合理期限内仍拒绝履行付款义务，其根本违约行为导致葛某订立合同的目的无法实现，故要求解除《北京市存量房屋买卖合同》及《补充协议》；要求王某将诉争房屋腾退，并按每月4 500元赔偿其2009年6月29日起至其将房屋腾退时止的占用房屋使用费。

王某辩称无违约行为。

美邦公司辩称其已履行告知义务。

二、审理结果

一审法院经审理认为：王某与葛某签订的房屋买卖合同及其补充协议系双方真实意思表示，且内容不违反法律、行政法规的禁止性规定，合法有效。双方当事人均应按照合同约定履行合同义务，不得擅自变更或解除合同。根据合同的约定，葛某应在取得房屋所有权证后的7个工作日内配合王某办理房屋贷款手续。但在合同履行过程中，遇国家政策调整，限制了为第三套及以上房产提供贷款，由于王某的丈夫婚前曾购买过一套房产，王某名下也有一套房产，王某能否再以贷款方式支付本案中所购房产的剩余购房款，存在不确定性。此后王某提出变更付款方式，由其一次性支付剩余购房款，但双方就付款期限及何时办理产权证变更手续并未协商一致。在此情况下，葛某要求王某于2010年7月31日前支付剩余购房款，并以王某未按该期限付款为由主张解除房屋买卖合同不妥。因王某已于2010年8月23日支付葛某剩余购房款，本案不存在葛某不能实现合同目的之情形，故对葛某要求解除房屋买卖合同的反诉请求，不予支持。王某要求葛某办理房屋产权转移手续、美邦公司对此予以协助的诉讼请求，予以支持。葛某要求王某腾退房屋并支付房屋使用费的反诉请求，亦不予支持。

据此，依照《中华人民共和国合同法》（以下简称《合同法》）第60条、第94条，《中华人民共和国民事诉讼法》（以下简称《民事诉讼法》）第130条之规定判决：葛某、美邦公司于判决生效后十日内协助王某办理北京市朝阳区百子湾西里某房屋的过户手续；驳回葛某的反诉请求。

判决后，葛某不服提起上诉。二审诉讼中，葛某自愿撤回上诉。

三、意见

本案主要涉及情势变更的法律效果包括解除合同与变更合同适用关系问题，具体来说包括解除与变更合同的提出方式、变更合同与解除合同的适用顺位问题。

（一）适用情势变更原则应由当事人申请

在审理过程中，对于解除与变更合同的提出方式存在三种观点。第一种观点认为，法院不能主动根据情势变更原则判决变更或解除合同，必须由当事人提出，根据不告不理原则，必须在诉讼请求中予以明确。第二种观点认为，当事人虽然没有起诉要求根据情势变更原则判决变更或解除合同，但以反诉形式提出亦可。第三种观点认为，变更或解除合同的请求未必一定以明确的诉讼请求或反诉请求的形式提出，也可以以抗辩的形式提出。对于这一问题，笔者同意第三种观点。

适用情势变更原则必须具备依当事人申请之程序要件，即依据相关司法解释须有“当事人请求人民法院变更或者解除合同”。人民法院不得主动适用情势变更原则对当事人之间的合同进行变更或者解除。

情势变更之申请，一般以起诉方式作出，但亦不排除以其他方式为之。申请的关键是申请的权利，不仅以诉权的方式表现，还可以在法院调解中提出，亦可以在法庭陈述与辩论中提出。葛某在反诉中提出解除合同的请求，而王某在针对反诉的答辩中提出可以变更贷款的付款方式为一次性付款，应当均视为申请权的行使。

（二）适用情势变更应遵循优先适用与排除适用原则

人民法院对情势变更的构成要件审查后，是否可以直接适用情势变更原则对合同是否继续履行、如何履行作出调整？应当看是否存在优先或排除情势变更原则的其他因素存在。

首先是合同条款排除情势变更。民法以意思自治为基本原则，当事人的特别约定应当优先于情势变更的法定原则而适用。“在契约中加入附随条款……如以保值条款。除此之外，对于未来不确定的事实，亦可于契约中，附以条件或为解除权的约定来解决”。在审查适用中，应当注意两类条款。一是衡平性合同条款，即双方对合同权利义务出现失衡的情况下如何调整的条款；二是解除权合同条款，如果合同约定了解除权的成立与行使，则可依此条款解除。

其次是特别法排除情势变更。根据特别法优先适用于一般法原理。有情势变更时，其他法律有规定时，此规定应优先适用。具体包括：一为不安抗辩权；二为物之瑕疵担保，只要有担保请求权，即不适用情势变更；三为给付不能，给付事实上不可能，如标的物灭失或者合同目的已达成，则无适用情势变更原则的余地；四为因重要理由而终止契约；五为目的未达成，如婚约无效、撤销、解除时，为订婚而赠与的彩礼；六为和解。

（三）变更合同应优先于解除合同

对于变更合同与解除合同的适用顺位问题，也存在两种观点，第一种观点认为，在具体处理中，变更合同与解除合同处理平行关系，依据当事人的申请酌情处理。第二种观点认为，变更合同与解除合同之间存在顺位关系，变更合同应当优先于解除合同。笔者同意第二种观点。

适用情势变更的法律后果，根据相关司法解释的规定，“人民法院应当根据公平原则，并结合案件的实际情况确定是否变更或者解除”。合同变更与合同解除两种后果之间是何关系？

从司法实践来看，人民法院在对合同变更或解除作出裁判时，应遵循一定的效力顺序。卖方要求法院解除房屋买卖合同，买方要求法院判决在变更付款方式的贷款为一次性付款前提下继续履行合同。按照合同严守的原则，法官应优先考虑在最大的限度范围内维持买卖双方原有合同关系，如果合同相关条款有依公平原则变更后继续履行的可能，应当判决继续履行。如买方已实际一次性支付了剩余房款，判决双方继续履行合同，是正确的。如买方未能一次性支付剩余房款，要求解除合同，判决合同解除，在贷款条款无法变更的情况下采解除之效力，也是正当的。

综上，一审法院的判决和二审法院的处理方式是正确的。

14. 律师风险代理收费应以当事人明确约定为准

原告（二审被上诉人、申请再审人）：北京市华联律师事务所

被告（二审上诉人、被申请人）：中视电视购物有限公司

一、案情

2005年8月，被告中视电视购物有限公司（以下简称中视公司）委托中凯律师事务所范某（案外人）和原告北京市华联律师事务所（以下简称华联律师事务所）李某两位律师，作为中视公司与申飞公司、凤凰公司及其与凤凰公司买卖合同纠纷两案的诉讼代理人。范某和李某两位律师参与了上述两案一审、二审的庭审及相应诉讼活动。中视公司在上述两案中胜诉，诉讼标的金额合计58 644 085元。2006年6月12日及同年7月1日，中视公司又先后委托范某、李某作为上述两案执行案件的代理人。

中视公司与中凯律师事务所签订了书面代理合同，约定代理费结算方式为风险代理，即按执行到位款项的8%支付，由于案件尚未执行完毕，故中视公司至今未向中凯律师事务所支付代理费。

中视公司与华联律师事务所未签订书面代理合同，但是中视公司于2005年9月28日、2005年10月10日、2006年5月18日分三笔向华联律师事务所李某律师支付了律师代理费67 600元。

2007年4月27日，中视公司撤销了对华联律师事务所律师李某在执行案件中的授权。

2009年2月26日，华联律师事务所向中视公司公证送达了律师函，要求中视公司按两案胜诉总额的8%即4 904 800元支付代理费。后经华联律师事务所多次催要未果，故诉至法院请求判令中视公司给付律师代理费4 904 800元。

二、审理结果

一审法院审理中，中视公司提交了李某签收的3张收条：（1）2005年9月28日，李某出具收条，载明收到范某2万元代理费用。（2）2005年10月10日，李某出具收条，载明收到13 800元。（3）2006年5月18日，李某出具收条，载明收到33 800元。上述款项合计67 600元，中视公司称该笔款项

是中凯律师事务师所代扣税 15.5% 后向李某支付的代理费。对此，华联律师事务所称李某确实收到过范某交付的上述款项，但否认与涉案的两起案件的代理费有关，认为是范某就其他事项向李某个人支付的费用。但庭审中，范某不予认可。

华联律师事务所称当时系与中视公司法律部主任王某和法定代表人庞某商谈的诉讼代理事宜，口头商定两案胜诉后按照胜诉额的 8% 收取代理费，开始不包括执行中的代理。在商定后，华联律师事务所向中视公司王某提交了书面合同，但中视公司未盖章。经查，庞某当时并不是中视公司的董事长，是 2006 年才到中视公司任法定代表人的，王某不是中视公司的职员，而是国际电视总公司法律部的职员。

一审法院认为：华联律师事务所违反律师执业的相关规定，未与委托人中视公司签订书面合同并明确收费标准，但该事由并不影响双方当事人之间口头委托代理合同关系的成立和有效。华联律师事务所作为专业法律服务机构，在未与委托人签订书面合同即承办案件，其对引起本案纠纷负有过错。

虽双方当事人对代理费的收费标准未作出明确约定，且诉讼中，双方就各自的主张均未能提供充分证据予以支持，就此未能达成合意，但鉴于华联律师事务所已实际参与了涉案两起诉讼的一审、二审的诉讼代理，作为受托人完成了委托事项，本着实际履行与报酬相符的原则，结合本案合同实际履行情况，并参照同业的相关收费标准，法院酌定中视公司按两案两审总体胜诉额的 4% 向华联律师事务所支付律师代理费。

一审法院判决：中视公司给付华联律师事务所代理费 2 278 163 元，驳回华联律师事务所其他诉讼请求。

中视公司不服一审判决，提起上诉。

二审法院经审理认为：根据最高人民法院《关于民事诉讼证据的若干规定》（以下简称《民事诉讼证据规定》）第 5 条第 1 款的规定，华联律师事务所应就其为中视公司提供法律服务“按胜诉金额的 8% 支付律师代理费”的约定承担举证责任。现华联律师事务所在本案中提交的所有证据仅能证明双方之间设立了诉讼代理关系，无证据证明双方之间存在上述有关代理费内容的约定，故除中视公司在一审、二审期间自认的代理费数额以外，华联律师事务所的其他诉讼请求，法院不予支持。

关于法院能否在本案中酌定代理费的问题。一审法院酌定的代理费数额是以胜诉金额为依据的，这实际上是采纳了华联律所陈述的收费方式，而就双方之间是否存在上述收费方式，华联律师事务所没有证据支持。对风险代理的收费方式，应以双方当事人的明确约定为基础，在无证据证明双方之间存在这种收费方式的情况下，人民法院不宜采取这种收费方式进行酌定。

据此，中视公司在本案中应当支付给华联律所的代理费，应是其在一审期间自认应当给付的8万元代理费中还未给付的12 400元及其在二审期间自愿给付的12万元。

综上，二审法院改判：（1）撤销一审判决；（2）中视电视购物有限公司给付华联律师事务所代理费132 400元；（3）驳回华联律师事务所其他诉讼请求。

华联律师事务所不服二审判决，申请再审。再审法院经审理维持了二审判决。

三、意见

律师风险代理是指代理律师与当事人之间协商，不必事先支付律师服务费用，待代理事务完成后，当事人从所得财物或利益中按照协议约定提取一定比例向代理律师支付酬金；如果败诉则无须支付。对于律师而言，风险代理是一种利益激励机制，律师取得报酬的多少与案件的诉讼结果具有直接的利害关系，必然会极大地激发律师的工作热情和积极性；对于当事人来讲，风险代理则是一种确保诉讼费用有效支出的保全措施，当事人既可以避免不但要承担败诉或法律事务中的失利后果而且还要支付律师代理费的双重损失，也减轻了维权成本，降低了诉讼风险。律师代理是一项专业性极强的技术服务，当事人自身往往不具备判断律师服务水准的法律知识和专业技能，只能以诉讼或法律事务的最终成败结果来衡量律师提供的法律服务内容是否专业精准，工作态度是否勤勉审慎。因此，风险代理中当事人与律师之间必须就服务范围、计费依据、计算方式（比例）等内容协商达成协议，才能构成具有实际意义的律师风险代理合同关系。

近年来，律师风险代理制度在我国法律服务市场上悄然出现并广为流行，但是由于在本案审理时，《中华人民共和国律师法》和《律师服务收费管理暂行办法》对这种收费方式均无明文规定，因此风险代理在律师代理实践中仍然处于一种无序和混乱的状态。2004年3月，中华全国律师协会发布的《律师执业行为规范（试行）》第96条规定："以诉讼结果或其他法律结果作为律师收费依据的，该项收费的支付数额及支付方式应当以协议形式确定，应当明确计付收费的法律服务内容、计付费用的标准、方式，包括和解、调解或审判不同结果对计付费用的影响，以及诉讼中的必要开支是否已经包括于风险代理酬金中等。"作为一项执业行为规范，该条款明确要求应以协议形式约定风险代理的收费内容、标准、范围等。2006年4月13日，国家发展和改革委员会、司法部联合发布的《律师服务收费管理办法》第13条规定："实行风险代理收费，律师事务所应当与委托人签订风险代理收费合同，约定双方应承担的风险责任、收费方式、收费数额或比例。实行风险代理收费，最高收费金额不得高于收费合同约定标的额的30%。该办法也为律师风险代理收费制度提供了明确的法律依据。

《合同法》和其他法律中虽然没有规定风险代理法律服务合同必须采用书面形式，但是根据该类合同涉及内容的复杂性，采用口头方式约定如此专业和繁琐的条款是无法想象的，而且一旦发生争议，难以取证和分清责任。此外，律师风险代理合同中的收费标准和方式等内容，必须由当事人根据法律服务的特定内容，对律师机构或律师本人专业素质和勤勉敬业的了解程度，以及区别于其他行业标准、市场定价的因素作出判断，不宜参照《合同法》第62条规定的一些标准履行。根据《律师服务收费管理办法》和《律师执业行为规范（试行）》等现行部门规章、行业规定，均强调风险代理应当以当事人的明确约定为基础，因此在无证据证明双方之间存在约定的情况下，人民法院不宜酌定收费比例。

综上，律师风险代理合同的主要条款应当由当事人协商和明确约定，当事人就口头协议内容发生争议的，如无其他证据证明争议事实，法院审理中应当对相关内容不予确认。本案中，华联律师事务所作为专业法律服务机构，在为他人提供法律服务时，应当具备必要的合同意识。其在未与当事人达成风险代理协议的情况下，主张按照当事人与其他律师事务所达成协议中的付费标准支付代理费，显然缺乏合同依据和法律依据。一审法院虽不支持华联律师事务所关于应根据口头约定按照胜诉金额的8%计收代理费的诉讼理由，但是酌定按照4%计取代理费属适用不当，二审法院认定双方并未约定风险代理的收费标准，也不宜由法院酌定，据此改判撤销一审判决，并判令由华联律师事务所承担举证不能的法律后果。再审法院予以维持是正确的。

15. 民间借贷中可同时约定逾期利息和违约金，但两项相加不得超过银行同类贷款利率的四倍

原告：高某

被告：宋某

被告：张某

一、案情

被告宋某于2011年8月22日向原告高某借款15万元，双方签订了《借款合同》。借款合同约定，借款应于2011年11月21日还清，如未依约还款，则被告宋某除应当按照中国人民银行公布的同期商业贷款利率的4倍向原告高某支付借款利息外，还应当按照每日5‰的利率标准向原告高某支付逾期还款的违约金。此外，被告宋某还应当承担原告高某为实现本债权而支出的全部费用，包括但不限于案件受理费，财产保护费，以及聘请律师、会计师、房产专业机构人员等有关费用。被告张某作为担保人在借款合同上签字，并向原告高某出具了《不可撤销连带责任保证函》。借款到期后，被告宋某、被告张某未偿还上述借款。

原告高某诉至法院，要求被告宋某偿还借款15万元，并按照每日100.27元（原告高某按照中国人民银行公布的同期商业贷款利率的4倍算出的数额）标准支付自2011年11月22日起至实际付清之日止的利息损失及按照每日750元（原告高某按照每日5‰的利率标准计算出来的数额）标准支付自2011年11月22日起至实际付清之日止的违约金。此外，还要求被告宋某支付律师代理费7 500元，被告张某对上述诉讼请求承担连带付款责任。

被告宋某辩称：对原告高某所述事实认可，但现在还不了借款。被告张某未参加庭审，但提交了书面答辩状，辩称：被告张某不是借款人，不应当承担还款责任；借款的本金为124 000元，不是150 000元，超出部分是利息。综上，不同意原告的诉讼请求。

二、审理结果

一审法院经审理认为，根据已查明的事实，原告高某与被告宋某签订的借款合同、借条及被告张某向原告高某出具的不可撤销连带责任保证函，系各方

当事人真实意思表示，不违反法律、行政法规的强制性规定，合法有效。借款到期后被告宋某未依约还款，故原告高某要求被告宋某偿还借款 15 万元的诉讼请求，证据充分，法院予以支持。根据法律规定，借款人未按照约定的期限返还借款的，应当按照约定或者国家有关规定支付逾期利息。本案中，借款合同约定如被告宋某未依约还款，应按照中国人民银行同期商业贷款利率的 4 倍向原告高某支付借款利息。原告高某主张利息损失的计算标准为每日 100.27 元，法院按照借款合同约定将该标准调整为中国人民银行同期贷款利率的 4 倍。原告高某要求被告宋某支付借款 15 万元自 2011 年 11 月 22 日起至实际付清之日止（利率以中国人民银行同期贷款利率的 4 倍为标准）的利息损失的诉讼请求，证据充分，法院予以支持。借款合同虽约定被告宋某未依约还款，应按照每日 5‰的利率标准向原告高某支付逾期还款违约金，但原告高某已要求被告宋某按照中国人民银行同期商业贷款利率的 4 倍向其支付利息损失，故对原告高某要求被告宋某按照每日 750 元的标准支付自 2011 年 11 月 22 日起至实际付清之日止的违约金的诉讼请求，法院不予支持。借款合同约定被告宋某未依约还款，应承担原告高某为实现债权而支出的全部费用，其中包括聘请律师的费用，故原告高某要求被告宋某给付律师代理费 7 500元的诉讼请求，证据充分，法院予以支持。此外，法院根据担保法的规定，判决被告张某对上述借款及利息损失、律师代理费承担连带保证责任。

判决作出后，双方均未提起上诉，判决已生效。

三、意见

本案争议的焦点在于：民间借贷中既约定了逾期利息（或利息损失）又约定了违约金的，是否可以同时主张。对此有三种不同的意见。

第一种意见认为：依据私法自治和契约自由的精神，当事人在民间借贷中同时约定逾期利息（或利息损失）和违约金的，这是双方当事人合意的结果，从当事人意思自治的角度出发，逾期利息（或利息损失）和违约金均应予以保护。

第二种意见认为：如果借款人未依约还款，出借人损失的是借款利息。《合同法》第 207 条规定："借款人未按照约定的期限返还借款的，应当按照约定或者国家有关规定支付逾期利息。"当事人如约定了逾期利息（或利息损失），又约定了违约金的，因为逾期利息是当事人承担违约责任的方式，故主张了逾期利息（或利息损失），违约金的诉求就不应当得到支持。

第三种意见认为：根据损失补偿原则，如果原告根据较高的利率标准要求被告支付逾期利息（或利息损失）已足以弥补其遭受的损失，则在已经支持原告逾期利息（或利息损失）请求的情况下，对被告违约金的诉求可不再支持。当然，逾期利息（或利息损失）与违约金两项加起来之和未超过银行同类贷款利率四倍的，应当均予以支持。

笔者同意第三种观点，理由主要是以下几个方面。

（一）当事人在民间借贷合同中可同时约定逾期利息（或利息损失）和违约金条款

违约金是指根据按照当事人约定或者法律直接规定，一方当事人违约的，应向另一方支付的金钱。《合同法》第 114 条对违约金做了规定，并且该条的第 2 款规定若约定的违约金低于或过分高于造成的实际损失时，当事人可以向法院或仲裁机构请求对违约金数额进行增减。合同法关于违约金的规定是为了惩罚违约行为，敦促当事人完全适当履行合同，只要约定的违约金数额不是过高，都应当得到支持。借款合同属于合同法调整的民事合同之一，在《合同法》第 207 条规定“借款人未按照约定的期限返还借款的，应当按照约定或者国家有关规定支付逾期利息”，此条规定了借款人逾期还款应承担的违约责任方式即支付逾期利息，但是该规定并未排斥违约金等其他形式的违约责任承担方式。根据民法意思自治的原则，可以说违约金和逾期利息两种责任方式并行不悖。民间借贷合同属于借款合同的一种，故在民间借贷中当事人对违约责任的约定可以适用借款合同，即可以同时约定逾期利息条款和违约金条款。

（二）违约金与逾期利息（或利息损失）之和不得超过银行同类贷款利率的四倍

法律既要尊重当事人的意思自治，又要维护社会公共利息，防止当事人滥用权利造成事实上的不公。依照《合同法》第 114 条第 2 款的规定，高额违约金调整的标准是守约方的损失。借款合同是特殊的合同，其标的物是货币，对于出借人来说，借款人未依约还款，所遭受到的损失是借款利息。最高人民法院对民间借贷借款利息进行了限制，原因就在于民间借贷比银行贷款更容易借贷，其风险性更高。为了规范金融市场，防止高利贷现象，需要对盲目的逐利行为进行约束。最高人民法院《关于人民法院审理借贷案件的若干意见》第 6 条规定，民间借贷的利率最高不超过银行同期利率的 4 倍，当事人约定的利息和违约金加起来如超过银行同类贷款利率的 4 倍，则属于变相地放高利贷。因此，当事人既约定逾期利息（或利息损失），又约定违约金的可以同时支持，但两者之和不能超过银行同类贷款利率的 4 倍，对超出部分不予保护。如约定的逾期利息（或利息损失）或者违约金其中一项就已经达到或者超过银行同类贷款利率的 4 倍，则只支持一项即可，对另一项应予以驳回。

就本案而言，原告高某与被告宋某在借款合同中既约定如被告宋某未依约还款，则被告宋某应当按照中国人民银行公布的同期商业贷款利率的4倍向原告高某支付借款利息，又约定被告宋某还应当按照每日5‰的利率标准向原告高某支付逾期还款的违约金，双方将利息及违约金均在借款合同中约定，本不冲突，但是原告高某既要求被告宋某按照中国人民银行公布的同期商业贷款利率的4倍向原告高某支付逾期之后的利息损失，又要求被告宋某按照每日5‰的利率标准向原告高某支付逾期还款的违约金，因原告高某主张的利息损失已达到银行同类贷款利率的4倍，故法院对原告高某违约金的诉讼请求应不予支持。

综上，一审法院的判决是正确的。

16. 非因生产经营目的购买艺术品可适用《消费者权益保护法》

原告：刘某，无业

被告：李某，男，32 岁，农民

被告：北京王府井百货（集团）股份有限公司，住所地北京市东城区王府井大街255 号

一、案情

2011 年 1 月 22 日，刘某在北京王府井百货（集团）股份有限公司（以下简称王府井百货公司）处购得紫砂壶一把，售价为 319 998 元（标价为380 000元）。售货人员告知刘某该壶为何道洪早期作品，同时王府井百货公司向刘某出具了购物小票和发票，票据上均写明商品名称为“茶艺乐园何道洪紫砂壶”。后经何道洪本人核实，刘某所购紫砂壶并非真品，是仿造的其早期作品。故刘某将王府井百货公司诉至法院，要求判令被告允许原告退货并退还货款 319 998 元，被告赔偿原告所退紫砂壶价款一倍的赔偿金 319 998 元及原告其他损失，包括交通费、住宿费共计 7 436. 5 元。

王府井百货公司辩称，本案争议紫砂壶属于特殊商品，已经脱离了普通日常消费品的使用价值，本案原告不是为了生活消费，不具有消费者权益保护法所规定的主体资格，因此本案应当适用合同法来规范，赔偿范围应以原告实际损失为基础，不应适用消费者权益保护法的规定给予原告双倍赔偿。王府井百货公司在客观上没有欺诈的行为，主观上没有欺诈的故意，故原告不符合双倍赔偿的条件。本案紫砂壶是广州市百福茶艺乐园有限公司从陈某处获得，陈某是从裴某处获得，裴某是从台湾商人处购得，陈、裴两人均为资深紫砂制品收藏家，他们均坚信涉案紫砂壶为何道洪早期作品，因此，在各方均相信该壶为“真壶”的情况下，不存在所谓对原告的“欺诈”。故被告只同意退货并赔偿原告的交通费及住宿费损失，不同意原告的其他诉讼请求。

二、审理结果

一审法院经审理认为：依法成立的合同受法律保护。原告在被告处购买涉案商品并支付了对价，双方形成了买卖合同关系。被告作为一家知名企业，明

确告知原告其购买的紫砂壶为何道洪作品，被告应当保证销售商品与提供的商品信息情况相符。现何道洪已然否认该壶是其本人作品，故被告的行为损害了消费者对被告的信赖利益，其行为已构成对原告的欺诈。经营者在向消费者提供商品时，如果销售冒用他人姓名的商品，且不能证明其确非欺骗、误导消费者而实施此种行为的，应当承担欺诈消费者行为的法律责任。现原告根据《中华人民共和国消费者权益保护法》（以下简称《消费者权益保护法》）的规定要求退货、返还价款并支付一倍价款的赔偿金的诉讼请求，于法有据，理由正当，对此予以支持。对被告提出的其有理由坚信涉案紫砂壶系何道洪早期作品，因此不存在所谓对原告的"欺诈"的抗辩意见及被告提出的原告不具有消费者权益保护法所规定的主体资格的理由，因缺乏事实与法律依据，不予采纳。被告对何道洪的证言提出存在疑点，认为不能作为证据使用，但被告对其抗辩没有提供相应证据予以支持，故对被告该项主张不予采纳。鉴于被告同意给原告退货并退货款，对此不持异议。针对原告主张的交通费和住宿费损失，被告予以认可，不持异议。

据此，一审法院依据《合同法》第97条，《消费者权益保护法》第4条、第49条之规定，判决：（1）刘某将从王府井百货公司处购得的紫砂壶退还王府井百货公司；王府井百货公司返还刘某货款319 998元并赔偿一倍货款319 998元，共计639 996元；（2）王府井百货公司赔偿刘某其他损失7 436.5元五角。

一审判决后，王府井百货公司不服，向二审法院提出上诉，请求二审法院撤销原审判决，改判驳回刘某的诉讼请求。二审法院经审理，判决驳回上诉，维持原判。

三、意见

本案诉辩双方争议的焦点集中在两个问题上：一是购买艺术品紫砂壶能否适用《消费者权益保护法》；二是经营者是否存在欺诈行为。

（一）购买紫砂壶能否适用《消费者权益保护法》

一种观点认为，不能适用《消费者权益保护法》，理由是涉案紫砂壶的价值主要体现在其艺术性上，应理解为艺术品，而非日常生活用品。《消费者权益保护法》第2条规定："消费者为生活消费需要购买、使用商品或者接受服务，其权益受本法保护……"艺术品不属于生活必须的消费品，购买艺术品不是消费行为，因此不能适用《消费者权益保护法》。

另一种观点认为，消费者的生活消费包括两类：一是物质资料消费，二是精神消费。衣食住行等方面的生活消费属于物质资料消费，而购买艺术品或接受与艺术品相关的服务则属于精神消费。因此，购买艺术品适用《消费者权益保护法》。

笔者同意第二种观点。随着市场经济的发展，商品及服务的种类在不断增加，人们的消费水平也在不断提高。金融、保险、电信、互联网、医疗、交通、教育、旅游、购房装饰装修等新兴领域的消费者群体进一步扩大。从近几年的相关案件中不难看出，法院受理的诉请双倍返还的案件当中，既包括诸如商品房、汽车、名贵首饰等高价值的商品，也包括移动电话通信费、银行小额账户管理费、出租车费等服务消费。种类各异的商品及服务均具有各自的特殊性，其中很多是立法之初并没有预料到的。因此，不能把消费者的生活消费狭义地理解为仅仅为了满足吃穿住行等生存型消费，还应该包括发展型消费及享受型消费，并囊括人们文化生活、精神生活、教育生活、体育生活，甚至卫生生活等多方面的消费。笔者认为，《消费者权益保护法》的适用对艺术品经营中的欺诈行为可以起到有力的制约作用，对于维护艺术品消费者的权益具有强大的保障作用。但是，并不是所有的购买艺术品行为都适用《消费者权益保护法》，只有非以生产经营目的进行的艺术品购买行为适用《消费者权益保护法》。

（二）如何判定经营者存在欺诈行为

经营者提供商品或者服务存在欺诈行为是适用《消费者权益保护法》第49条双倍赔偿的关键。在司法实践当中，对于欺诈的认定需要全面考量。我国《民法通则意见》第68条规定："一方当事人故意告知对方虚假情况，或者故意隐瞒真实情况，诱使对方当事人作出错误意思表示的，可以认定为欺诈行为。"实践中，欺诈的具体表现形式很多，如以假充真、以次充好、虚构产地、虚构成分、夸大功能等。

本案中，被告作为一家知名企业，在没有充分依据确定其所销售的紫砂壶为何道洪作品的情况下，明确告知原告其购买的紫砂壶为何道洪作品，且在其出具的票据上明确注明商品名称为"茶艺乐园何道洪紫砂壶"，原告亦因信赖被告所宣称的商品信息而购买涉案紫砂壶，而何道洪否认该壶是其本人作品，故被告的行为属于销售冒用他人姓名的商品，且不能证明其确非欺骗、误导消费者，应认定对原告构成欺诈，应当承担欺诈消费者行为的法律责任。

综上，一审、二审法院的判决是正确的。

17. 债务人之意思表示不影响债务承担合同的效力

原告：北京泰科立高新技术有限公司
被告：北京霆顺精和装饰有限公司

一、案情

2011年8月6日，中建公司与北京泰科立高新技术有限公司（以下简称泰科立公司）签订了《预制疏散平台板承包合同》，中建公司的委托代理人为北京霆顺精和装饰有限公司（以下简称霆顺精和公司）的法定代表人丁某。双方开始履行合同至2011年9月27日。2011年9月28日，霆顺精和公司给泰科立公司出具金额为63 120元的银行转账支票一张，用于偿还中建公司欠泰科立公司的货款。后因该支票密码错误未能承兑，泰科立公司向霆顺精和公司索要上述货款未果诉至法院。

泰科立公司诉称：丁某以中建公司委托代理人的名义和泰科立公司签订了《预制疏散平台板承包合同》。霆顺精和公司为支付货款给泰科立公司出具了一张金额为63 120元的银行转账支票。泰科立公司到银行入账时发现霆顺精和公司提供了虚假密码导致泰科立公司无法转账，其后多次找霆顺精和公司索要货款，霆顺精和公司以各种借口拒绝支付，故诉至法院，请求判令霆顺精和公司支付泰科立公司货款及利息。

霆顺精和公司辩称：霆顺精和公司和泰科立公司不存在债权债务关系。中建公司未将债务转移给霆顺精和公司。合法的债务转移首先需要债务人有债务转移的意思表示，其次经债权人同意，最后受让人同意。本案中，中建公司并未有将债务转移给霆顺精和公司的意思表示，仅仅因为受让人与债权人同意，显然不能合法转移中建公司的债务。

二、审理结果

一审法院经审理认为，债务应当偿还。霆顺精和公司给泰科立公司出具金额为63 120元的转账支票用以偿还中建公司欠泰科立公司的货款，泰科立公司也拿该支票到银行进行了转账，说明泰科立公司同意中建公司将债务转移给了霆顺精和公司，霆顺精和公司亦认可债务转移的事实，其应对转账支票所载明的款项具有给付义务。现泰科立公司向霆顺精和公司索要该支票所载明的货款数额及利息，具有事实基础，理由正当，应予以支持。综上所述，依照《合同法》第 84 条、第 107 的规定，判决：霆顺精和公司于判决生效后 10 日内给付泰科立公司欠款 63 120元并支付利息。

霆顺精和公司不服一审法院判决，提出上诉，认为霆顺精和公司和泰科立公司不存在债权债务关系。请求撤销原判，发回一审法院重新审理或改判。

二审法院经审理认为，依据《合同法》第 84 条的规定，债务人将合同的义务全部或者部分转移给第三人的，应当经债权人同意。债务转移可以通过债权人与第三人之间达成协议的方式来实现。债务人的意思表示，不影响该协议的效力。本案中，泰科立公司同意债务转移给霆顺精和公司，霆顺精和公司亦明确认可债务转移的事实，并且给泰科立公司出具了金额为63 120元的转账支票用以偿还中建公司欠泰科立公司的货款，故债务转移成立，霆顺精和公司应依约履行还款义务。故依照《民事诉讼法》第 153 条第 1 款第（1）项的规定，判决：驳回上诉，维持原判。

三、意见

本案值得探讨的问题是：第三人与债权人之间达成债务承担合同，债务人之意思表示是否影响债务承担合同的效力。我国《合同法》第 84 条仅规定了第三人与债务人之间达成债务承担合同，应经债权人同意，但对于第三人与债权人之间形成的债务承担合同并未作出相应的规定。对此，存在以下不同意见。

第一种意见认为，依照《民法通则》第 91 条的规定，合同一方将合同的权利、义务全部或者部分转让给第三人的，应当取得合同另一方的同意，并不得牟利。故第三人与债权人之间形成的债务承担合同，应取得债务人的同意才能生效。此外，该债务承担合同可能损害债务人的利益，从保护债务人利益的角度考虑，该合同亦应经过债务人的同意才能生效。

第二种意见认为，第三人与债权人之间形成的债务承担合同，债务人之意思表示不影响债务承担合同的效力，如该债务承担合同违反债务人之意思表示或损害债务人之利益，债务人可就其损失向第三人主张赔偿。

笔者同意第二种意见，主要理由如下。

（1）第三人与债权人之间形成债务承担合同，不适用《民法通则》第 91 条的规定。因为，该条规定旨在表明，债权人转让债权有通知债务人的义务，债务人转移债务应当经债权人同意。并无债务转移应通知债务人，或经债务人同意之解释。故用《民法通则》第 91 条的规定来适用、解释第三人与债权人之间形成的债务承担合同与立法本意不符。

（2）第三人与债权人之间形成债务承担合同，在债务人仅享有利益而无受损的情形下，该债务承担合同得到了债权人的同意，且合同的订立亦符合债务人利益，故债务人之意思表示不影响债务承担合同的效力。此外，第三人主动为债务人承担债务，在实际中，第三人与债务人一定存在某种关系，故一般亦不会造成债务人重复履行债务。在债务人对该债务承担合同有异议，或认为该债务承担合同损害其利益的情形下，债务人之意思表示亦不影响该债务承担合同的效力，此时应视为债务人自始未脱离原债务关系，债务人仍可向债权人进行清偿。因为，变更债务人属于债权人对债权的处分，故债务人同意与否，不影响债务承担合同的效力，除非债务人能够证明该债务承担合同符合《合同法》第52条规定的无效情形。

本案中，第三人霆顺精和公司与债权人泰科立公司达成了债务承担合同，该债务承担合同是否通知债务人中建公司，是否取得中建公司的同意，均不影响合同的效力。此外，本案所涉及的债务为履行付款义务，即给付本案合同中剩余的货款，故第三人霆顺精和公司自愿替债务人中建公司偿还所欠债权人泰科立公司的货款，其行为不存在侵害债务人中建公司利益的可能性，故霆顺精和公司与泰科立公司达成的债务承担合同有效，霆顺精和公司应依约向泰科立公司履行付款义务。

综上，一审、二审法院的判决是正确的。

18. 电子银行损失的责任认定问题

原告（上诉人）：金某

被告（被上诉人）：中国建设银行股份有限公司北京市朝阳区望京西园储蓄所

一、案情

2011年5月11日，金某向中国建设银行股份有限公司北京市朝阳区望京西园储蓄所（以下简称建行望京西园储蓄所）。申请办理了一张龙卡通储蓄卡，填写了《服务申请表》，并开通该账户的网上银行服务。当日，建行望京西园储蓄所交付打印的《签约回执》给金某。当天金某通过转账方式和现金方式分别向该储蓄卡存入60 872.29元和4万元，并在建行望京西园储蓄所柜台工作人员的指导下登录了网上银行，购买了10万元“乾元－日鑫月溢”2011（北京）平衡型理财产品，购买后，龙卡通储蓄卡账户现金余额为872.29元。在柜台金某未使用过网银盾，回家后金某自己首次启用网银盾，根据网上银行的提示插入网银盾并设置了网银盾密码。金某称其此后未再使用过网银盾。同日，上述金某龙卡通储蓄卡账户转入622××××××××××××5573账户（以下简称尾号为5573账户）865元，转入方账户名为“石某某”。2011年5月12日，金某龙卡通储蓄卡账户上10万元理财产品以100 005.21元的价格被赎回。当天，该储蓄卡账户又分两次向上述尾号为5573的“石某某”账户划转5万元与4.99万元。

2011年6月7日，金某以查询账户时发现余额只有现金81.2元为由向北京市公安局朝阳分局报案。经查，金某的龙卡通储蓄卡通过网上银行渠道申请开通了手机银行服务。手机银行绑定的手机号码与金某在柜台签约预留的手机号码不一致。上述转账行为是通过手机银行进行的。

二、审理结果

一审法院判决认定：金某在建行望京西园储蓄所办理储蓄卡并存款，建行望京西园储蓄所为其出具相应单据，在金某与建行望京西园储蓄所之间形成储蓄合同关系，此合同是双方当事人的真实意思表示，内容不违反国家法律、行政法规的强制性规定，应属合法有效。金某签字确认已经阅读并且同意遵守的《电子银行服务协议》是储蓄合同关系中明确双方权利义务的具体文件之一。金某开通的网上银行业务需凭密码和其他身份认证要素进行交易，且身份证号码、密码等信息系储户的私人信息，网银盾亦是储户个人财物，故双方约定客户账户凭密码操作的损失自行承担的条款不属于免除银行责任、加重客户责任、排除客户主要权利的情形，不违反公平原则，金某认为该条款应属无效的主张没有法律依据，该院不予采信，合同当事人均应当如约履行义务。

金某称银行未告知其可以通过网上银行开通手机银行，并且通过手机银行能够转账，导致其在不清楚风险的前提下激活网银盾，建行望京西园储蓄所存在过错。就此，该院认为，金某在签名确认的《服务申请表》明确表示已阅读并同意遵守《电子银行服务协议》等文件，《电子银行服务协议》明确约定了上述服务功能及流程，可认定建行望京西园储蓄所已经向金某告知网上银行和手机银行的开通渠道和使用功能，故对金某的该项意见该院不予采纳。建行望京西园储蓄所关于其已履行告知义务的答辩意见成立，该院予以采纳。金某名下的龙卡通储蓄卡账户开通手机银行服务、绑定手机号码是通过密码及其他身份认证要素进行操作的，按照约定应当视为金某本人所为；鉴于一人拥有多个手机号码属于正常情况，且并无合同约定或法律规定手机银行绑定的手机号码与客户在柜台预留号码不一致的情况下银行应另行通知客户，故金某认为银行就此存在过错的主张该院不予采纳。

本案中，金某称其未向他人泄露银行账号密码或者不当使用过网银盾，但其龙卡通储蓄卡的三次转账行为均是通过手机银行操作的，而其账号的手机银行服务是通过网上银行开通的，双方均认可通过网上银行开通手机银行服务需要输入金某的身份证和网上银行密码登录网上银行后，并插入金某的网银盾方可办理。金某称其账户密码和网银盾一直处于其本人控制下，但未提供证据证明转账交易非其本人或授权他人所为，亦未排除由于金某自身过错导致他人获得其身份认证信息从而实现转账的可能。金某现有证据无法证明建行望京西园储蓄所的交易系统存在漏洞或安全隐患造成其账号密码泄露，也不足以证明建行望京西园储蓄所在金某的账户内资金被转出过程中存违法或者违约行为。因此，金某要求建行望京西园储蓄所履行支付存款义务的诉讼请求，证据不足，该院不予支持。综上，依据《合同法》第60条，《民事诉讼证据规定》第2条的规定，判决：驳回金某的诉讼请求。

一审判决宣告后，金某以一审认定事实不清、适用法律错误为由，提出上诉。

二审驳回上诉，维持原判。

三、意见

本案的争议焦点为：电子银行被盗情况下，储户的损失应由谁承担。对此，在审理过程中，有三种观点。

第一种观点认为，银行有妥善保管储户账户内资金的义务，应承担过错赔偿责任。

第二种观点认为，客户自身承担资金被盗的损失。客户作为银行卡及密码的唯一持有人，客户其应当妥善保管银行卡，不使银行卡脱离控制而被他人复制造成损失。

第三种观点认为，按照银行与储户的过错大小，合理分担责任。

笔者同意第三种观点。理由为：密码被破解的风险是在电子化交易下产生的，对于这种风险的防范义务，应当由从该风险中获得最大利益的银行承担，不能将其损失全部转嫁到储户身上。但亦存在储户自身因保管不善造成损失的可能性。法院应该根据查明的事实，详细地分析损失造成的原因，按照银行与储户的过错大小，合理的划分责任。

在实践中，应从以下几个方面划分双方的责任。

（一）银行有没有充分履行告知义务

有些银行的电话支付功能是不需申请自动开通的，只要持有信用卡就有电话支付功能，并且不能取消。开通电话银行的银行卡，包括储蓄卡、信用卡，都有两个密码，即取现密码和电话银行密码，前者需要在柜台修改，后者需要电话修改，在柜台修改取现密码后，电话银行密码并没有同时修改。银行工作人员对此没有对储户进行充分的告知。在法院审理的案件中，消费者往往对取现密码比较关心，对电子银行密码重要性认识不足，甚至有的人根本就没注意到电话银行密码的问题，使其处于默认状态。正是这个“误区”，让不法分子钻了空子，不法分子可以使用银行卡的电话银行业务进行转账、消费等业务。在上述情况下，可以认定银行有一定过错。

（二）电子银行本身是否存在管理漏洞

有的银行为追求自己的利润，没有对一天内储蓄卡电子转账、信用卡消费设定最高限额，这给不法分子一次性大额盗刷、转账提供了机会。还有的银行在信用卡消费中，只凭消费密码，根本不核实签名的真实性，在预留持卡人签名和消费签名不符的情况下仍予以划款。在电话支付过程中，商户的核对程序非常简单，只要持卡人提供卡号、有效期及验证码即可，且并不限于储户本人使用。储户信用卡一旦丢失，或者卡片信息被他人窃取，不法分子可能通过假冒身份使用储户的信用卡进行消费。一些银行虽然会在电话支付后向储户发送预授权短信，但结算时往往不会再通知持卡人，客户取消预授权在某些时候也并不等于取消交易，往往解释权在商户而非客户，由于商户和银行的密切关系，使得纠纷发生时，银行难免会遵从商户的指令，而非持卡人的指令。在上述情况下，可以认定银行有一定过错。

（三）储户安全保密责任是否尽到

有的储户在使用卡片时，不注意保密，密码被他人盗走，甚至还有的客户随意将卡片交给他人使用，也无意间泄露了个人信息和密码。不法分子利用各种手段复制该银行卡后非法进行转账或消费。还有的持卡人方便记忆，设置的密码较为简单，比如出生日期、卡片后六位等，一旦该银行卡的其他身份认证信息被不法分子获得，该卡片密码很容易被破解。在上述情况下，储户就存在一定的过错。如果储户采取凭签名消费的方式，或者采用数字、字母组合密码和签名的双重保护，或者设定了电子银行最高转账额度，这些情况可以证明储户尽到了一定程度的谨慎义务。

（四）储户提供的证据能否证明自己的主张

根据中国人民银行《银行卡业务管理办法》第 39 条的规定，发卡银行依据密码等电子信息为持卡人办理的存取款、转账结算等各类交易所产生的电子信息记录，均为该项交易的有效凭据。发卡行可凭交易明细记录或清单作为记账凭据。储户在收到短信、得知银行卡被盗刷或被转账时，能否第一时间收存好证据，证明卡在自己身上并证明自己不在银行卡被盗刷地，没有“作案时间”等。能否到就近的营业点查询了卡片的余额并索取凭条等。

个人银行卡被不法分子恶意消费或转账，给持卡人造成了较大的经济损失，损失形成的原因很复杂。有的纯粹是个人的原因，有的时候银行也有过错，甚至个别的商户也存在过错。在此种情况下，法院应根据当事人的过错程度进行相应的判决。对于客户未能尽到对自己的银行密码等重要信息的保密义务，致使他人控制其账户并将其存款转走或者进行信用卡刷卡消费，该损失应该由客户自己承担。对于银行未能尽到充分的注意义务或者管理上存在漏洞，给客户造成不必要损失，按照过错程度承担相应的义务责任。商户存在过错的，也要承担相应的责任。

在本案中，银行在与金某签订协议过程中，已告知了金某相应的权利和义务，并采取把字体加黑等措施提醒金某注意特别条款。另外，金某称其账户密码和网银盾一直处于其本人控制下，但未提供证据证明转账交易非其本人或授权他人所为，亦未排除由于金某自身过错导致他人获得其身份认证信息从而实现转账的可能。同时，金某也没有提供证据证明建行某储蓄所的交易系统存在漏洞或安全隐患造成其账号密码泄露。因此，法院根据过错原则，判决驳回金某的诉求是符合法律规定的。

综上，一审、二审法院的判决是正确的。

19. 中介公司虚假网签的侵权责任承担

原告：石某

被告：北京中大恒基房地产经纪有限公司

被告：娄某

一、案情

根据《北京市经济适用房住房购买资格申请、审核及配售管理办法》的规定，申请经济适用房要求申请家庭住房面积、家庭总资产净值需符合规定的标准。经审核通过并备案的申请家庭进入轮候期，由区（县）住房保障管理部门统一组织摇号配售。

2011年2月25日，北京市西城区大栅栏街道办事处住保办对石某家庭情况进行初审公示，核查认定石某住房和资产情况符合政策关于购买经济适用房的规定标准。但后石某被告知审核未通过，因其在朝阳区甜水园北里13号楼购有94.64平方米的住房。石某就此事多次向北京市住房和城乡建设委员会反映核查经济适用房被取消资格问题，该委员会答复称确有网签购房一事，现处于合同注销草拟阶段。信访人若要注销网上信息，建议直接找北京中大恒基房地产经纪有限公司（以下简称中大恒基公司）负责人办理；对涉及的其他问题，双方可协商或通过司法途径解决。

〔2011〕京海诚内民证字第03375号公证书显示，北京市房地产交易管理网（http：//www.bjfdc.gov.cn）中查询到编号为C10560的网签合同信息，内容为：出卖人娄某于2007年10月29日以123万元的价格将位于朝阳区甜水园北里13号楼15层1504号的房屋（96.64平方米，房屋所有权证号：京房权证朝私成本字第217709号）卖与石某（证件号码110104……69），签约机构为中大恒基公司，转移登记办理进度为未申请，备注：上述公示内容与存量房网签合同记载内容一致。石某为此支付公证费1 000元。

原告石某诉称，两被告串通利用其的身份信息伪造虚假的房屋买卖合同并在政府相关管理网站上备案，导致其申请购买经济适用房的申请被驳回，并严重损害了其名誉。故诉至法院，请求判令：（1）两被告立即停止侵犯原告姓名权和名誉权的行为，取消两被告在北京市房地产交易网上的网签；（2）依法向原告公开赔礼道歉，在《北京晚报》等北京市范围内的媒体进行道歉；

(3) 被告就签订合同的事宜向北京市西城区住房和城市建设委员会解释情况，消除因两被告侵权行为带来的不利影响；(4) 两被告赔偿原告物质损失10万元（包括交通费、误工费、公证费和延迟买经适房的房屋使用费）及精神损害抚慰金10万元。本案诉讼费由两被告承担。

庭审中，中大恒基公司认可该网签系其员工所为，与娄某无关，同意就网签错误向石某道歉，但提出网签错误是员工工作失误所致，并非故意行为。石某与娄某均认可双方并无实际房屋买卖交易。石某未提供娄某与中大恒基公司恶意串通的相关证据，也未提供其名誉权受损的相关证据。

二、审理结果

一审法院经审理认为，石某主张其姓名权、名誉权受到中大恒基公司和娄某的共同侵害，但没有充分有效的证据证明两被告存在恶意串通的情形，故对石某有关两被告恶意串通侵权的主张，不予支持。中大恒基公司在未获得石某授权，且石某与娄某并无真实房屋买卖合同的情况下，擅自使用石某的姓名进行网签信息提交，系属对石某姓名的盗用，并造成石某未能通过购买经济适用房资格审核的后果，构成侵权。考虑到房地产经纪公司进行网签需要买卖双方签约、审核等一系列程序，不可能因为简单失误所致，且中大恒基公司对其工作人员行为负有管理约束之责，法院对中大恒基公司所述不存在侵权故意的辩称不予采信，其应对此承担相应侵权责任。关于石某认为虚假网签行为严重损害其名誉的主张，因其未提供相应证据支持，且石某被取消经济适用房资格一事被公众知晓的范围并不大，难以认定其社会评价因此降低，故法院对其侵犯名誉权的主张不予支持。因石某的姓名权受到侵害，法院对于其要求中大恒基公司停止侵权、撤销网签，并向西城区住建委解释网签事宜、消除影响的诉讼请求予以支持。考虑到经济适用房购买资格的取得对石某具有重大意义，而虚假的网签影响了其取得购买经济适用房的资格，势必给石某带来一定精神上的压力和痛苦，中大恒基公司应向石某赔礼道歉，并对石某所遭受的精神损害进行精神抚慰，故法院对石某要求中大恒基公司赔礼道歉及赔偿精神损害的诉讼请求予以支持，具体赔礼道歉方式和赔偿数额由法院综合侵权行为的过错程度、造成的影响和精神损害程度等因素予以判定。石某未就其要求赔偿交通费、误工费的主张提交相应证据，考虑到石某因寻求问题的解决势必支付一定交通费用，但石某并无工作，故法院对石某要求赔偿交通费的主张酌情予以考虑，对其要求误工费的诉讼请求不予支持。就石某要求公证费1 000元的主张，因该笔费用系其起诉收集证据的合理开支，法院予以支持。就石某主张赔偿延迟购买经济适用房的房屋使用费一节，由于经适房的获得还需要轮候摇号程序，该费用并非目前已现实发生的损失，法院对此不予支持。因娄某被列为网签卖方，而网签撤销手续需要其协助办理，娄某应配合石某撤销网签。对于石某超出部分的诉讼请求，法院不予支持。

综上，法院依照《民法通则》第99条第1款、第120条，《侵权责任法》第2条、第15条的规定判决：被告中大恒基公司与被告娄某配合石某撤销北京市房地产交易管理网上的网签；被告中大恒基公司向北京市西城区住房和城市建设委员会书面说明网签情况，消除影响，说明内容需经法院审核；被告中大恒基公司向原告石某书面赔礼道歉；被告中大恒基公司向原告石某赔偿交通费200元、公证费1 000元以及精神损害抚慰金2万元。

一审宣判后，双方当事人均未上诉，该判决书已发生法律效力。

三、意见

本案涉及的是近年来中介公司为抢占房源、排除竞争，违规进行虚假房屋买卖合同网上备案所产生的纠纷问题。具体到本案，主要涉及以下三个问题：一是对房屋买卖中网签行为的定性；二是石某主张的侵犯名誉权是否成立；三是对盗名网签之精神损害赔偿数额的考虑因素。

（一）对房屋买卖中网签行为的定性

考察房屋买卖中网签流程以及网签必备要素等形成背景，从而定性虚假网签有无可能系过失造成，是本案审理的逻辑起点。网签是指商品房买卖过程中，双方在中介公司的参与下，在签订书面的房屋买卖合同后，进行存量房买卖合同网上签约登记的行为。房地产经纪公司进行网签需要买卖双方签约、审核等一系列程序，使用买卖双方姓名进行网签时需要核实并依据房屋买卖合同等进行网签信息提交，故虚假网签不可能因为简单失误所致。本案中，中大恒基公司在未获得石某授权，且石某与娄某并无真实房屋买卖合同的情况下，擅自使用石某的姓名进行网签信息提交，系属对石某姓名的盗用，并造成了石某因此未能通过经适房资格审核的后果，构成侵犯姓名权。此行为虽系其员工所为的职务行为，但中大恒基公司作为雇员的管理方，至少存在管理上的过失，故应承担替代责任。

（二）石某主张的侵犯名誉权是否成立

名誉利益是无形利益，其所保护的自然人的自然属性和社会属性，名誉受侵犯很重要的一点是在当今社会普遍标准下自然人因侵权行为而受他人道德上的谴责，以致自己感受屈辱。个人所认为的“名誉感”的降低，并不必然代表客观上个人一般社会评价的降低。当事人如主张名誉权被侵害，需提供相关证据证明其社会评价缺失因被告的不当行为而降低。本案中，考虑石某被取消经济适用房资格一事被公众知晓的范围并不大，主要局限在住建委和街道办事处，难以认定其社会评价因此降低，故法院对其侵犯名誉权的主张未予支持是适当。

（三）确定损害赔偿额的相关考虑因素

本案的难点之一在于损害赔偿数额确定的依据与标准。本案的裁判综合考虑了以下几方面因素：一是中大恒基侵犯石某姓名权的侵权故意；二是经济适用房对于一个北京市普通家庭的意义，及其背后体现的经济价值对于申请人在精神层面的影响；三是石某因侵权行为延后申请经济适用房的持续时间；四是北京市当地的经济水平。当然，除此以外，法官亦考虑了个人信息保护的价值，以及裁判结果对引导与中大恒基同行业单位诚信经营之效果等因素，最终酌定的 2 万元赔偿额，是处于目前一审法院乃至整个北京市法院系统精神损害判赔额度的中等偏上水平。

另外，本案中，石某还主张了赔偿延迟购买经济适用房的房屋使用费，但经核实，由于经适房的获得还需要轮候摇号程序，石某登记的此批次经适房在法庭开庭审理时尚未建造和配售，故认为该费用并非目前已现实发生的损失，本案中未予支持。

综上，一审法院的判决是正确的。

20. 网络服务者对网络用户实施的网络行为应当承担有限度的事后审查义务

原告：战某

被告：北京创融投资顾问有限公司

一、案情

被告北京创融投资顾问有限公司（以下简称创融公司）系价值中国网（网址为 www. chinavalue. net）的经营者。2010 年 5 月 14 日，价值中国网刊登标题为“揭秘北京天上人间真正的‘陪侍小姐’照片”的文章。该文章的标题栏为“揭秘北京天上人间真正的陪侍小姐照片——郑某某——职业日志——价值中国网：网络就是社会”，文章网址为“http：//www. chinavalue. net/Blog/351894. aspx”；正文标题下方注明“郑某某转载自中华网 2010-5-14 10：02”；正文文字内容后附有若干张图片，其中第一张图片使用的是战某于 2009 年 5 月 30 日上传到新浪网个人博客“名成战某”中的照片，该个人博客系对公众开放的大众博客；文章中战某照片下方所附文字信息为：“姓名瑶瑶，年龄 19 岁，身高 173cm，祖籍湖北恩施。”在该文章所在网页可见：文章文字内容右侧有郑某某个人简介、个人主页及站内消息的链接；文章内容下方有“郑某某的近期作品”之链接。2010 年 5 月 18 日，经战某申请，北京市长安公证处从网址“http：//www. chinavalue. net/Blog/351894. aspx”进入上述文章页面，对相应网页内容进行了保全公证。

2010 年 5 月 19 日，战某在新浪网其个人博客“名成战某”中发表公开声明，就包括价值中国网在内的全国乃至全球华人区各个网站、论坛、贴吧、博客等媒体转载涉案照片及信息的不实报道一事，声明自己并非天上人间的陪侍小姐，涉案照片系被盗用，其将保留对所有涉及网站追究其法律责任的权利。2010 年 5 月 21 日，战某在该个人博客公开发表北京市合川律师事务所作出的律师函，要求刊登涉案照片及信息的各网站、论坛、贴吧、博客等媒体应当向战某公开赔礼道歉、消除影响、恢复名誉并赔偿损失。

2010 年 7 月 6 日，战某就价值中国网登载涉案照片及文字信息涉及侵害其肖像权、名誉权一事，向创融公司发出律师函，称涉案照片盗用战某照片并诋毁其为天上人间的陪侍小姐，该信息纯属捏造，要求创融公司向其赔礼道歉、消除影响、恢复名誉并支付损害赔偿金。

原告战某诉称：创融公司作为营利性网站，基于自身经营需要，为追求经济效益，未经其同意在该报道中使用其照片，并捏造与照片相对应的信息，创融公司的行为严重侵害其名誉权和肖像权，给其演艺事业和前途带来了相当不利的影响，并给其造成了严重的精神损害和直接经济损失。创融公司作为网站所有者、经营者和管理者，有时虽然难以对刊登的内容是否损害他人权益进行审查，但对于一些可能涉及损害他人权益的负面信息，应负有一定的审查、管理职责，并采取相应的措施予以控制，若其经营者未尽到谨慎审查义务，而允许登载未核实真伪的信息，则应当承担侵权责任。故要求创融公司赔偿侵害名誉权的精神损害抚慰金2万元和侵害肖像权的精神损害抚慰金2万元，并赔偿公证费1 661元。

被告创融公司辩称：战某所述包含其照片及相应文字说明的信息是该公司网站的网友郑某某从中华网转载并发布在其个人博客内，并非由该公司原创并发布在网站公共区域内。假如发生了侵权行为，战某有权通知该公司采取删除、屏蔽和断开链接等必要措施，但战某并没有在发现侵权行为后行使通知权。虽然战某委托律师向该公司发出律师函，但在此之前，该公司根据网站经营定位认为郑某某转载发布的该照片和文字信息与该公司设立网站的宗旨相悖，而于2010年6月18日主动断开了该网页链接，网络用户已经无法通过该公司网站访问该网页。战某不能证明涉案照片和文字信息是该公司利用网络侵害其民事权益，该公司并没有侵权的主观动机，也没有实施任何侵权行为。从互联网的技术特征来说，互联网的技术特征决定了任何人都不可能对网络言论进行百分之百的审查，法律也没有要求网络服务提供者对网友发布的内容进行审查，也没有赋予网络服务提供者审查网友发布内容的权利。侵权责任法对于网络侵权也有专门规定，规定了网络服务者的审查责任，对网络侵权正确界定了法定责任。按照侵权责任法，战某不能向该公司主张侵权。该公司是我国率先实行网络实名制的“价值中国网”的主办人，为净化网络、保护一切人的合法权益而推行网络实名制，战某主张被众多网站侵权，但唯独该公司明确告知实施侵权行为的是郑某某，这是网络实名制的优势。因此，该公司没有对战某实施侵权行为，不应承担任何责任，故不同意战某的诉讼请求。

二、审理结果

一审法院经审理认为：合法的民事权益受法律保护。网络用户利用网络服务实施侵权行为的，被侵权人有权通知网络服务者采取删除、屏蔽、断开链接等必要措施。根据本案已查明的事实和现有证据，战某与创融公司争议的焦点有三。

（一）创融公司是否系利用网络服务侵犯战某名誉权、肖像权的直接侵权人

本院认为，根据战某所做公证的网页及现有证据表明，价值中国网为其会员提供信息存储空间网络服务平台，包含涉案照片及文字信息的文章系价值中国网的会员郑某某从中华网转载并发布在价值中国网其个人博客中，创融公司并非该文章的编辑者及发布者，该文章亦非发布在价值中国网的公共区域。因此，创融公司并非系利用网络服务侵犯战某人格权益的行为人，即非直接侵权人。

（二）创融公司对网络用户在其提供的网络平台中转载包含涉案照片和文字信息的相关文章之行为是否应当承担事先审查义务

战某主张创融公司作为网络服务者对具有消极意义的网络资讯应当进行事先审查，但并无证据表明创融公司在网络用户郑某某转载该文章时已知悉文章中的照片及文字信息具有战某所述的消极意义，亦无证据表明创融公司在收到战某的律师函之前已明知该照片和文字信息涉嫌侵犯战某人格权益，而法律亦未课以网络服务者对网络用户在其网络平台内发布的资讯逐一进行事先审查的法定义务。故战某主张创融公司应当承担事先审查义务，于法无据，法院不予认定。

（三）对网络用户实施的网络行为，创融公司是否存在使其损害后果扩大的行为与过错

本案中，创融公司在战某向其发出律师函之前，就因包含涉案照片和文字信息的文章与该网站经营主旨不符，而主动断开了涉案文章的链接，此时创融公司并不当然知悉涉案照片和文字信息侵害了战某的人格权益。因此，创融公司并不存在扩大损害后果的行为及过错。

基于法院认定的前述事实，创融公司并非侵害战某人格权益的直接侵权人，亦不存在扩大损害后果的行为和主观过错，法律亦未课以其对网络用户的行为进行事先审查的法定义务，故创融公司不应当对战某承担侵权责任。现战某要求创融公司赔偿侵害名誉权和肖像权的精神损害抚慰金，及保全证据支出的公证费，于法无据，法院不予支持。一审法院依据《民法通则》第5条之规定，判决驳回原告战某的诉讼请求。

一审判决后，原告战某与被告创融公司均未提出上诉。

三、意见

引发本案纠纷的事实发生于《侵权责任法》颁布之前，双方因此发生纠纷并引发诉讼则在侵权责任法颁布之后。案件中涉及的网络服务者对网络用户行为的审查责任问题以及法院对该问题的认定态度，不仅在审判实践中具有典型性，而且引起了学界的广泛关注。

（一）网络服务者对网络用户在其网络平台中发布的资信应承担事后特定审查义务

近些年，互联网在我国飞速发展，目前我国拥有世界上最庞大的网民群体。随着互联网的发展和普及，网络上的信息涉及面之宽、传播速度之快都呈现出前所未有的状态。目前，我国网络资信的特点是：（1）大部分网站不要求用户实名登记并发布资信；（2）网络用户可以对网络资信自由转载；（3）资信真实性难以保障。正是基于这些特点，网络侵权行为有了滋生的网络环境。近年来，出现了多起影响较大的侵犯网络人格权益的事件。在此种情势下，网络人格权保护问题显得尤为突出，而网络服务者作为网络平台提供者，其对包括人格权保护在内的网络民事权益保护负有当然的责任，即对网络用户的网络行为应承担某种法定义务。互联网在我国发展的十几年间，对网络服务者应承担的主要义务形成以下共识：（1）一般注意义务，即对其传输的资信（包括从其他网站转载及其网络用户自行上传）是否符合社会善良公俗及社会一般行为准则要求负有基本的审查义务，但是这种基本的审查应发生在何阶段，并无统一认识；（2）对网络用户的告知义务，即对于网络用户在享受网络服务时享有何种权利、应负何种义务的告知，比较广泛和常见的就是网络服务者在用户注册时提供的、通过注册必须同意的用户守则；（3）删除侵权资信的义务，即对其网络平台中发布的资信被确认为属于侵犯他人权益时应承担的删除相关侵权资信的义务。这些得到普遍认同的义务在没有法律规范界定的情况下，更大程度上体现为一种自律行为，而且没有统一的衡量尺度和判断标准。在这些基本义务中，一般注意义务即审查义务应是最基本的，也是其他义务的基础。

2010 年 7 月 1 日开始实施的《侵权责任法》第 36 条则是在我国民事法律规范领域内创造性地确立了网络侵权责任规则，将数字版权领域内的“避风港规则”扩张适用到包括网络人格权保护在内的所有网络民事侵权责任领域。该条第 2 款规定：“网络用户利用网络服务实施侵权行为的，被侵权人有权通知网络服务提供者采取删除、屏蔽、断开链接等必要措施。网络服务提供者接到通知后未及时采取必要措施的，对损害的扩大部分与该网络用户承担连带责任。”该条款为提示规则，为网络服务者提供了法律上的免责空间，即所谓“避风港规则”。从该条款可以看出，网络服务者对网络用户的网络行为所承担的审查义务是在接到侵权通知后才发生的，而且是针对特定资信的审查，即事后审查与特定审查。法律并未要求网络服务者对网络用户发布的资信承担事先审查和普遍审查义务。这就意味着，即使网络用户发布的资信构成侵权，根据该规则，网络服务者接到通知之前为网络用户提供的网络服务行为也可以免责。

网络服务者承担何种限度的审查义务直接影响到公众言论自由保护、互联网发展环境，而且对社会风气、文化道德等方面都会产生影响。对网络服务者课以严格的审查义务，可以将不良信息及涉嫌侵权的信息在发布前就筛除，最大程度上防止网络侵权行为发生，但却有侵犯公众言论自由、阻塞言路之嫌，并会在一定程度上阻碍互联网发展；而较为宽容的态度虽可保障言论自由、促进网络繁荣，却也可能导致网络道德环境恶劣，污染社会风气，使人人自危。因此，给网络服务者课以何种限度的审查义务，是立法者通过各种利益衡量而作出的最终选择，是不同的价值追求之间进行的一场博弈。

而实际上，即使是严格的审查义务也不意味着要求网络服务者要对网络用户发布的资信事先进行逐一筛查。理由在于：（1）从网络服务者的定位及其作用来看，对于提供网络平台的网络服务者来说，其主要是为网络用户发布网络资信提供虚拟平台和技术支持，并不干涉网络用户如何实施网络行为，更无权对网络用户的行为是否侵权作出主观判断。（2）从网络服务者的能力来看，以防止侵权为目的，要求网络服务者对网络用户发布的资信进行事先逐一审查很难实现。网络是无国界的，而网络中发布的资信则是海量的，在同一时刻都会有多条资信发布在网络上，这种情况下要求网络服务者在资信发布前就对资信进行逐一审查难度很大。而且在无证据的情况下对资信是否涉嫌侵权作出判断，是具有主观性的，无法设定统一评断标准。（3）从技术角度来看，网络服务者对资信的审查一般是以某些词汇为目标设定相应计算机筛查程序，而非对资信进行逐一阅读并核实其真实性。

综合多方面因素考虑，网络服务者对网络用户之网络行为所承担的审查义务界定为事后审查和特定审查（或是针对性审查）较为科学、合理，具有可操作性。侵权责任法也正是如此规定，这在现阶段有利于保障公众自由发表言论，广开言路，促进网络繁荣，扩大涉众信息公开化程度。但是，不可否认，在保障公众充分、自由发表言论的同时，为净化网络环境、坚守良好的社会风气，单纯的依靠事后审查和特定审查则显得有些力不从心。立法者还应当从多方面完善网络民事权益保护规范，例如设置严格的网络服务者准入条件和管理规则，制定严格的惩处规则，对违反规则的网络服务者施以严厉的惩处措施，对严重的违规行为甚至可以采取刑事制裁，进而淘汰一些唯利是图、不遵守规则的网络服务者，促进互联网良性健康发展；同时，还应设置完善的网络用户行为规范和惩罚规则，为网络用户提供明确行为准则，绝不因“法不责众”而放任网络用户的侵权行为，进而规范网络用户的网络行为，净化网络环境。

本案中，涉嫌侵权行为是发生在侵权责任法实施之前，创融公司删除相关资信的时间也是在侵权责任法实施之前，根据侵权责任法的适用原则，虽然本案并不适用侵权责任法，但是民法通则与侵权责任法对侵权行为构成要件的规定则是一致的。根据对创融公司之行为是否符合侵权行为构成要件之分析，并考虑要求创融公司在其会员发布资信时即对资信进行逐一审查并不现实，故法院作出如上认定与判决。该认定与侵权责任法中关于网络侵权的立法精神与原则是一致的。

（二）在被侵权人通知网络服务者对网络用户的侵权行为采取必要措施之前，网络服务者主动删除侵权信息的，网络服务者不应当承担侵权责任

如前所述，《侵权责任法》第36条第2款是“提示规则”，而第3款则是“知道规则”，该款规定：“网络服务提供者知道网络用户利用其网络服务侵害他人民事权益，未采取必要措施的，与该网络用户承担连带责任。”根据“提示规则”和“知道规则”，以网络服务者在网络用户实施网络行为时是否知道网络用户的行为涉嫌侵权作为划分标准，网络服务者对网络用户的行为承担责任的情况有两种。

一是网络服务者虽然事前不知道网络用户利用网络服务侵权，但在接到被侵权人通知后未及时采取删除、屏蔽、断开链接等必要措施。在此种情况下，网络服务者承担责任的条件是：（1）网络用户利用网络服务者提供的网络服务实施了侵害他人民事权益的行为；（2）服务者并不知道网络用户利用网络服务侵害他人民事权益；（3）权利人向网络服务者发出被侵权通知要求其采取措施；（4）服务者在接到通知后未采取或未及时采取必要措施。

二是网络服务者在网络用户实施网络行为时即明知该行为涉及侵权但未采取必要措施的。在此种情况下，服务者承担责任的条件是：（1）用户利用网络服务者提供的网络服务实施了侵害他人民事权益的行为；（2）服务者对网络用户实施侵害他人民事权益的行为是明知的；（3）明知的情况下仍允许或放任网络用户利用其网络服务，而未采取删除、屏蔽、断开链接等必要措施。

无论属于上述哪种情况，网络服务者承担责任的归责原则都是过错责任，即行为人主观上有过错方有责任，无过错即无责任。

网络服务者在接到通知之前主动采取必要措施的，是否应当对网络用户的侵权行为承担责任，也需区分不同情况：一是网络服务者在网络用户利用网络服务实施网络行为时，确实不知或不当然得知网络用户的行为存在侵权的情况。此时，网络服务者对网络用户的侵权行为造成的损害后果并不具有主观过错，而且其主动采取的必要措施也在一定程度上阻止了损害后果继续扩大，此种情况下，网络服务者是不应当对网络用户的行为承担责任的。二是网络服务者在网络用户实施网络行为时，就已经知道该行为侵权或涉嫌侵权，但未阻止网络用户实施该行为，而且为该行为提供网络服务。此种情况下，网络服务者对该网络侵权行为的实施及造成损害后果是具有主观过错的，在网络用户成就该侵权行为时，网络服务者提供网络服务的行为就已经符合了一般侵权责任的构成要件。即使其在此后主动采取必要措施，也只能视为自行停止侵权行为，而不能排除其先前行为的违法性，其仍然应当对先前的侵权行为所造成的损害后果承担民事责任。

再看本案情况，战某认为价值中国网发布的涉案资信侵犯其名誉权和肖像权等人格权益，并于2010年7月6日向创融公司发出通知。但实际上，创融公司在2010年6月18日已经主动断开涉案资信的链接。无论创融公司实施这一行为的真实原因是否如其所述，从客观上看，创融公司在网络用户郑某某在其个人博客中发布涉案资信时，在接到战某的通知之前，并无途径或可能得知该资信侵害了战某的民事权益，即其是在不知情的情况下为郑某发布涉案资信提供了网络平台。如果郑某该行为侵害了战某的人格权，创融公司对此并无主观过错，而且在接到战某的通知之前就采取了断开链接的措施，使广大网民自此后无法在价值中国网上再看到该资信的链接及具体内容，阻断了郑某该侵权行为的延续，阻止因郑某该行为产生的损害后果继续扩大。因此，创融公司提供网络服务的行为不具备侵权行为构成的主观要件，就不需要承担网络侵权责任，即无过错即无责任。

（三）网络实名制不应弱化网络服务者的法律责任，不能成为减免网络服务者法律责任的“护身符”

网络实名是指网络用户在网络上发布资信时需要先经过身份验证，即要求网络用户以真实身份发布网络资信，旨在净化网络环境，减少网络上的不良资信，促进网络用户对自己的网络行为负责。韩国是世界上首个实行网络实名制的国家。2005年10月，韩国政府决定逐步推行网络实名制，并发布了相关法规。根据规定，网民在网络留言、建立和访问博客时，必须先登记真实姓名和身份证号，通过认证方可使用。是否实行网络实名制，近几年在我国也是争议不断的话题。无论是专家还是普通公众对此褒贬不一。笔者在这里不对是否应当实行网络实名制作出判断，而是重点探讨网络实名制是否会成为减轻或免除网络服务者法律责任的“护身符”。

前面已经分析了网络服务者对网络用户的侵权行为承担法律责任的问题。那么，在实行网络实名制的网站，在能够明确网络用户真实身份的情况下，网络服务者是否就不需要对网络用户的侵权行为承担法律责任？笔者对此持否定态度，即网络服务者对网络用户的侵权行为是否应当承担法律责任要看是否具备侵权行为构成要件，是否符合《侵权责任法》第 36 条规定的承担责任的情形，而不取决于网络用户是否经过实名验证。也就是说，网络服务者是否承担法律责任，取决于其主观态度及客观行为，与网络用户的身份无关。在实行网络实名制的网站，网络用户发布资信前需经过身份验证，即使能够明确网络用户的真实身份，如果网络服务者在网络用户发布资信时就已经知道该资信侵害他人权益而继续为用户提供网络服务，或是在接到被侵权人通知后怠于采取必要措施，网络服务者仍然应当对侵权行为承担法律责任，要么就侵权行为的全部损害后果与网络用户承担连带责任，要么对损害后果的扩大部分与网络用户承担连带责任。

那么，在网络民事权益保护领域，实行网络实名验证意义何在？笔者认为，网络实名验证主要是从规范网络用户的网络行为方面对互联网产生作用，约束网络用户的行为，督促其合法利用网络，但并不能减轻或免除网络服务者自身应当承担的法律义务，也不能成为其减免法律责任的“护身符”。这并不是否定网络实名制在网络民事权益保护中的积极意义，毋庸置疑，在发生网络侵权时，实行网络实名验证可以明确直接侵权人，便于被侵权人主张权利。

本案中，创融公司一直以其实行网络实名制不应当承担法律责任作为抗辩，实际上是误读了网络实名验证的真正意义。网络实名验证可以净化网络环境，促进网络用户对自己的行为负责，但不为网络服务者逃避法律义务提供制度条件，也不为侵权发生后网络服务者推卸法律责任提供“护身符”。无论是否实行实名验证，创融公司作为网络服务者，都应当履行其法定义务，并在违反义务时承担相应法律责任。

综上，一审法院的判决是正确的。

21. 高速公路公司放行农用车致追尾，应在过错范围内承担赔偿责任

原告：琚某

被告：北京市首都公路发展集团有限公司京沈高速公路分公司

一、案情

2010年4月9日19时8分许，琚某雇佣的司机陈某驾驶“时代”牌四轮农用车（河北H×××××）从北京市密云县北庄收费站入口驶入京承高速公路，收费站工作人员向陈某交付机打高速公路车辆通行券。19时25分许，在京承高速公路进京方向101公里处北向南行驶车道上，武某驾驶的“金杯”牌小客车（京P×××××）前部与陈某驾驶的农用车后部接触，造成两车损坏、武某死亡。对此，交通大队认定双方负事故同等责任。同年12月17日，法院判决琚某赔偿武某法定继承人397 557元。

收费站的监控录像显示，涉案农用车号牌为“蓝鄂R×××××”。实际涉案车辆号牌为“河北H×××××”，且号牌颜色为黄色，属于农用车专用号牌。

琚某向一审法院起诉称：武某追尾死亡，陈某速度不够是导致事故的根本原因。按国家强制安全标准，四轮农用运输车的最高车速小于70km/h，《中华人民共和国高速公路交通管理办法》（以下简称《高速公路交通管理办法》）明确规定农用车不能上高速。北京市首都公路发展集团有限公司京沈高速公路分公司（以下简称高速公路公司）明知农用车不能上高速，还收取高速费允许陈某上高速，视为允许农用车在高速公路上非高速行驶，因此高速公路公司对本次事故负有责任。故要求法院判令被告赔偿经济损失278 289.9元，并负担本案诉讼费。

被告高速公路公司辩称：收费员已经尽到足够注意义务，因收费员无法用肉眼识别车型，且当时是夜间，车辆开启大灯，影响了监控系统的识别效果，因此自身没有过错。而琚某雇佣的司机陈某明知农用车不能上高速公路行驶仍然进入，导致发生交通事故，具有重大过错，所以应由琚某自己承担所有责任。此外，琚某并没有将赔偿金实际交付武某，没有实际损失，所以不存在向我公司追偿的问题。

二、审理结果

一审法院经审理认为，高速公路服务合同的订立起始于驾车者驶入高速路入口，向高速公路公司提出在某一特定高速路段接受快速通行服务的要约，高速公路公司机打通行券交付驾车者作出愿意在这一特定路段提供给驾车者高速通过的承诺。经过要约和承诺，双方缔结服务合同。《道路交通安全法》第67条规定："行人、非机动车、拖拉机、轮式专用机械车、铰接式客车、全挂拖斗车以及其他设计最高时速低于70公里的机动车，不得进入高速公路。高速公路限速标志标明的最高时速不得超过120公里"；《中华人民共和国道路交通安全法实施条例》第78条第1款规定："高速公路应当标明车道的行驶速度，最高车速不得超过每小时120公里，最低车速不得低于每小时60公里"；《农用运输车安全基准》第2条第3款规定："四轮农用运输车是指发动机为柴油机，功率不大于28kw，载质量不大于1500kg，最高车速不大于50km/h的四个车轮的机动车"；《机动车运行安全技术条件》第3条规定，低速货车是指（原"四轮农用运输车"）最高设计车速小于70km/h的，具有四个车轮的货车。本案中，道路交通事故认定书中明确表明陈某驾驶的是四轮农用车，责任认定中亦显示，武某驾驶机动车未与前车保持安全距离，陈某驾驶超载的机动车上高速公路未按规定车速行驶，均是此事故发生的原因。陈某在为涉案事故发生时车辆的实际所有人琚某帮忙中与高速公路公司签订的服务合同，违反了上述法律规范的强制性规定，该服务合同应为无效。根据合同法相关规定，由此产生的损失，应依据双方过错，各自承担相应的责任。陈某作为司机，对上述规范应明知，但其仍然主动驶向高速公路收费口，向高速公路公司发出要约，希望驾驶农用车通过高速公路。由于其行为具有明知性和主动性，故对农用车在高速公路上行驶这一行为状态，相对于高速公路公司具有更大的过错。作为事故发生时该农用车的实际控制人琚某，应承担由此造成的损失。高速公路公司由于其提供的服务是车辆快速通行，而快速通行中车辆危险系数明显增加，因此该服务具有一定的特殊性，高速公路公司在缔结合同中应对服务的对象、服务的范围进行严格审查和甄别。虽然上述法律规范均表明四轮农用车无权进入高速公路行驶，但上述规范均是以时速作为高速公路准入的界定标准，并非以车型、外观作为评判依据。涉案车辆虽为农用车，但在外观上不具有典型特征，而高速公路公司工作人员仅通过目测时速，存在难以区分该车是否属于准入范围的客观障碍。综上，本案原告需向武某第一顺序法定继承人承担的责任应由原告琚某承担主要责任，由被告高速公路公司承担次要责任。故依据《合同法》第52条第（5）项、第58条的规定判决：被告高速公路公司给付原告琚某 79 511.4 元。

一审宣判后，双方当事人均未上诉，一审判决已经发生法律效力。

三、意见

本案的焦点在于高速公路公司放行禁止通行的农用车，导致发生交通事故，是否应当承担赔偿责任。笔者认为，解决上述问题，需要对以下几个问题进行分析：一是高速公路公司对等待通行车辆的类型是否负有审查义务？二是这种义务应该履行到什么程度？高速公路公司能否以夜间设备识别能力不强为由免责？三是原告方故意隐瞒车型种类上高速公路与被告方放行禁止通行车辆从而引发事故，双方是否均应承担责任？具体分析如下。

（一）高速公路公司对车辆类型负有严格的审查义务

《道路交通安全法》第 67 条及《农用运输车安全基准》第 2 条第 3 款中的规定，农用车的设计最高时速低于 50 公里，属于禁止在高速公路通行的车辆。上述法律规定了对于某些车型禁止驶入高速公路，显然是考虑了高速公路的快速通行特点以及这些车型在高速公路上容易造成事故的高度危险性。高速公路公司作为高速公路的经营管理者，理应把好入口关，将禁止通行的所有车辆排除在外，以降低这些车型可能带来的危险性。对于该项审查义务高速公路公司必须严格遵守，确保所有禁止通行的车辆不得上高速公路行驶。

（二）高速公路公司不能以夜间设备识别能力不强为由免责

本案被告辩称涉案车辆在外观上不具有农用车的典型特征，且通行时系夜间车辆开启大灯影响了监控系统的识别效果，导致收费员仅靠目测时速来判断，存在难以区分该车是否属于准入范围的客观障碍，此不属抗辩理由。高速公路公司显然知晓其监控系统夜间识别性能不够好的现实情况，仍然轻信该系统，导致监控系统对涉案车辆号牌名称与颜色识别错误放行。虽然被告辩称涉案农用车外观不具有农用车的典型特征，但是对于农用车的认定并不以外观为依据。《农用运输车安全基准》第 2 条第 3 款中对农用车的界定综合了四个因素，即发动机、功率、载质量和最高车速。此外，农用车前部纵然与一般通行汽车相似，但是悬挂的车辆号牌为黄色，收费员完全可以从车牌颜色上判断。故高速公路公司不能以夜间设备识别能力不强作为免责事由。

（三）原告方隐瞒车型种类上高速公路与被告方放行禁止通行车辆，应按过错承担交通事故责任

本案中，涉案车辆驾驶人陈某缴纳了高速通行费用，与高速公路公司签订了服务合同，获准进入高速公路行驶，但是这一行为从根本上违反了《道路交通安全法》的强制性规定。《道路交通安全法》属于全国人民代表大会常务

委员会颁行的立法，违反该法的行为当然无效，本案中高速公路公司与农用车驾驶人订立的高速公路服务合同当然无效。该合同的无效系农用车驾驶人明知农用车不得上高速公路行驶却故意隐瞒车型种类，而高速公路公司疏于审查准其通行引起。

一般情况下，车辆在高速公路入口处等待通行，视为进行缔约磋商。在此缔约过程中，通行车辆与高速公路公司双方形成特殊信赖关系。在这种关系里，双方当事人基于诚实信用原则，负有相互协力、通知、说明、照顾、保护等义务。农用车驾驶人明知自己的车型不属于通行种类，故意挑选视线不好光照不充足的夜间行车，以躲避高速公路入口处监控系统的识别。高速公路服务合同因其具有的特殊危险性，决定了农用车驾驶人告知高速公路公司通行车型信息是一项至关重要的义务。而农用车驾驶人未履行此通知义务，属于违反先合同义务。农用车在高速公路行驶过程中，未按照规定车速行驶，与武某驾驶的“金杯”牌小客车前部碰撞，引发两车损坏、武某死亡的重大交通事故，造成了 397 557 元的经济损失。交通大队认定农用车方负有 50% 的责任，由此也证明农用车方违反先合同义务的行为与损害结果之间有因果关系。综上分析得出：原告方的行为符合缔约过失责任的构成要件，应当依法承担缔约过失责任。

《合同法》第 42 条规定缔约过失责任的条文中，以恶意、故意隐瞒、违背诚实信用原则等明确表示其构成要件中存在当事人主观过失的必要性。《合同法》第 58 条也规定：“合同无效或者被撤销后，因该合同取得的财产，应当予以返还；不能返还或者没有必要返还的，应当折价补偿。有过错的一方应当赔偿对方因此所受到的损失，双方都有过错的，应当各自承担相应的责任。”这里将合同无效的损害赔偿责任规定为过错责任，适用过错责任原则，也即合同双方要根据过错程度承担责任。

本案中，原告雇佣的司机陈某，明知农用车禁止进入高速公路，仍然主动驶向高速公路收费口，向高速公路公司发出要约，希望驾驶农用车通过高速公路。由于其行为具有明知性和主动性，故对农用车在高速公路上行驶这一行为状态以及之后引发交通事故造成损失，相对于高速公路公司具有更大的过错。所以，对于涉案车辆进入高速公路导致发生交通事故产生的 397 557 元的损害赔偿，陈某应承担主要责任。而琚某作为事故发生时该农用车的实际所有人，应承担由此造成的损失。高速公路公司作为提供高速服务的一方，对于哪种车型禁止进入高速公路的情况当然熟知。而且由于其提供的车辆快速通行服务中车辆危险系数明显增加，高速公路公司在缔约时更应对服务的对象、服务的范围进行严格审查和甄别。尽管被告辩称涉案车辆在外观上不具有农用车的典型特征，通行时系夜间且车辆开启大灯影响了监控系统的识别效果，导致收费员仅靠目测时速来判断，存在难以区分该车是否属于准入范围的客观障碍，但是由于高速公路服务本身要求的高度注意义务，这些不足以构成免责事由。高速公路公司工作人员存在疏忽大意的过失，未严格审查车型，允许原告所有车辆在高速公路上通行，也应承担部分责任。不过，基于缔结合同过程中的诚实信用原则，也出于对驾驶员履行足够注意义务的信任，当车辆在高速公路收费口等待通行，一般应视为车辆符合通行条件。本案中的农用车由于车辆外观不具有明显识别特征，高速公路公司也因天气、技术条件未识别出其属于不可通行车辆种类，对此高速公路公司应当承担次要责任。据此，法院判决原告承担80%的责任，被告承担20%的赔偿责任，由被告高速公路公司给付原告琚某79 511.4元。

综上，一审法院的判决是正确的。

22. 多起交通事故共同致受害人损伤，各事故车辆的交强险赔偿顺序的确定

原告：程某某，学龄前儿童

被告：密云县农业服务中心

被告：张某，密云县放马峪铁矿司机

被告：中国人民财产保险股份有限公司北京市密云支公司

一、案情

2010年2月27日7时30分，在北京市密云县太师屯镇东田各庄村路段，程某驾驶“捷达”牌轿车内乘其妻孙某、其女3岁的程某某、孟某、李某由北向南行驶，此时张某驾驶“比亚迪”牌小型轿车由南向北行驶，“捷达”牌车前部与“比亚迪”牌车前部碰撞，造成“捷达”牌轿车上人员受伤。碰撞后因3岁的程某某伤势严重、昏迷不醒，其母孙某拦下一辆路过的警车准备去医院，适逢宋某（系密云县农业服务中心司机，正在执行职务行为）驾驶的“北京现代”牌轿车由南向北行驶，“北京现代”车左侧与警车左侧接触，造成警车内的孙某、程某某又不同程度受伤。两起事故前后只相差10分钟。北京市密云县公安局交通大队认定，程某承担第一起事故的全部责任，宋某承担第二起事故的全部责任。在两起事故中，伤情最重的是年仅3岁的程某某，其伤被诊断为颅脑外伤，左侧额颞叶脑实质出血，左额颞部、大脑纵裂和小脑幕蛛网膜下腔出血，双侧脑室、大脑大静脉池内出血，左额骨骨折、脑实质弥漫轴索损伤，双肺挫伤、肺出血，昏迷（重度），右侧偏瘫，先后在北京儿童医院和中国人民解放军海军总医院住院治疗145天。目前伤情被鉴定为X级伤残，对于程某某的颅脑损伤是否会涉及智力发育，因其年龄较小，目前尚无法判断。程某某的法定代理人为其支付医疗费61 034.25元。宋某所属单位密云县农业服务中心（以下简称农业服务中心）给付程某某治伤现金3万元。另查，张某及宋某驾驶的车辆均在中国人民财产保险股份有限公司北京市密云支公司（以下简称保险公司）投保了机动车交通事故责任强制保险，事故均发生在保险责任期间内。因事故发生时间接近，在第一起事故发生后没有医疗机构对程某某的伤情进行诊断，鉴定机构表示无法鉴定程某某的伤情具体系哪起交通事故所致。

原告程某某及其法定代理人程某、孙某于2010年8月向法院起诉时称：因前后发生的两起事故对程某某的致害程度无法分清，故要求农业服务中心、张某驾驶车辆的交强险公司、宋某驾驶车辆的交强险公司赔偿医疗费61 024.92元、康复训练费5.76万元、住院伙食补助费7 250元、营养费2 000元、护理费9.8万元、交通费1 000元、财物损失300元、鉴定费2 000元、残疾赔偿金53 476元、精神损害抚慰金5 000元；诉讼费由被告负担。

被告农业服务中心辩称：因程某某在第一次事故中已经受伤，对于程某某的损失应先由第一起事故中无责任的张某驾驶的比亚迪车的保险公司承担损失的10%后，对于剩余损失由我中心和程某各自承担50%。对于我中心应承担的50%责任，应先由宋某驾驶车辆的交强险保险公司在保险责任范围内承担赔付责任，剩余部分才系我方应承担的责任。

被告保险公司辩称：对于原告的损失，我公司同意在两次事故参与度明确的基础上进行赔偿，对于张某车辆我公司同意承担10%的责任。

被告张某辩称：我驾车正常行驶，程某违反交通规则驾车与我相撞，我不应承担赔偿责任。

二、审理结果

一审法院经审理认为，程某与农业服务中心职工宋某驾车发生交通事故是造成程某某受伤的原因，因程某对第一起交通事故承担全部责任，宋某对第二起交通事故承担全部责任。在双方均不能举证证明己方过错对于程某某伤情的影响程度的情况下，对于程某某的损失，应由两人各自承担1/2。因张某驾驶的车辆及宋某驾驶的车辆均在保险公司投保了机动车交通事故责任强制保险，交通事故发生在保险责任期间内，因此，保险公司应当在保险责任限额范围内对原告的损失承担赔付责任，不足部分由被告农业服务中心按责赔偿。依据《民法通则》第119条，《道路交通安全法》第76条第1款，最高人民法院《关于审理人身损害赔偿案件适用法律若干问题的解释》第3条第2款、第17条第1款和第2款，最高人民法院《关于确定民事侵权精神损害赔偿责任若干问题的解释》第1条之规定，判决：（1）被告保险公司在被保险人无责任赔偿限额内给付原告程某某伤残类赔偿金4 825元；（2）被告保险公司给付原告程某某医疗费用赔偿金4 552.51元、伤残类赔偿金74 817.67元；（3）被告农业服务中心赔偿原告程某某医疗费、住院伙食补助费、营养费、鉴定费等共计33 865.87元（已付30 000元，余款于本判决生效后10日内付清）；（4）驳回原告程某某的其他诉讼请求。

一审判决后，被告农业服务中心不服，提出上诉。其上诉理由与原审答辩意见相同。

二审法院经审理认为，由于张某所驾驶的车辆在保险公司投保了机动车交通事故责任强制保险，故原审法院判令保险公司在被保险人无责任赔偿限额内承担赔偿责任是正确的。机动车发生交通事故造成人身伤亡、财产损失的，保险公司依法有义务在机动车交通事故责任强制保险责任限额范围内先行赔偿。由于宋某的车辆亦在保险公司投保了机动车交通事故责任强制保险，故原审法院判令保险公司在其所承保的责任限额内予以赔偿亦无不妥，超出责任限额部分原审法院判令农业服务中心承担一半的责任亦属适当。依据《民事诉讼法》第 153 条第 1 款第（1）项的规定，裁定：驳回上诉，维持原判。

三、意见

本案主要涉及两起交通事故乃至更多起交通事故均对受害人造成损害的情况下，各事故车辆机动车交通事故责任强制保险的赔偿顺序如何确定的问题。即事故车辆的交通事故责任强制保险系仅对本事故车辆责任人应当承担的赔偿责任在强制保险限额范围内予以赔付，还是先由各事故车辆的交通事故责任强制保险保险公司在保险责任限额内赔付后，剩余损失再由事故责任方按责分担？对此，在审理过程中，有两种观点。一种观点认为，交通事故责任强制保险的目的就是最大限度使受伤人员得到有效救济，为充分保护受害人合法权益，应先由两起事故车辆的交通事故责任强制保险保险公司在交通事故责任强制保险限额内先行赔偿，不足部分再由两起事故的责任方按责赔偿。即在本案中先由张某驾驶车辆的无责险保险公司、宋某驾驶车辆的交通事故责任强制保险保险公司在各自的保险限额内先行对程某某的损失予以赔偿，不足部分，再由程某自己和宋某所在单位农业服务中心按责赔偿。第二种观点认为，因交通事故责任强制保险是特定车辆的投保人为减轻交通事故对被保险人经济的影响而投保的，故特定车辆的交通事故责任强制保险仅对被保险人应当承担的赔偿责任在保险限额内予以赔付，而对其他人的赔偿责任无赔付义务。本案中，即应在先后两起事故责任比例确定的情况下，宋某驾驶车辆的交通事故责任强制保险保险公司仅对密云县农业服务中心应当承担的赔偿责任，在交通事故责任强制保险限额内予以赔偿，而对程某在第一起事故中应当对程某某承担的赔偿责任无保险赔偿义务。笔者同意第一种观点，理由如下。

（一）多起事故共同致受害人损伤承担交通事故责任强制保险赔付责任的保险公司的确定

机动车交通事故责任强制保险，是指由保险公司对被保险机动车发生道路交通事故造成本车人员、被保险人以外的受害人的人身伤亡、财产损失，在责任限额内予以赔偿的强制性责任保险。强制保险是与自愿保险相对而言，通过强制投保人投保及保险人承保，在一定范围内分散风险，从而实现对社会中的某类弱势群体进行补偿的公益或政策目的的保险。目前，我国的交通事故责任强制保险依据机动车驾驶员是否负有事故责任分为有责险和无责险，有责险的赔偿限额共122 000元，无责险的赔偿限额是有责险赔偿限额的10%。本案中，在第一起事故中程某负全责，张某不负事故责任；在第二起事故中宋某负全责。因交通事故责任强制保险的保险范围系针对本车人员以外的受害人人身伤亡及财产损失，故在第一起事故中因程某某乘坐于程某的车上，程某驾驶车辆的交通事故责任强制保险保险公司并不承担程某某受伤的赔付责任，而张某虽然对第一起事故不负责任，但按照目前交通事故责任强制保险的规定，其驾驶车辆的保险公司应在无责险限额内进行赔付；在第二起事故中，因宋某驾驶车辆造成本车外的程某某受伤，故其驾驶车辆的交通事故责任强制保险保险公司应承担有责险赔付责任。程某驾驶车辆的交通事故责任强制保险保险公司虽不承担交通事故责任强制保险赔付责任，但如果该车的被保险人为其车辆投保了车上人员责任险（此种保险并非国家强制投保，而系当事人自愿选择是否投保的一种商业险），程某某因此次事故造成的损失则可以按照投保时的约定向商业保险公司主张赔付。

（二）多车辆导致一起交通事故造成同一受害人损伤时交通事故责任强制保险赔偿顺序的确定

《道路交通安全法》第76条规定：机动车发生交通事故造成人身伤亡、财产损失的，由保险公司在机动车第三者责任强制保险责任限额范围内予以赔偿。超过责任限额的部分，按照下列方式承担赔偿责任：（1）机动车之间发生交通事故的，由有过错的一方承担责任；双方都有过错的，按照各自过错的比例分担责任；（2）机动车与非机动车驾驶人、行人之间发生交通事故的，由机动车一方承担责任；但是，有证据证明非机动车驾驶人、行人违反道路交通安全法律、法规，机动车驾驶人已经采取必要处置措施的，减轻机动车一方的责任。交通事故的损失是由非机动车驾驶人、行人故意造成的，机动车一方不承担责任。通过对上述条文的理解，可以看出保险公司对第三人的责任是一种法定责任，在多车辆导致一起交通事故造成同一受害人损伤的情况下，各保险公司应在保险限额内承担先行赔偿责任，对于剩余损失再由责任人按责赔偿。

（三）多起事故共同致受害人同一损伤各事故车辆交通事故责任强制保险赔偿顺序的确定

多起事故共同致受害人同一损伤，各事故车辆交通事故责任强制保险赔偿顺序可以参照多车辆导致一起交通事故造成同一受害人损伤时交通事故责任强制保险保险公司赔偿顺序的标准确定。

（1）各事故车辆的交通事故责任强制保险保险公司先行赔付后责任人再分责与交通事故责任强制保险实施目的相吻合。世界上很多国家将强制机动车投保保险的首要目的确定为：给机动车事故的受害人提供快速、便捷的保障。《道路交通安全法》第 17 条规定，我国实行机动车交通事故责任强制保险制度，设立道路交通事故社会救助基金。具体办法由国务院规定。《机动车交通事故责任强制保险条例》对机动车交通事故责任强制保险相关问题进行了规定。其将交通事故责任强制保险的实施目的确定为“保障机动车道路交通事故受害人依法得到赔偿”和“促进道路交通安全”，并将受害人保护置于首要的地位。可见，立法者意图通过实行机动车交通事故责任强制保险制度，解决我国目前交通事故领域大量存在的由于加害人赔偿能力不足所致的受害人最终无法获得赔偿的问题。交通事故责任强制保险设立的目的不仅是通过分散风险的方式减轻被保险人的赔偿责任，其根本目的是填补受害人的损害，使其得到快捷、公正的赔偿。

（2）各事故车辆的交通事故责任强制保险保险公司先行赔付后责任人再分责与《道路交通安全法》第 76 条规定并不冲突。通过上文对《道路交通安全法》第 76 条的解读可以得出，交通事故发生后首先由保险公司在交通事故责任强制保险范围内进行赔付，不足的部分再由责任方进行分担。以此类推，在先后发生的多起交通事故共同对同一受害人造成损害的情况下，应由事故车辆的交通事故责任强制保险保险公司在责任限额内先行赔付，剩余损失再由各事故责任者按责赔偿。

（3）各事故车辆的交通事故责任强制保险保险公司先行赔付后责任人再分责，符合我国当前的国情。随着我国机动车数量的剧增以及交通工具种类的增多，如农用三轮车、电动自行车等数量巨大，且对其管制尚不规范，加之部分驾驶员安全意识淡薄，道路交通事故急剧增加；而我国目前的机动车交通事故责任强制保险制度存在诸多弊端，如居民消费水平逐年增长，但保险赔偿限额并未随之增加；保险限额被分为医疗费用赔偿金、伤残类赔偿金、财产损失赔偿金三类，每类赔偿金针对特定的赔偿项目，不能相互挤占等，造成交通事故责任强制保险对受害人的保障力度不足。此外，较大的交通事故对伤者个人乃至整个家庭造成沉重打击，有的甚至为治疗伤情负债累累、基本生活难以为继。在此种情况下，如果保险公司仅对驾驶人所负事故责任范围内的损失进行赔付，不利于受害人伤情的治疗和对此类弱势群体基本生活的保障。

综上，一审、二审法院的判决是正确的。

23. 用工者追偿权为有限追偿，应在合理范围内行使

原告：北京京西风光旅游开发股份有限公司百花出租汽车分公司

被告：王某，无业

一、案情

2008年6月17日，北京京西风光旅游开发股份有限公司百花出租汽车分公司（以下简称百花分公司）与王某签订《劳动合同书》、《承包运营合同书》，约定由王某承包百花分公司出租汽车一辆用于营运。该合同书约定，百花分公司“有权行使企业经营管理权，承担经营主要风险和相应的法律责任”，王某“承担责任交通事故应由自身承担的责任部分”。双方同时签订了《补充协议书》一份，约定因交通事故造成的经济损失总额超过保险公司赔付的部分以及保险公司不予理赔的部分，均由王某承担。

2010年3月17日，王某驾驶该出租车与案外人田某驾驶的轿车发生交通事故，经北京市公安交通管理局认定，王某负全责。事故亦导致案外人胡某人身和财产损失。经人民法院判决，在保险公司赔偿责任以外，百花分公司及其总公司北京京西风光旅游开发股份有限公司赔偿田某、胡某各项损失共计274 528元，该款均由百花分公司实际支付。另查，该出租车全部保险由百花分公司负责办理，百花分公司未就此与王某进行协商。

百花分公司起诉要求王某按照承包合同及补充协议的约定给付百花分公司垫付的赔偿款274 528元，并承担本案诉讼费。

被告王某辩称：王某与百花分公司之间存在劳动合同关系，且本案交通事故系王某履行职务时发生，百花分公司作为出租车公司，应自行承担运营风险，且百花分公司投保的商业险保险金额过低。王某不同意百花分公司的诉讼请求。

二、审理结果

一审法院经审理认为：本案争议焦点为：（1）百花分公司与王某之间是否存在雇佣关系；（2）王某是否应当支付百花分公司赔付第三人的全部赔偿款。

根据查明的事实，王某系其他单位退休人员，但百花分公司与王某签订

《劳动合同书》，且王某系百花分公司员工这一事实已经人民法院生效判决书予以确认，故百花分公司关于其与王某不存在雇佣关系的主张，该院不予认可，双方之间存在雇佣关系。王某在履行职务过程中未能严格遵守道路交通法规导致发生交通事故，给百花分公司造成了经济损失。百花分公司在对外承担赔偿责任后有权向王某追偿。但百花分公司系出租车公司，因出租车发生交通事故所产生的赔偿责任，属于其主要运营风险。百花分公司虽与王某签订《补充协议书》，约定"因交通事故造成的经济损失总额超过保险公司赔付的部分以及保险公司不予理赔的部分，均由王某承担"，但《承包运营合同书》中亦约定百花分公司"承担经营主要风险和相应的法律责任"，且营运出租车的相关保险均由百花分公司办理，其在办理保险时并未与王某进行协商，共同确定保险金额，故百花分公司通过《承包运营合同书》和《补充协议书》，将自己作为雇佣单位的运营风险约定全部由雇员承担，有失公平，亦不符合合同法关于双方协商、平等原则及公平原则。故对该补充协议书第（七）部分第3项之条款，本院不予认可，王某应承担适当赔偿责任。百花分公司要求王某给付百花分公司赔付第三人的赔偿款的主张，本院对合理部分予以支持，超出部分，本院不予支持。

综上，依据《合同法》第3条、第5条的规定，判决：（1）被告王某于本判决生效之日起十日内赔偿原告北京京西风光旅游开发股份有限公司百花出租汽车分公司82 358元；（2）驳回原告北京京西风光旅游开发股份有限公司百花出租汽车分公司的其他诉讼请求。

百花分公司不服一审法院上述民事判决，向二审法院提起上诉，请求撤销一审判决，判令王某支付百花分公司274 528元。其主要理由是：百花分公司与王某之间是承包合同关系，在《承包营运合同书》及《补充协议书》中约定了因交通事故造成的经济损失总额超过保险公司赔付的部分以及保险公司不予理赔的部分，均由王某承担。王某与他人发生交通事故，且负事故的全部责任，属于重大过失，应该承担事故受害人的全部损失，百花分公司已向事故受害人垫付了事故赔偿款，按照百花分公司与王某的约定，王某应全额给付百花分公司垫付的赔偿款。

百花分公司未向二审法院提交新证据。

王某针对百花分公司的上诉意见答辩称：王某与百花分公司之间是劳动合同关系。在交通赔偿案件中王某并未作为共同被告，现百花分公司要求王某承担责任无依据。《承包营运合同书》是一种格式合同，《承包营运合同书》约定自身承担责任的部分对出租车司机是不公平的。如果这样的话，应当与司机协商保险额度，王某在2005年与百花分公司签订《劳动合同书》和《承包营运合同书》时缴纳了1万元的风险保证金，此保证金的目的就是在车辆发生事故造成损失的情况下，使王某在1万元之内承担责任。

王某不服一审法院上述民事判决，向二审法院提起上诉，请求撤销一审判决，或改判驳回百花分公司的诉讼请求。其主要理由是：王某与百花分公司之间是劳动合同关系，用人单位的工作人员因执行工作任务造成他人损害的，由用人单位承担侵权责任。交通事故赔偿的案件未将王某列为第三人参加诉讼，交通事故赔偿案件判决后百花分公司未上诉，说明其愿意承担赔偿责任，且认为不用王某承担赔偿义务。

针对王某的上诉意见，百花分公司答辩称：王某在2003年办理了退休手续，不能成为劳动关系中适格的劳动者。百花分公司对交通事故承担的是垫付责任。本案应适用合同关系中的法律规范，而不应适用侵权责任法。

二审法院经审理查明的事实与一审法院查明的事实一致。

二审法院经审理认为，一审法院判决认定事实清楚，裁判结果正确，应予维持。依据《民事诉讼法》第153条第1款第（1）项之规定判决：驳回上诉，维持原判。

三、意见

本案的争议焦点在于，王某是否应当依《承包运营合同书》和《补充协议书》的约定，支付百花分公司赔付第三人的赔偿款及赔偿的比例。

王某与百花分公司签订了《劳动合同书》和《承包营运合同书》，可以认定王某受雇于百花分公司从事出租车营运工作。百花分公司依据《承包营运合同书》提起本案诉讼，故本案是基于出租车的承包营运关系产生的争议。在该争议中，百花分公司与王某的关系是用工者与工作人员的关系。根据我国《侵权责任法》第34条“用人单位的工作人员因执行工作任务造成他人损害的，由用人单位承担侵权责任”的规定，王某在执行职务过程中给他人造成的损害，应当由用工者百花分公司承担赔偿责任。百花分公司承担赔偿责任后，是否有权向王某追偿以及追偿的比例为多少，是本案的主要争议。

（一）对于百花分公司是否有权向王某追偿的问题

我国《侵权责任法》未对追偿权作出规定，立法者给出了如下理由：其一，从目前的发展趋势看，不少国家越来越限制雇主行使追偿权或者不允许雇主进行追偿，认为雇主可以通过企业保险等方式来解决赔偿费用的问题。其二，《侵权责任法》主要解决对外责任的问题，用人单位和工作人员的内部责任可以通过协议等方式来约定。根据世界立法趋势及我国《侵权责任法》的立法本意，用工者的追偿权应属约定权而非法定权，用工者与工作人员对追偿的具体范围和比例可以自行约定。在本案中，百花分公司与王某签订的《补充协议书》约定了因交通事故造成的经济损失总额超过保险公司赔付的部分，以及保险公司不予理赔的部分，均由王某承担，对百花分公司的追偿权有明确约定。所以，百花分公司承担赔偿责任后有权向王某追偿，应无异议。

（二）对于百花公司向王某追偿的比例如何确定问题

在审理过程中，对百花公司的追偿比例有两种观点。第一种观点认为，用工者的追偿权为约定权，只要不违反法律规定，约定应属有效。且双方签订合同时，对合同的条款已有相当的了解，对合同的法律后果也有清楚的认识，法院应当尊重当事人对自己权利的处分决定。即使当事人因为自身的承受能力、收入水平表示不能承担法律责任，该事后的反悔亦违反了诚实信用原则，不应对此行为予以鼓励。第二种观点认为，虽然用工者追偿权的行使应由双方自行约定，但在进入诉讼程序后，如果工作人员对此提出异议，法院也可以依据公平原则对此进行调整。

笔者同意第二种观点，理由是：

（1）从法理的角度分析，法院依法对用工者追偿权的行使进行限制，能够有效防止用工者滥用权利，同时也符合过失相抵、权利义务一致的原则。当用工者行使追偿权时，如果不对其进行限制，则用工者极有可能将其风险全部转嫁到工作人员身上，而不问工作人员的过错责任、承担能力、收入水平等因素，这样会造成用工者权利的滥用，使工作人员的权利无法得到保障。而且，在签订合同时，除工作人员应当考虑到工作风险外，用工者也应当考虑到自身的经营风险。在实际的生产经营过程中，用工者责任的发生往往也不单是工作人员的过错，通常与用工者提供的劳动条件、监督管理、教育培训存在一定的关系。因此，当发生侵权责任时，应当根据过失相抵、权利义务一致的原则，确定用工者的有限追偿权。

（2）从本案实际情况看，《承包运营合同书》中亦约定了百花分公司“承担经营主要风险和相应的法律责任”的条款，且营运出租车的相关保险均由百花分公司办理，其在办理保险时并未与王某进行协商，共同确定保险金额，故百花分公司通过《承包运营合同书》和《补充协议书》，将自己作为用工者的经营风险约定全部由工作人员承担，有失公平，亦不符合《合同法》关于双方协商、平等原则及公平原则。

所以，法院应当判决王某承担适当的赔偿责任。百花分公司要求王某给付百花分公司赔付第三人的赔偿款的主张，法院对合理部分予以支持，对超出部分，不予支持。在确定合理的追偿比例时，法官应当综合考虑工作人员的过错程度、收入水平、收益对比、职业化程度、工作风险及承受能力。在本案的审理中，一审法院根据案件具体情况最终判决百花分公司向王某追偿的比例为30%，二审法院也维持了一审法院的判决。

综上，一审、二审法院的判决是正确的。

24. 劳动合同约定用人单位向劳动者承担法律规定之外的违约金的效力认定

原告(被上诉人)：指南针科技发展股份有限公司

被告(上诉人)：荀某

一、案情

荀某于2008年5月入职指南针科技发展股份有限公司（以下简称指南针公司），双方于2008年5月15日签订了期限自2008年5月15日至2009年6月30日止的劳动合同。合同约定荀某担任指南针公司财务会计，月工资6 000元，试用期4 800元。该合同到期后，2009年7月1日双方续订了无固定期限的劳动合同，并在原合同第9项“当事人约定的其他内容”中增加一条约定：本着自愿原则，经双方友好协商达成共识，即本合同自2009年7月1日起变更为无固定期限劳动合同。在无固定期限劳动合同执行期间，如果甲方违约，要向乙方支付违约金50万元。本违约金条款与劳动合同法中的补偿条款同时适用。在该补充内容上盖有指南针公司公章。

2009年7月21日，指南针公司向荀某发出解除劳动关系通知，主要内容为：荀某女士，经公司研究决定，自2009年7月21日起本公司解除与您的劳动关系，请收到通知书一周内到公司人力资源部办理离职手续。在送达该通知后，指南针公司同时支付荀某离职赔偿金及其他补偿共计50 947.17元。

后荀某以指南针公司无故辞退为由，向北京市海淀区劳动争议仲裁委员会申请仲裁，要求该公司支付：违法解除劳动合同的违约金50万元。该委作出京海劳仲字〔2009〕第12139号裁决书，裁决指南针公司向荀某支付违法解除劳动关系的违约金50万元。

原告指南针公司不服仲裁裁决，向法院起诉，认为仲裁委员会的裁决严重损害了其公司的合法权益。劳动合同规定的违约金条款作为公司给予荀某的一种特殊的收入，未履行合法的内部授权和审批程序，不是其公司的真实意思表示，违反了公司薪金分配原则，既显失公平，又违反了劳动合同法的经济补偿原则，应为无效条款；且荀某对于双方解除劳动合同并无异议，公司已经依法向荀某支付了赔偿金，其权益已经得到了最大限度的保护。因此，请求法院判令指南针公司不向荀某支付违约金人民币50元。

被告荀某辩称：双方的劳动合同合法有效，合同条款没有违反法律的禁止性规定，双方应遵从合同履行。仲裁委员会裁决正确，对方的诉讼请求没有事实和法律依据，请求法庭予以驳回。

二、审理结果

一审法院经审理认为：指南针公司（甲方）与荀某（乙方）于2009年7月1日在劳动合同中约定在无固定期限劳动合同执行期间，如果甲方违约，要向乙方支付违约金50万元，而双方对该条款主要存在两个争议焦点：第一，该条款是否有效。对此法院认为，《中华人民共和国劳动法》（以下简称《劳动法》）及《中华人民共和国劳动合同法》（以下简称《劳动合同法》）等劳动法律法规均未明确禁止用人单位与劳动者约定由用人单位承担法律规定范围之外的违约金，且指南针公司未提交充足证据证明该条款订立时荀某存在欺诈、胁迫或乘人之危的情况，法律亦未禁止用人单位给予劳动者更高的补偿，故该条款系有效条款，应对双方当事人具有约束力。第二，该条款是否可以适用《合同法》第114条规定的对违约金酌情调整的法律规则对违约金数额予以调整，对此本院认为，虽然因缔约能力、隶属及管理关系等多种因素导致劳动关系双方在法律地位上并不完全平等，但从立法层面分析，我国现行法律法规并未对用人单位承担违约金的情形进行立法干预，即未排除双方对此类违约金进行约定，故劳动者与用人单位约定由用人单位承担违约金的条款应属于双方当事人意思自治的范畴，从性质本身分析该条款应受《合同法》相关规定的调整，故指南针公司要求对违约金予以酌减于法有据。从双方劳动合同签订的内容及劳动关系的具体履行情况来看，荀某入职指南针公司时间为2008年5月，2009年7月双方解除劳动关系，荀某在职期间的转正工资数额为6 000元，以荀某的入职时间、工作岗位及工资标准作为考量因素，双方约定50万元违约金明显过高，指南针公司亦表示要求酌减，法院将综合考虑上述因素对违约金数额予以调整。

一审法院依照《劳动合同法》第26条，《合同法》第114条之规定，判决：原告指南针公司于本判决生效后七日内支付被告荀某解除劳动关系的违约金3万元。荀某不服一审判决提起上诉，又主动撤回，后经二审法院裁定准许撤回上诉，指南针公司未提起上诉。

三、意见

此案系在《劳动合同法》实施后产生的纠纷。司法实践中较为常见的是依据《劳动合同法》判断劳动合同中约定由劳动者承担违约金是否有效，而本案却涉及劳动合同中约定由用人单位向劳动者承担法律规定之外的违约金。本案的争议焦点主要体现在两个方面：

（一）在《劳动法》、《劳动合同法》未进行立法干预的情况下，应认定用人单位与劳动者约定由用人单位承担违约金的条款有效

《劳动合同法》明确规定了用人单位不得与劳动者约定由劳动者承担违约金的条款，但并未对劳动合同中约定用人单位承担违约金条款是否有效进行立法干预，而从立法目的出发，《劳动合同法》之所以只对劳动者承担违约金进行干预，主要系考虑到用人单位与劳动者缔约地位的不对等，用人单位缔约地位显著优越于劳动者一方。因此，对于用人单位与劳动者约定由用人单位承担违约金的条款，既然法律未明确进行立法干预，且不存在以缔约优势侵犯相对方利益的风险，应可以适用双方当事人意思自治的合同法理念，认定合同条款有效。因此，从理论上存在双重补偿金的可能，即用人单位在支付了法定解除补偿金之外，仍应按照双方合同约定承担约定补偿金，因此一审法院认定该条款有效并可以同时适用是正确的。

（二）在审理劳动争议案件中，在不与《劳动法》、《劳动合同法》等法律法规相冲突的情况下，可以运用《合同法》等法律法规的相关条款

如上所述，之所以认定用人单位可以与劳动者约定由用人单位支付法定解除合同补偿金外的约定补偿金条款有效，是因为遵循双方意思自治的合同法理念，因此法院可以适用《合同法》关于违约金酌减的条款。而关于违约金的酌减，理论上又存在补偿性违约金和惩罚性违约金的性质认定问题。对此，我国学理通说是肯定了惩罚性违约金的存在。本案中，指南针公司在已经支付荀某法定补偿金外，再按约定支付50万元的违约金，综合考虑到荀如萍入职时间、工作岗位及工资标准，该违约金数额明显高于补偿性违约金的范畴，且综合考虑指南针公司在荀某离职时已经支付法定补偿金，故该50万元应该视为惩罚性的违约金更为妥当，故存在适用《合同法》条款对违约金进行酌减的自由裁量空间，因而一审法院适用《合同法》违约金酌减的条款并参照劳动者的入职时间、工作岗位及工资标准对此予以酌减是正确的。

综上，一审法院的判决是正确的。

25. 人力资源主管未签劳动合同的责任认定

原告(上诉人)：北京迅易时代科技发展有限公司

被告(被上诉人)：郑某，无业

一、案情

被告郑某于2009年3月20日入职迅易时代公司，工资以签字领现金的形式发放，郑某主张其月工资标准为3 500元，2009年7月至2009年8月迅易时代公司未按3 500元的标准足额发放其工资，未支付其2009年9月26日至2009年10月12日工资。迅易时代公司对此不予认可，并主张郑某的月工资标准为2 000元，迅易时代公司已足额发放郑某工资。迅易时代公司提交了2009年8月26日的《支出凭单》，内容显示郑某工资2 000元。郑某对此《支出凭单》的真实性予以认可，但主张该单据说明讯易时代公司未足额支付其工资。迅易时代公司称该凭单本身即为郑某制作，除2009年8月的凭单外，该公司未向法院提交郑某签字领取2009年3月至2009年10月期间工资的凭单。

郑某在职期间，讯易时代公司未与其签订劳动合同。迅易时代公司主张未签订书面劳动合同的原因系郑某拒绝签订所致，但未向法院提交证据证明。郑某工资最后结算至2009年9月25日。郑某在迅易时代公司最后出勤至2009年10月12日。

2009年10月12日，迅易时代公司向郑某发出《辞退通知》,《辞退通知》未告知郑某辞退的原因。迅易时代公司主张辞退郑某的原因系由于其严重失职造成公司巨大经济损失，但未就其主张提交证据证明。

后郑某将迅易时代公司诉至北京市海淀区劳动争议仲裁委员会，要求迅易时代公司支付（1）2009年4月20日至2009年10月12日期间未签订书面劳动合同的两倍工资差额20 559元；（2）2009年7月至2009年8月未足额支付工资差额3 000元及25%的经济补偿金750元；（3）拖欠2009年9月26日至2009年10月12日工资2 254元及25%的经济补偿金563.5元；（4）2009年4月20日至2009年10月12日违法解除劳动关系经济赔偿金7 000元。该委作出京海劳仲字〔2010〕第557号裁决，裁决迅易时代公司向郑某支付未签订书面劳动合同期间的两倍工资差额20 396.6元；支付未足额支付工资差额3 000元；支付未发工资2 092元；支付违法解除劳动关系经济赔偿金7 000元；驳回郑某其他申请请求。迅易时代公司不服该裁决，向法院提起诉讼。

二、审理结果

一审法院经审理认为：用人单位自用工之日起超过一个月不满一年未与劳动者订立书面劳动合同的，应当向劳动者每月支付两倍的工资。迅易时代虽主张未签订书面劳动合同的原因系郑某拒绝签订，但未向法院提交充分有效的证据，法院不予采信。迅易时代公司依法应向郑某支付2009年4月20日至2009年10月12日期间未签订劳动合同的两倍工资差额。在劳动争议纠纷案件中，作为劳动关系中负有管理责任的一方，迅易时代公司应就郑某的月工资标准、工资发放记录的情况负有管理责任，现迅易时代公司未就郑某的月工资标准、工资发放记录的情况向法院提交充分有效的证据，应承担相应的不利后果，法院确认郑某的月工资标准为3 500元。迅易时代公司依法应向郑某支付未签订劳动合同的两倍工资差额。

迅易时代公司虽主张辞退郑某的原因系因郑某严重失职造成公司巨大经济损失，但未就该主张进行举证，该单位的辞退通知亦未明确告知郑某解除劳动关系的原因，故迅易时代公司辞退郑某系违法解除劳动关系，应支付郑某违法解除劳动关系经济赔偿金。

一审法院依据《劳动法》第50条，《劳动合同法》第82条第1款、第87条的规定判决：（1）北京迅易时代科技发展有限公司于本判决生效后十日内支付郑某2009年4月20日至2009年10月12日期间未签订书面劳动合同的两倍工资差额20 396.6元；（2）北京迅易时代科技发展有限公司于本判决生效后10日内支付郑某2009年7月至2009年8月未足额支付工资差额3 000元；（3）北京迅易时代科技发展有限公司于本判决生效后10日内支付郑某2009年9月26日至2009年10月12日工资2 092元；（4）北京迅易时代科技发展有限公司于本判决生效后10日内支付郑某违法解除劳动关系经济赔偿金7 000元。

一审法院判决后，迅易时代公司不服，提出上诉，请求撤销一审法院判决，依法改判。主要上诉理由是：（1）原审判决认定被上诉人郑某的月工资为3 500元，与事实严重不符；（2）上诉人与被上诉人没有签订劳动合同是由于被上诉人的原因造成的；（3）由于被上诉人的严重失职，上诉人将其辞退，根据相关法律规定，不应支付其经济补偿金。

二审法院经审理认为：《劳动合同法》第82条规定："用人单位自用工之日起超过一个月不满一年未与劳动者订立书面劳动合同的，应当向劳动者每月支付两倍的工资。"本案中，迅易时代公司在雇用郑某后，应依法在一个月内签订书面劳动合同，其未依法与郑某签订书面劳动合同应支付郑某 2009 年 4 月 20 日至 2009 年 10 月 12 日期间未签订劳动合同的两倍工资差额。迅易时代公司在上诉理由中称：本公司在招聘郑某时处于起步阶段，郑某作为公司财务人员的同时又是公司人力资源部门的负责人，其迟迟不签订劳动合同应属自身失职，无权索要未签订劳动合同的双倍工资差额。对此，法院进一步认为，即便郑某是迅易时代公司人力资源部门的负责人，也属劳动者的一员，也应由公司与郑某共同签订书面劳动合同，而非由郑某本人独自签订书面劳动合同。上诉人的上述辩解，因无法律依据，法院不予采纳；在劳动争议纠纷案件中，用人单位应就劳动者的月工资标准、工资发放记录负有举证责任，迅易时代公司未就郑某的月工资标准、工资发放记录（工资表）向法院提交充分有效的证据，应承担相应的不利后果，一审法院确认郑某的月工资标准为 3 500元，并不违反法律规定，因而是适当的。故依照《民事诉讼法》第 153 条第 1 款第（1）项的规定判决：驳回上诉，维持原判。

三、意见

本案的争议焦点主要有三个：一是未签订劳动合同的原因的认定；二是郑某的工资标准的确定；三是单位解除劳动合同是否合法。

（一）关于劳动合同的签订问题

双方都认可没有签订劳动合同，但对没有签订劳动合同的原因，则各执一词。迅易时代公司认为，郑某在公司负责人力资源及财务工作，而且是唯一负责这两项工作的负责人。但郑某在任职期间，既不依职责组织员工依法签订劳动合同，其本人也拒绝与公司签订劳动合同，郑某对于未与公司签订劳动合同一事具有主观过错。所以不应当支付其为签订劳动合同的双倍工资。

郑某认为自己作为劳动者，公司应与其签订劳动合同。

对此问题，一审、二审法院虽然都没有采纳单位的意见，但是没有采纳的原因则有不同，一审法院认为迅易时代公司虽主张未签订书面劳动合同的原因系郑某拒绝签订，但未向法院提交充分有效的证据，法院不予采信。一审法院不认可单位意见的原因主要是单位没有提交充分有效的证据证明是由于郑某的原因没有签订劳动合同，二审法院则认为即便郑某是迅易时代公司人力资源部门的负责人，也属劳动者的一员，也应由公司与郑某共同签订书面劳动合同，而非由郑某本人独自签订书面劳动合同。对此问题，可以看出，一审、二审法院的看法还是有差别的，一审法院强调单位的举证责任不能，二审法院强调单位违反了法律的强行性规定。

对此，从法律规定来看，根据《劳动合同法》第 10 条的规定：“建立劳动关系，应当订立书面劳动合同。已建立劳动关系，未同时订立书面劳动合同的，应当自用工之日起一个月内订立书面劳动合同。”同时，《中华人民共和国劳动合同法实施条例》（以下简称《劳动合同法实施条例》）第5条规定：“自用工之日起一个月内，经用人单位书面通知后，劳动者不与用人单位订立书面劳动合同的，用人单位应当书面通知劳动者终止劳动关系，无须向劳动者支付经济补偿，但是应当依法向劳动者支付其实际工作时间的劳动报酬。”可以看出，订立书面劳动合同是用人单位的义务，但是为了应对实践中劳动者故意躲避订立合同的现象，法律规定了一个月的宽限期，在这一个月的宽限期内，如果没有订立劳动合同，用人单位不用承担责任。同时，对这一个月的宽限期，也不是自动适用的，用人单位需要书面通知订立劳动合同，劳动者拒绝后，用人单位也需要书面通知劳动者终止劳动关系。从上述法律规定可以看出，法律对用人单位不签订劳动合同的例外是规定了严格的限制条件的，必须同时满足，才不用支付经济补偿。同时，根据《劳动合同法实施条例》第6条的规定：“用人单位自用工之日起超过一个月不满一年未与劳动者订立书面劳动合同的，应当依照《劳动合同法》第82条的规定向劳动者每月支付两倍的工资，并与劳动者补订书面劳动合同；劳动者不与用人单位订立书面劳动合同的，用人单位应当书面通知劳动者终止劳动关系，并依照《劳动合同法》第47条的规定支付经济补偿。前款规定的用人单位向劳动者每月支付两倍工资的起算时间为用工之日起满一个月的次日，截止时间为补订书面劳动合同的前一日。”

从上述法律规定可以看出，法律把签订劳动合同的责任是规定于用人单位的，劳动者不签时，用人单位必须书面通知解除。回到本案，一审法院认定单位主张未签订劳动合同举证不能是不恰当的，二审法院很好地把握了立法的本意和宗旨。

同时，本案中一个不能回避的问题是郑某的身份问题，即郑某特殊的身份能不能免除用人单位签订劳动合同的责任。本案中，用人单位主张公司在招聘郑某时处于起步阶段，郑某作为公司财务人员的同时又是公司人力资源部门的负责人，其迟迟不签订劳动合同应属自身失职，无权索要未签订劳动合同的双倍工资差额。事实上，本案涉及的一个问题是社会法下弱势群体对契约的违反如何防范和规制。如果用人单位的主张属实，郑某作为公司财务人员的同时又是公司人力资源部门的负责人，没有签订劳动合同，其本身也是有一定过错的，但在《劳动合同法》刚刚普及，劳动用工领域的主要矛盾仍是劳动者作为弱势群体需要强行法的干预时，社会法下对社会正义的追求可能掩盖了个体过失责任的追究。因此，法律适用追求的政策效果应与正义标准的多元性和与时俱进性相结合，这样才能保证审判不是机械的法律套用，实践中，这类问题很多，如有的劳动者是用人单位的人事负责人，利用自己的职务之便把自己的劳动合同偷取，然后主张未签劳动合同的双倍工资。此类问题，需要引起重视。但在司法实践中，若无证据证明人事负责人利用职务便利阻碍了劳动合同的签订或窃取了劳动合同，则不宜仅凭其人事负责人的身份即将其置于劣于一般劳动者的地位。

（二）关于郑某的工资标准问题

一审、二审法院均认为在劳动争议纠纷案件中，作为劳动关系中负有管理责任的一方，迅易时代公司应就郑某的月工资标准、工资发放记录的情况负有管理责任，现迅易时代公司未就郑某的月工资标准、工资发放记录的情况向法院提交充分有效的证据，应承担相应的不利后果。目前现行法律关于工资标准的举证责任没有明确规定，但是《民事诉讼证据规定》第6条规定："在劳动争议纠纷案件中，因用人单位作出开除、除名、辞退、解除劳动合同、减少劳动报酬、计算劳动者工作年限等决定而发生劳动争议的，由用人单位负举证责任。"根据原劳动部《工资支付暂行规定》第6条第3款的规定："用人单位必须书面记录支付劳动者工资的数额、时间、领取者的姓名以及签字，并保存两年以上备查。用人单位在支付工资时应向劳动者提供一份其个人的工资清单。"《民事诉讼证据规定》第75条规定："有证据证明一方当事人持有证据无正当理由拒不提供，如果对方当事人主张该证据的内容不利于证据持有人，可以推定该主张成立。"可以看出，一审、二审法院将举证不能的责任归结于用人单位是合理的，也是符合立法精神和举证责任分配规则的。

（三）关于用人单位解除劳动合同的问题

本案中，一审、二审法院均认为迅易时代公司虽主张辞退郑某的原因系因郑某严重失职造成公司巨大经济损失，但未就该主张在举证期限内进行举证，该单位的辞退通知亦未明确告知郑某解除劳动关系的原因，故应承担不利后果。根据《劳动合同法》第39条的规定："劳动者有下列情形之一的，用人单位可以解除劳动合同：（一）在试用期间被证明不符合录用条件的；（二）严重违反用人单位的规章制度的；（三）严重失职，营私舞弊，给用人单位造成重大损害的；（四）劳动者同时与其他用人单位建立劳动关系，对完成本单位的工作任务造成严重影响，或者经用人单位提出，拒不改正的；（五）因本法第二十六条第一款第一项规定的情形致使劳动合同无效的；（六）被依法追究刑事责任的。"

根据此条规定，用人单位如果能证明劳动者严重失职，给用人单位造成损失的，可以解除劳动合同，同时不用支付经济补偿金。但是，用人单位必须有明确的证据能够证明。本案中，由于迅易时代公司没有提供证据证明因郑某严重失职造成公司巨大经济损失，因此一审、二审均没有采纳单位的意见。

《劳动合同法》第 39 条是关于用人单位即时解除的规定，即时解除又可称为过错性解除，即在劳动者有过错情形时，用人单位有权单方解除劳动合同。但即时解除不是无条件的，也有程序性的要求，否则，用人单位可能承担败诉的后果。实践中，用人单位招录人员的时候，对岗位要求往往写得很笼统，最后以试用期间不合格不与被招录人员签订劳动合同，这是存在很大风险的，试用期间用人单位不录用劳动者，首先应承担劳动者不符合录用条件的证明责任，而且这些条件必须是合理的，应当以法律规定的基本录用条件和用人单位招用时规定的知识文化、技术水平、身体状况、思想品质等条件为准。否则要承担败诉的后果。对于严重违反用人单位的规章制度一项，用人单位的规章制度必须公示，而且规章制度必须经过职工大会或者职工代表大会审议通过，而实践中用人单位往往很难做到这两点。

劳动者具有下列行为之一的，用人单位均可以解除劳动合同：（1）劳动者同时与其他用人单位建立劳动关系，且对完成本单位的工作任务造成严重影响；（2）劳动者同时与其他用人单位建立劳动关系，经用人单位指出，拒不改正。劳动者以欺诈、胁迫或者承人之危，使用人单位在违背其真实意思的情况下订立劳动合同的，用人单位可以据此即时解除劳动合同。

劳动者在劳动合同存续期间，严重违反法律构成犯罪，被人民法院依法判处刑罚或者免予刑事处分的，用人单位可以解除与劳动者的劳动合同。但应当认定的是，劳动教养是一种行政处罚，不是刑事处罚。因此，用人单位不得适用本条规定单方解除劳动合同。刑事拘留、行政拘留等也均应排除在外。

综上，一审、二审法院的判决是正确的。

26. 针对职业培训所约定的服务期和违约责任无效

原告：北京世纪全景空调维修中心

被告：王某

一、案情

被告王某原系原告北京世纪全景空调维修中心（以下简称维修中心）空调维修工，双方签订了期限自2007年12月21日至2010年12月31日的《劳动合同书》。

2008年1月，维修中心与王某签订《关于培训费用的协议》，协议约定王某需在维修中心工作满3年，否则需返还全部培训费用及培训期间的工资。《关于培训费用的协议》载有王某的亲笔签名。

王某在维修中心正常工作至2010年11月8日，后自行离职。王某在职期间，维修中心曾安排其参加7次（合计29天）由空调厂家提供的技术培训，培训内容为空调设备的技术维修及安装调试。维修中心为王某报销差旅费9774.7元及培训费4 400元。

维修中心认为，王某在未经公司同意的情况下，从2010年11月8日起自行离职，至今未向公司交接工作。王某在公司工作时间不满3年，根据双方约定，王某应当自行承担培训费用，且公司无需支付王某在培训期间的工资。为此，维修中心向海淀区劳动争议仲裁委员会提出仲裁申请，要求王某返还2008年4月至2010年5月期间培训费用2.06万元及培训期间的工资1 013元。

后海淀区劳动争议仲裁委员会经审理裁决驳回了北京世纪全景空调维修中心的申请请求。

维修中心不服该仲裁结果向一审法院提起诉讼，请求法院判决：（1）王某向公司办理工作交接手续；（2）王某向公司返还2008年4月至2010年5月期间培训费用2.06万元；（3）王某向公司返还2008年4月至2010年5月期间多支付的工资1 013元；（4）诉讼费用由王某负担。

被告王某辩称：同意仲裁结果，不同意维修中心的诉讼请求。其在职期间担任空调维修工，维修中心应合作厂家的要求派员参加相关培训活动而安排我参加的培训均为职业技能培训，并非专项培训，服务期及违约金的约定均无法律依据。

二、审理结果

一审法院经审理认为，依据《劳动法》第3条及第68条的相关规定，接受职业技能培训是劳动者的一项基本劳动权利，有计划地对劳动者进行职业培训亦为用人单位的法定义务。而专项培训主要针对特殊岗位和专门岗位的员工，培训内容仅指专业技能及专业知识。维修中心安排王某参加的技能培训由空调厂家提供，培训内容为空调设备的技术维修及安装调试，性质上属空调维修工种的基础职业培训，并非《劳动合同法》第22条所规定的专项培训。依据《劳动合同法》第25条之规定，除劳动者违反服务期约定和违反竞业限制规定的情形以外，用人单位不得与劳动者约定由劳动者承担违约金，故《关于培训费用的协议》中就职业培训所约定的服务期和违约责任条款应属无效。维修中心要求王某向其公司返还2008年4月至2010年5月期间培训费用2.06万元及培训期间工资1 013元，缺乏法律依据，法院不予支持。综上，法院依据《劳动法》第3条、第68条，《民事诉讼法》第64条的规定判决，驳回维修中心的全部诉讼请求。

一审宣判后，维修中心与王某均未提起上诉，该判决已生效。

三、意见

本案争议的焦点是：原告与被告王某签订的《关于培训费用的协议》所约定的服务期和违约责任是否有效。笔者认为，解决该争议主要涉及两个问题：一是专项培训与职业培训的区分；二是在用人单位与劳动者协商一致情况下，能否就职业培训约定服务期。

（一）专项培训与职业培训的区分

“专项培训”的概念出现在《劳动合同法》第22条，即“用人单位为劳动者提供专项培训费用，对其进行专业技术培训的，可以与该劳动者订立协议，约定服务期。”而在此之前颁布的《劳动法》及相关法律、法规并无明确的“专项培训”概念。《劳动法》及《企业职工培训规定》中关于培训使用“职业培训”或“职工培训”概念，其中《劳动法》第68条规定：“用人单位应当建立职业培训制度，按照国家规定提取和使用职业培训经费，根据本单位实际，有计划地对劳动者进行职业培训。从事技术工种的劳动者，上岗前必须经过培训。”对比“专项培训”与“职业培训”所在法律的颁布时间、历史背景及相关法条的规范内容来看，《劳动法》立法之初在规范职业培训时，应该并未建立在专项培训与普通职业培训的二元区分认识基础上，这就使得《劳动法》及《企业职工培训规定》中关于“职业培训”概念的使用，外延要相对宽泛，甚至在一定程度上包含了“专项培训”的内容，比如《劳动法》第68条中“从事技术工种的劳动者，上岗前必须经过培训”的相关规定。所以，我们认为，对于《劳动法》及《企业职工培训规定》中关于“职业培训”概念的使用，应适当做狭义理解，应在对比“专项培训”概念的基础上，作出排他性解释。上述“专项培训”与“职业培训”概念外延上的界线模糊及相关法律规定的不清晰，也使得实践中对于两种培训的区分比较困难。

结合审判实践，我们认为，一般“专项培训”是指企业为提高生产效率，满足特殊岗位的需要，对员工进行专业操作技能及专业知识的培训，主要针对特殊岗位和专门岗位的员工，培训内容仅指专业技能及专业知识；“职业培训”一般指对入职前或在职期间的员工，为开发或升级常规职业技能而进行的技术业务知识或实践操作能力的教育和训练。由此可见，对比“专项培训”与“职业培训”概念，对“专项培训”的认定应集中在对培训内容的专业性及培训对象的专门性辨别上。本案中，恰恰是因为培训内容为空调设备的技术维修及安装调试，培训对象王某为普通空调维修工，相关培训属于空调维修工种的基础职业培训，故法院认定《关于培训费用的协议》中的培训性质并非“专项培训”是正确的。

（二）当事人协商一致情况下，能否就职业培训约定服务期

“服务期”规定出现在《劳动合同法》第22条，是针对“专项培训”概念衍生出的用人单位权利，即对劳动者进行专项培训的，用人单位可以与劳动者约定服务期。那么，用人单位对劳动者进行“职业培训”的，尤其是“职业培训”带有长期性、外部性特点的情况下，用人单位为保证自身费用支出的合理回报，能否在协商一致的基础上，与劳动者签订基于“职业培训”的服务期？

就此问题，有两种主要观点：一种观点认为，在现代社会，“职业培训”已经不再是简单的入职教育，“职业培训”越来越具有长期性、外部性特点，即培训次数多，且大部分为外部有偿培训。在这种情况下，若不合理保证用人单位的相关权益，任由劳动者自由解除劳动关系，会损害企业的正当权益，有违公平原则，更深层次会损害整个社会的职业培训机制。故持有该种观点的，大多赞同在协商一致的基础上，用人单位可以与劳动者约定基于“职业培训”的服务期，违反服务期的，应返还一定比例的培训费用；另一种观点认为，《劳动合同法》第25条就违约金进行了限制性规定，即除竞业限制违约金和服务期违约金外，用人单位不得与劳动者约定由劳动者承担违约金。而服务期违约金专指基于“专项培训”产生的服务期情形，若允许“职业培训”服务期约定的存在，则进而产生的返还培训费用责任，实质上为违约责任，这就突破了《劳动合同法》第25条关于违约金的限制性规定。且依据《劳动法》第68条的规定“用人单位应当建立职业培训制度，按照国家规定提取和使用职业培训经费”，职业培训费用本应为企业的法定负担义务，不能转移至劳动者项下，故即使双方协商一致，因违反法律的强制性规定，亦不能约定“职业培训”服务期。对此，从法律规范角度考虑，笔者认为第二种观点更为合理合法。故本案原被告虽签订《关于培训费用的协议》，但因“职业培训”约定服务期违反了法律强制性规定，因此，该协议不成立。

综上，一审法院驳回维修中心的全部诉讼请求是正确的。

27. 社会医疗保险垫付的医疗费不应在医疗损害赔偿中予以扣减

原告：姚某

原告：吴女

被告：中日友好医院

一、案情

姚某系吴甲之妻，吴女系吴甲与姚某所生之女。吴甲之父母均已于1995年去世。

2009年8月5日16时许，吴甲因“血尿”至被告中日友好医院（以下简称被告）急诊外科就诊，被告给予立止血1ku、拉氧头饱1g静点治疗，输入过程中吴甲无不良反应。当日19时许，吴甲突发持续性胸痛、出汗等症状，送急诊抢救室急救，经过相关科室会诊，诊断为急性心肌梗死、高血压病3级、慢性肾衰竭、陈旧性脑出血、痛风、血尿原因待查等疾病。治疗期间被告发现吴甲还存在心功能不全、右肾占位、结石、肺感染等疾患，8月10日吴甲转入EICU继续治疗，在此期间吴甲病情反复加重，经抢救缓解，至8月28日22：40，病情再次恶化，经抢救无效死亡。后姚某、吴女（以下简称两原告）将被告诉至法院。

在案件审理过程中，依据被告的申请，一审法院依法委托北京市朝阳区医学会对本案进行了医疗事故鉴定。北京市朝阳区医学会于2011年3月1日作出了京朝医鉴字〔2011〕08号医疗事故技术鉴定书，结论为：本病例不构成医疗事故。两原告对该鉴定结论不予认可，应两原告申请，一审法院依法委托北京市红十字会急诊抢救中心司法鉴定中心对本案进行司法鉴定。北京市红十字会急诊抢救中心司法鉴定中心于2011年6月25日作出了司鉴中心〔2011〕临鉴字第739号法医学鉴定意见书，鉴定意见为：中日友好医院在对吴甲的医疗行为中，存在过错，具有轻微责任，其过错参与度建议为10%。

两原告向一审法院提交了被告门诊收费专用收据1张、住院费用汇总清单2张、中国建设银行持卡人存根23张、国电大武口发电厂社会保险管理办公室于2011年7月27日出具的《证明》1份，欲证明吴甲的医药费总金额及报销金额。《证明》记载“吴甲原系我厂职工，于2009年8月病逝，最后一次住院治疗发票金额为93 336.74元，统筹报销81 140.02元，个人账户支出8454.59元，现金自付3742.13元”。

两原告诉称：被告对吴甲的诊疗存在严重过错，如未询问过往病史、使用冠心病禁忌药物、心内科未予以收治等。两原告要求被告赔偿医疗费94 905.43元、护理费2 160元、住院伙食补助费1 200元、交通费1 000元、丧葬费22 357.50元、死亡赔偿金534 760元、亲属办理丧葬事宜支出的交通费、住宿费和误工费等损失共计1.5万元、精神损害抚慰金20万元。

被告辩称：两原告所述诊疗过程与事实不符，2009年8月5日，吴甲到我院就诊，医生王立强在详细询问后进行小幅治疗，并嘱咐其至泌尿外科进一步检查，后经医生会诊，发现吴甲患有急性心肌梗死，留院观察期间我院发现吴甲还有其他病史。2009年8月25日，吴甲死亡，死亡原因为多种。两原告主张的医疗费，对于吴甲单位统筹报销的医疗费部分不应再予以赔偿，被告应按照个人账户支出及现金自付之和的10%承担医疗费的赔偿责任。

二、审理结果

一审法院经审理认为：医疗机构承担医疗侵权损害赔偿责任的前提条件是其医疗行为存在过错并与患者的损害后果有因果关系。本案中，虽然被告对吴甲的使用立止血用法及数量适当，但用药过猛，未尽到必要的注意义务，存在一定过错。被告应承担相应的民事赔偿责任。因相关鉴定结论确认被告存在过错，具有轻微责任，建议过错参与度为10%，故本院根据现有证据及本案的实际情况，依法确定被告承担民事赔偿责任的比例为10%。

关于两原告主张医疗费的诉讼请求，因两原告未能提供足额医疗费用的票据用以佐证证明其主张的医疗费数额，故本院将根据国电大武口发电厂社会保险管理办公室出具《证明》载明的住院治疗发票金额核定吴甲治疗期间实际支出医疗费为93 336.74元，关于被告赔偿两原告医疗费的计算基数问题，吴甲所在单位虽基于医疗保险关系而为其报销部分医疗费，但因该报销行为与被告基于侵权行为承担的民事赔偿责任并非同一法律关系，故该单位报销的医疗费不应在被告予以赔偿的医疗费计算基数中予以扣除，但本院有义务将本案处理结果告知吴甲所属单位；关于两原告主张的住院伙食补助费的诉讼请求，其计算数额符合法律规定，本院对此予以确认，被告应按照其承担的责任比例予以赔偿；关于两原告主张护理费的诉讼请求，虽然两原告未向本院提供医疗机构出具的需要护理的证明，但根据本案中实际情况及吴甲的病情，本院认为吴甲在住院期间确需他人照顾和护理，故本院对两原告主张的护理费数额2 160元予以确认，被告应按照其承担的责任比例予以赔偿；关于两原告主张交通费及近亲属办理丧葬事宜支出的交通费、误工费、住宿费等损失的诉讼请求，虽实属客观必然发生，但两原告主张数额过高，且未提供相关证据佐证，故本院在充分考虑两原告实际困难情况下，并结合被告应承担的赔偿责任比例，对两原告主张的治疗期间发生的交通费及近亲属办理丧葬事宜支出的交通费、住宿费等酌定为1 000元；关于两原告主张丧葬费、死亡赔偿金的诉讼请求，两原告主张数额不违反法律的相关规定，本院对其主张数额予以确认，被告应按照其承担的责任比例予以赔偿；关于两原告主张精神损害抚慰金诉讼请求，因吴甲的死亡在客观上给两原告造成了精神上的痛苦，应当给予适当的精神抚慰，但两原告主张的数额过高，本院结合被告应承担的赔偿责任比例，对此酌定为1万元。

一审法院依据《民法通则》第106条第2款、第119条，最高人民法院《关于审理人身损害赔偿案件适用法律若干问题的解释》第1条、第17条、第18条、第19条、第21条、第22条、第23条、第27条、第29条、第35条，最高人民法院《关于确定民事侵权精神损害赔偿责任若干问题的解释》第1条、第7条、第10条，判决如下：（1）被告中日友好医院于本判决生效后7日内赔偿原告姚某、吴女医药费9 333.67元、护理费216元、住院伙食补助费120元、丧葬费2 236元、死亡赔偿金57 476元、精神损害抚慰金1万元、治疗期间交通费、近亲属办理丧葬事宜支出的交通费、住宿费、误工费共1 000元。（2）驳回原告姚某、吴睿吴睿洁的其他诉讼请求。

一审宣判后，被告不服一审判决，向二审法院提起上诉。

二审法院经审理认为，原审法院所作判决并无不当，应予以维持。故依照《民事诉讼法》第153条第1款第（1）项的规定判决：驳回上诉，维持原判。

三、意见

本案是一起医疗损害责任纠纷案，审理中如何确定吴甲在治疗期间实际发生的医疗费数额，并非难事，但对于患者在治疗期间通过社会医疗保险报销的部分医疗费是否属于侵权责任人应当赔偿的范围存在争议，对此，实践中存在以下两种意见。

第一种意见认为，该医疗费应当予以核减。因为人身损害赔偿是赔偿受害人造成的损失，具有填补性质，吴甲发生的一部分医药费从医疗保险中得到报销，已减轻受害人的损失，已减轻部分不能再要求被告承担，否则其得到双重赔偿，与填补性相悖。

第二种意见认为：该医疗费不能予以核减。因为吴甲在治疗期间报销医疗费系基于吴甲与社会医疗保险承保单位之间存在社会保险关系而发生的，此种法律关系与基于侵权所致的赔偿责任不属于同种债务，彼此不发生竞合，在确定被告赔偿医疗费数额时，不应将该部分予以核减。假如将吴甲治疗期间社会医疗保险报销部分医疗费予以核减的话，客观上就会减轻被告依法应承担的赔偿责任，进而导致侵权人行为的后果与受到的责任追究不相符。

笔者基本同意第二种意见，但需要说明的是，第二种处理意见并未准确区分商业医疗保险和社会医疗保险的区别。笔者认为，法院就医疗损害责任案件涉及的后续的社会保险机构的追缴问题应在民事判决文书中进行必要提示，以明确各方权责。具体理由如下：

（一）将社会保险中医疗保险的医疗费在医疗损害赔偿中予以扣除，有违侵权法及社会保险法立法本意，将产生不良的社会效果

在现实生活中，医疗机构的侵权责任往往需要在诉讼中予以判定，而患者在前述治疗过程中采用社会保险方式支付医疗费用符合常理，如人为将社会保险支付的医疗费在侵权责任的赔偿范围中予以扣除，则会产生严重负面社会效果，一方面侵权人赔偿责任减轻，致使民事判决的社会行为指引效果失去意义，另一方面加重了国家财政的负担，因为社会医疗保险属于国家福利性质，侵权人因为自己过错导致国家财政额外支出，与立法本意严重相违。

（二）被侵权人与侵权人、患者与社会保险部门建立的是不同的法律关系，两者并不存在竞合关系

医疗损害责任纠纷案件被侵权人基于医院的侵权行为向医院主张赔偿医疗费属于侵权法调整的范畴，而患者治疗期间基于与社会保险部门存续医疗保险关系而报销医疗费属于社会法调整的范畴，两者分属不同部门法，系从不同角度对同一法律事实作出规制，具有不同的立法目的。就前者而言，其目的在于保护民事主体的合法权益，明确侵权责任，预防并制裁侵权行为，促进社会和谐稳定。就后者而言，其目的在于为了保障劳动者在年老、失业、患病、工伤、生育等情况下获得帮助和补偿，是社会福利制度的一部分。两者在效力上不存竞合在冲突。

（三）社会医疗保险不适用损益相抵原则

损益相抵，又称之为损益同销，是指受害人基于损害发生的同一原因而获得利益时，应将所受利益从所受损害中扣除，以确定损害赔偿范围。我国民法通则、合同法、侵权责任法及相关司法解释均没有规定损益相抵原则，但基于诚实信用原则和公平原则，在司法实务中，应承认此原则，但通说认为，损益相抵原则构成要件为：损害赔偿之债成立、受害人获得利益，须有构成损害赔偿之债的损害事实与所得利益之间的因果关系。就本案而言，吴甲基于社会医疗保险关系报销医疗费不适用损益相抵原则，社会保险机构对于医疗保险的支付与本案的侵权损害赔偿金的支付是分别基于不同的法律关系，两者之间不是同一原因，吴甲的损害与其在社会保险机构所得的利益之间没有相当的因果关系，不符合损益相抵的原则。

（四）在追偿权方面，社会医疗保险和商业医疗保险有显著不同

依据《中华人民共和国保险法》（以下简称《保险法》）第46条的规定，被保险人因第三者的行为而发生死亡、伤残或者疾病等保险事故的，保险人向被保险人或者受益人给付保险金后，不享有向第三者追偿的权利，但被保险人或者受益人仍有权向第三者请求赔偿。而《中华人民共和国社会保险法》（以下简称《社会保险法》）第30条规定："下列医疗费用不纳入基本医疗保险基金支付范围：(1) 应当从工伤保险基金中支付的；(2) 应当由第三人负担的；(3) 应当由公共卫生负担的；(4) 在境外就医的。医疗费用依法应当由第三人负担，第三人不支付或者无法确定第三人的，由基本医疗保险基金先行支付。基本医疗保险基金先行支付后，有权向第三人追偿。"依据上述法律规定，在商业保险范畴内，被保险人可以获得双倍赔偿，但社会保险范畴内，被保险人并不因保险关系而额外获得双倍赔付。在社会保险机构未行使追偿权的情况下，受害人的损害赔偿请求权不因其已获得医疗保险支付而消灭，受害人仍得以自己名义请求侵害人支付全额医疗费。

（五）追偿制度缺失致社会保险基金大量流失问题应予重视，人民法院应该将生效判决的内容告知社会保险机构

根据《社会保险法》第30条第2款和第42条的规定，社会保险基金对向参保人员先行垫付的应由第三人负担的医疗费用，享有追偿权。但实践中，由于社会保险基金追偿制度的缺失，并无社会保险机构向侵权人（本应负担医疗费用的第三人）行使追偿权，造成国家社会保险基金流失。在现有司法实践与社会保险法所载追偿权无明晰衔接制度情况下，人民法院应与政府有关部门建立涉社会保险基金垫付费用案件审理信息共享制度，由法院定期向社会保险部门通报涉社会保险基金垫付费用案件审理情况，同时将法院相关判决书副本送政府主管部门，便于政府有关部门掌握相关信息，以便于灵活行使追偿权。

综上，一审、二审法院的处理意见是正确的。

28. 合伙人在第三人不知情的情况下退伙的，对其退伙后的合伙债务仍应当负连带赔偿责任

原告：张甲，农民

被告：吕某，无业

被告：张乙，农民

被告：张丙，农民

一、案情

2010年12月16日，吕某将其咖啡厅的装修业务承包给张乙，两人为此签订了《精装协议书》。当时张丙也在场，在该协议乙方处签名，并留下联系方式。张甲称其系张乙、张丙找来干活的。2011年1月12日下午5时许，张甲在搬运石膏板时，被堆放在咖啡厅室内的石膏板砸伤。后张甲被送往医院，经诊断为右小腿右侧胫腓骨粉碎性骨折，住院治疗42天，经鉴定伤情为十级伤残。后张甲诉至法院，要求三被告连带赔偿各项损失费用共计104 237.14元。张丙称其与咖啡厅装修工程无关，并提供了其与张乙于2010年12月17日签订的《协议书》予以证明，《协议书》载明：张乙同意张丙退出合作装修咖啡厅的工程，协议签订后张丙不再参与任何的装修事宜，因工程而引起的任何纠纷也与张丙无关，该工程的盈利或亏损都由张乙来承担。张乙对此协议表示认可；但张甲对此协议不予认可，认为协议可能是后签的；吕某认为该协议与其无关。张乙和张丙均无相关装修资质。吕某已给付装修款22万元，尚有2万元未付清。

二、审理结果

一审法院经审理认为：个人之间形成劳务关系，提供劳务一方因劳务自己受到损害的，应当根据双方各自的过错承担相应的责任；发包人、分包人知道或者应当知道接受发包或者分包业务的雇主没有相应资质或者安全生产条件的，应当与雇主承担连带赔偿责任。就本案查明的事实，可以认定被告张乙与张丙系合作关系，至于张丙后来是否退出并不能对抗第三人。原告张甲为张乙和张丙提供劳务服务，并获取报酬，可以认定张甲与张乙、张丙之间形成了个人之间的劳务关系。张甲是在给张乙、张丙提供劳务的过程中被

石膏板砸伤，张甲本身对受伤并不存在过错，故张乙、张丙应赔偿张甲的合理损失。被告吕某将烟斗咖啡厅装修业务承包给没有相应资质的张乙和张丙，且在案件审理终结前尚有工程款项未结清，因此应当与雇主张乙、张丙承担连带赔偿责任。法院最终判决张乙、张丙、吕某连带赔偿张甲各项损失共计62 409.54元。

原告张甲不服判决提出上诉，后在二审审理过程中撤回上诉。

三、意见

本案的争议焦点在于已经退出合伙的张丙是否仍应当对吕某和张甲承担连带责任，对此有两种观点，一种观点认为张丙无需承担连带责任，一种观点认为张丙应当承担连带责任，笔者同意第二种观点，具体分析如下。

（一）张乙与张丙系个人合伙关系

所谓个人合伙是指两个以上的公民按照协议，各自提供资金、实物、技术等，合伙经营、共同劳动的民事主体。本案中张乙与张丙之间虽然没有书面的协议，但是张乙在与发包人吕某签订了《精装协议书》时，张丙在场，并且张丙在该协议书中承包人张乙签名处也签了名字，并留下联系方式。这已经可以充分的说明，张丙与张乙共同作为承包人承包了咖啡厅的装修工程，至少就此项工程而言，张乙与张丙系合伙关系，构成个人合伙。

（二）个人合伙的合伙人在第三人不知情的情况下退伙，对其退伙后的合伙债务仍应当对该第三人负连带赔偿责任

1. 从合同的相对性角度分析

合同相对性是指合同主要在特定的合同当事人之间发生法律拘束力，除法律、合同另有规定以外，只有合同当事人才能享有某个合同所规定的权利，并承担该合同规定的义务，除合同当事人以外的任何第三人不能主张合同上的权利、也无需承担合同义务，不受合同内容的制约。从合同关系内容的相对性原理中，可以具体引出如下几项规则：第一，合同规定由当事人享有的权利，原则上并不及于第三人，合同规定由当事人承担的义务，一般也不能对第三人产生拘束力；第二，合同当事人无权为他人设定合同上的义务，因而，如果合同当事人约定了此种义务条款，此义务条款是无效的，但是如果征得第三人同意之后，该义务方可生效；合同当事人为第三人设定权利，法律可以推定，此种设定是符合第三人意愿的；第三，合同权利与义务只对合同当事人产生约束力，这种约束力是一种内部效力。

在本案中，张乙、张丙作为一方共同与吕某签订了装修合同，张乙与张丙之间的退伙协议仅在张乙与张丙之间产生合同约束力，对协议之外的第三人吕

某并不天然的产生效力，只有将退伙协议内容告知吕某，才产生对吕某的效力。虽然合伙人的退伙不受合伙之外的第三人的限制，无须第三人同意，但是由于个人合伙强烈的人身属性和合伙人之间对债务承担无限连带责任，个人合伙的合伙人出现变动的情况下，与该个人合伙存在合同关系的第三人应该有权利选择解除与该合伙的合同或者选择继续履行合同，因此履行必要的告知义务退伙才对该第三人产生效力，这样才更为合理。

同样道理，对于合伙雇佣的雇员而言，全体合伙人系其雇主，任何一个合伙人的退出都导致了雇佣关系中作为雇主的主体发生了变更，有人退伙后的个人合伙已经不再是之前的个人合伙，承担连带责任的主体发生了变化，因此雇员在雇佣关系的主体变更时有权利选择是否继续维系与新雇主的雇佣关系。如果作为雇主的个人合伙中有人退伙而不告诉其雇员，势必使得雇员的利益风险加大。因此雇主内部的各个个体之间的协议约定，不应当直接对雇员产生约束力，出于利益公平保护的角度出发，承担无限连带责任的个人合伙的合伙人退伙应当告知该个人合伙的雇员。

2. 从债权债务转移的角度分析

《合同法》第 80 条规定："债权人转让权利的，应当通知债务人。未经通知，该转让对债务人不发生效力。"《合同法》第 84 条规定："债务人将合同的义务全部或者部分转移给第三人的，应当经债权人同意。"对于合伙人退伙，从债权债务的角度分析，合伙人退伙必然涉及债务的转移，例如本案中，在与吕某的装饰装修合同关系及与张甲的雇佣关系中，张丙均是债权债务关系的当事人，既享有一定的债权，也承担着一定的义务，因此，其退伙时不能将这两项债权债务关系留给其他合伙人而一走了之。债权的转移尚且需通过通知的方式告知第三人方产生效力，更何况是债务的转移。虽然对于张丙的退伙行为本身第三人无权限制，退伙人也无须经过第三人的同意，但是合伙人在退伙之前已经与第三人形成权利义务关系，如果合伙人在退伙时未将退伙事宜告知该第三人，那么该合伙人退伙但不必然退出与该第三人的权利义务关系，退伙人既要对退伙前该合伙在该权利义务关系中的债务承担责任，也应当对退伙后该权利义务关系中产生的债务承担责任。

3. 从保护善意第三人的角度分析

个人合伙的合伙人对其退伙后的合伙债务负连带赔偿责任必须是在第三人不知情的情况下退伙的情形。如果第三人知悉退伙的事实，仍然在与剩余的合伙人维系原来的权利义务关系，则表明该第三人已经认可了权利义务关系主体变更的事实，因此该第三人就无权再向已经退伙的合伙人就退伙后产生的债务主张连带责任。

综上，张丙是否退出其与张乙的合伙关系，不能对抗不知情的吕某和张甲，张丙仍应当对吕某和张甲承担连带责任。一审法院的判决是正确的。

29. 股东会可决议事项的认定

原告（上诉人）：赵某，北京第五波养生文化有限公司股东
被告（被上诉人）：北京第五波养生文化有限公司

一、案情

2007年6月22日，北京第五波养生文化有限公司（以下简称第五波公司）经登记注册成立，股东为赵某、车某、张某、韩某、王某五人，法定代表人及执行董事为车某，赵某持有第五波公司30%股权，其余股东共持有70%股权。

2009年9月20日，第五波公司召开股东会议，车某、张某、韩某、王某到会参加，赵某委托徐某及王甲代表其参加会议，会议由车某主持。经过股东表决，该会议形成以下决议：（1）鉴于第一大股东赵某在违反约定擅自离职后提出解散公司的要求并为此向法院诉讼和向行政机关投诉，致使公司无法正常运作，决定同意赵某的要求，解散公司，进行清算。（2）同意由张某、王某并聘请北京侯小甲律师事务所侯某某律师（非执业注册会计师）组成清算小组，张某为组长。预计清算费用8万元，其中律师费3万元、审计评估费用2万元、其他费用3万元（包括人员工资、交通费用、场所租赁费用等）。鉴于公司无力支付此费用，决定由各股东按股权比例分摊垫支，待清算完毕后由净资产优先偿还，分摊明细为：赵某2.4万元、张某1.4万元、王某1.4万元、车某1.4万元、韩某1.4万元，由张某负责收取，待收齐后开始清算。（3）股东会议对第一大股东赵某违反约定、擅自离职及在实际控制公司期间的违规、违法行为予以谴责，要求赵某返还利用职务之便侵占的公司财产13 830元，如其拒绝归还，将以其涉嫌犯罪向公安机关报案。赵某对以上待决事项表示不同意，并在会议上宣读了其书面意见。此意见主要为：（1）鉴于赵某在北京市石景山区人民法院（以下简称石景山法院）已经提起要求第五波公司解散之诉，在该案尚未完结之前要求各股东不得就第五波公司解散事宜进行讨论；（2）第五波公司解散后的后续问题需待石景山法院就公司解散作出判决后方能涉及，否则违法；（3）鉴于［2009］石民初字第2909号民事调解书尚未执行完毕，公司财务负责人张某及法定代表人车某均属抗拒执行的责任人，故赵某不同意此两人参加清算组；（4）要求第五波公司将私自借与韩

某的1万元追回，否则赵某将起诉；（5）要求张某和车某全面履行［2009］石民初字第2909号民事调解书，否则赵某将申请石景山法院对此两人拘留和罚款；（6）要求行使股东知情权，要求公司提供2009年6月1日至2009年8月31日的股东会会议记录、执行董事决议、监事决议、财务会计报告、会计账簿以供赵某行使股东知情权。车某、张某、韩某、王某均对拟表决条款表示同意，不接受赵某的意见。

表决当日，第五波公司自行解散，开始进入清算阶段，清算组于当日成立，成员为张某和王某。2009年12月1日，第五波公司在《新京报》登出清算公告，声明第五波公司解散，请债权人向清算组申报债权，联系人为侯某某。第五波公司拟聘请侯某某参加清算组，但尚未签订委托协议及支付费用。依据股东会决议赵某应垫支的2.4万元费用尚未缴纳，清算未进入下一阶段。

《第五波公司章程》第8条规定："股东会由全体股东组成，是公司的权力机构，行使下列职权：（一）决定公司的经营方针和投资计划；……（七）对公司增加或者减少注册资本作出决议；……（九）对公司合并、分立、变更公司形式、解散和清算等事项作出决议……"《第五波公司章程》第13条规定："股东会会议作出修改公司章程、增加或者减少注册资本的决议，以及公司合并、分立、解散或者变更公司形式的决议，必须经代表三分之二以上表决权的股东通过。"

赵某在一审中起诉称，赵某系持有第五波公司30%股份的股东，现赵某对第五波公司于2009年9月20日形成的股东会决议第二、三项内容提出异议。因该决议第二项违反《公司法》第184条之规定，仅指定张某、王某两名公司股东与非公司人员侯某某组成清算组，剥夺了赵某作为股东在清算组中任职的权利，且肆意在清算组中加入非公司股东，属于违反法律的决议。另外，此第二项决议，在第五波公司未履行对赵某的股东知情权强制执行案的情况下，擅下"公司无力支付此费用"的结论，要求赵某预摊2.4万元，此内容违反《公司法》第3条第2款"有限责任公司股东以其认缴的出资额为限对公司承担责任"之规定，第二项决议违反法律规定。而第三项决议违反《公司法》第38条和《第五波公司章程》第8条之规定，超越股东会法定职权范围，肆意对赵某进行谴责，并在毫无根据的情况下定性赵某"利用职务之便，侵占公司财产13 830元"，并要求赵某返还，书面要求公司以赵某涉嫌犯罪为由向公安机关报案。事实是此13 830元系赵某经第五波公司会计张某同意，由张某支取，程序合法，且在由第五波公司执行董事车某签字和第五波公司盖章的费用明细中有明确记录。赵某认为第三项决议严重侵害了赵某的名誉权和正当利益，纯属违反法律、超越法定职权范围。请求人民法院判令：

（1）宣告2009年9月20日第五波公司的股东会决议第二项决议无效；（2）宣告2009年9月20日第五波公司的股东会决议第三项决议无效；（3）诉讼费用由第五波公司承担。

第五波公司在一审中答辩称：股东会决议是符合公司章程规定的，第五波公司没有剥夺赵某参加清算组的权利，因赵某当时不同意清算，所以其他股东没有考虑让赵某参加清算组，如果赵某同意清算并预交清算费用，第五波公司欢迎赵某参加清算组。让侯某某参加清算，是股东会决议外聘侯某某。清算费是垫付的，不一定最终由赵某负担。决议第三项是公司股东会这么认为的，还没有实施，股东会有权这样做。

二、审理结果

一审法院经审理认为：股东是公司所有者权益的承担者，公司系股东投资的工具。股东作为公司的所有者在公司自治中居于核心地位。但并非每个股东的意思表示均可以影响公司的经营，公司仅执行股东会的决议。基于公司制度中的“资本多数决”原则，股东会决议不需要全体股东同意，只要表示同意的股东的表决权达到一定比例即可，此决议对全体股东均有约束效力。《第五波公司章程》第13条规定：股东会会议作出修改公司章程、增加或者减少注册资本的决议，以及公司合并、分立、解散或者变更公司形式的决议，必须经代表2/3以上表决权的股东通过。除此之外，公司章程对于其他事项的表决并无要求。故此，代表2/3以上表决权的股东同意系第五波公司股东会通过决议的最高要求。2009年9月20日，第五波公司形成的三项股东会决议均经代表该公司70%表决权的股东同意，故此三项决议在表决程序上符合《公司法》及《第五波公司章程》的规定。《公司法》第184条规定“有限责任公司的清算组由股东组成”。关于此规定可以理解为：（1）清算组并非必须由全体股东组成；（2）清算组并非“必须”或“应当”由股东组成，可以聘请与清算有关的专业人员参加清算工作。本案中，张某、王某系第五波公司股东，具备参加清算组的资格，且此两人参加清算组及张某任组长，经过代表70%表决权的股东同意。赵某虽然提出反对，但其所持表决权不足以否决此决议。张某和王某并非具备法律或清算专业知识的工作人员。故此，第五波公司股东会决议，拟聘请侯某某律师参加清算组，参与清算工作，提供法律、财务会计及清算专业咨询服务并无不当之处，况且此聘请尚未实际履行。赵某还主张股东会决议剥夺了其参加清算组的权利。赵某未提供证据证明其曾向股东会要求参加清算组。相反，根据赵某的书面意见可以看出赵某始终反对公司自行解散及清算，故其不会要求参加清算组。因《公司法》未规定清算组必须由全体股东组成，故赵某并不是当然的清算组成员，即使赵某表示过要参加清算组，其能否参加清算组亦需要得到其他股东的同意。对解散后的公司进行清算系股东的义务，现第五波公司决议解散，公司资产情况不明，经代表70%表决权的股东同意，各股东垫支清算费用以完成清算，系各股东履行清算义务的表现，对此应予肯定。清算费用均系管理、变价和分配被清算公司财产的费用及聘用律师、财务人员进行审计评估和执行职务的费用，且此费用的垫支按股权比例分摊，分担比例合理，又可从净资产中优先偿还，符合清算费用可由被清算公司财产中随时、优先清偿的法律原则，并非是要求赵某在认缴出资之外对公司承担责任。综上所述，第五波公司的第二项股东会决议合法有效，该院对赵某就该项决议的意见不予采纳。

对于股东会的第三项决议，即“股东会议对第一大股东赵某违反约定、擅自离职及在实际控制公司期间的违规违法行为予以谴责，要求赵某返还利用职务之便侵占的公司财产共13 830元，如其拒绝归还，将以其涉嫌犯罪向公安机关报案”。赵某认为此决议严重超越股东会法定职权，侵害了其名誉权和正当利益。第五波公司对谴责一事解释为股东会作出决议将对赵某进行谴责，但尚未实施。赵某认为此决议一经作出就已经完成了谴责行为。根据《公司法》及《第五波公司章程》，股东会系公司的权利机关。而《第五波公司章程》中对谴责赵某的类似情况，并未明确授权执行董事、监事或其他机关可以行使此权利，且类似情况的发生是第五波公司在成立及制定公司章程时无法预见的，国家法律对此亦无法预先作出规定。那么股东会作为公司的最终决策机关应当可以依据具体情况就此进行决议。特别是，此决议涉及股东赵某，更适宜由股东会作出决议。故此，不论股东会决议对赵某的谴责实施与否，股东会均有权对此事作出决议。同理股东会亦可以对于赵某支取的13 830元的问题如何处理形成决议，以便第五波公司主张权利。第三项决议中的“要求赵某返还利用职务之便侵占的公司财产13 830元，如其拒绝归还，将以其涉嫌犯罪向公安机关报案”。这段话，从文意上可以理解为，股东会认为赵某利用职务之便占有了第五波公司13 830元，第五波公司准备要求赵某返还，若赵某反对，则第五波公司要向公安机关报案。赵某主张此部分决议也严重侵害了其名誉权和正当利益。首先，股东会有权就此笔款项的问题形成决议，以维护第五波公司的利益。其次，这仅是股东会的认为及计划，尚未成为公司行为加以实施，即赵某所称“侵害其名誉权和正当利益”的事实尚未发生，且是否侵权亦未可知。而根据《公司法》的规定，股东会决议只有在决议内容违反法律及行政法规的情况下才无效，即决议的内容是否有效与实施决议后的行为是否合法有效是根据具体情况分阶段认定的，而此部分决议的作出和内容均未违反法律及行政法规。故此，第五波股东会的第三项决议合法有效。一审法院依照《公司法》第 22 条之规定，判决：驳回赵某的全部诉讼请求。

赵某不服一审判决，持一审的理由提出上诉，请求二审法院判决撤销一审法院判决，改判支持其全部诉讼请求。

二审法院经审理认为：赵某对第五波公司于 2009 年 9 月 20 日作出的股东会决议内容中第一项即解散公司进行清算的内容无异议，根据上述第五波公司股东会决议第一项内容，第五波公司的全体股东同意解散第五波公司，故上述股东会决议第一项内容对第五波公司全体股东均具有约束力。

赵某认为第五波公司于 2009 年 9 月 20 日作出的股东会决议内容中的第二项、第三项内容无效。对此，二审法院认为该股东会决议第二项内容是就第五波公司清算组组成和清算费用负担问题作出的。依据《公司法》第 184 条“公司因本法第一百八十一条第（一）项、第（二）项、第（四）项、第（五）项规定而解散的，应当在解散事由出现之日起十五日内成立清算组，开始清算。有限责任公司的清算组由股东组成，股份有限公司的清算组由董事或者股东大会确定的人员组成。逾期不成立清算组进行清算的，债权人可以申请人民法院指定有关人员组成清算组进行清算。人民法院应当受理该申请，并及时组织清算组进行清算”的规定，有限责任公司的清算组由股东组成，其具体组成人员由股东会决议。在第五波公司全体股东同意解散第五波公司的情形下，第五波公司的股东依照上述规定就第五波公司清算组组成人员作出的决议内容并未违反我国法律、行政法规强制性规定，故本院对赵某有关股东会决议第二项中清算组组成内容无效的上诉理由和请求不予采纳。上述第五波公司股东会决议内容中有关第五波公司股东按股权比例垫支清算费用问题，虽然第五波公司股东赵某对解散后的第五波公司负有清算义务，但根据股东个人财产与公司财产分离的原则，在赵某不同意垫支清算费用的情形下，第五波公司股东会无权对赵某的个人财产进行处分，第五波公司股东会决议内容中要求赵某按股权比例垫支 2.4 万元清算费用的决议内容应属无效，故二审法院对赵某有关股东会决议第二项中要求其垫支清算费用内容无效的上诉理由和请求予以采纳。

第五波公司股东会决议第三项内容为“股东会决议对第一大股东赵某违反约定、擅自离职及在实际控制公司期间的违规违法行为予以谴责，要求赵某返还利用职务之便侵占的公司财产 13 830 元，如其拒绝归还，将以其涉嫌犯罪向公安机关报案”，因该股东会决议内容不属于第五波公司股东会可决议事项，不产生股东会决议的法律后果，故本院对赵某请求确认股东会决议第三项无效的上诉理由和请求不予支持。一审法院判决适用法律错误，处理结果不当，应予改判。依照《公司法》第22条第1款、第38条、第184条，《民事诉讼法》第153条第1款第（2）项、第158条的规定，判决撤销一审判决，确认北京第五波养生文化有限公司2009年9月20日股东会决议中有关“赵某分摊垫支清算费用2.4万元”的内容无效，驳回赵某其他诉讼请求。

三、意见

有限公司的股东会是全体股东组成的公司权力机构，股东会决议从性质上看，是公司的意思表示，即持有法定比例以上表决权股份的股东就特定事项所作的集体意思表示。根据资本多数决原则作出的股东会决议，即使部分股东对股东会决议内容表示反对或者弃权，在决议生效后也要受到决议的约束。但股东会决议原则上仅形成或变更公司内部的法律关系，并不自动创设公司与第三人的法律关系。因此，在《公司法》和公司章程职权范围内作出合法的股东会决议对公司全体股东、经营者甚至未来加入公司的股东均具有拘束力。但同时，《公司法》第22条对股东会决议的瑕疵救济亦做了明确规定：公司股东会的决议内容违反法律、行政法规的无效；股东会的会议召集程序、表决方式违反法律、行政法规或者公司章程，或者决议内容违反公司章程的，股东可以自决议作出之日起60日内，请求人民法院撤销。

本案是由于股东赵某对股东会决议有异议从而导致的诉讼。本案第二项决议主要是关于清算组组成人员以及清算费用的垫付；第三项决议主要是对股东赵某侵占公司财产的违法、违规行为予以谴责并要求其返还侵占的公司财产，并决定若其拒不返还则以公司名义举报。关于清算组人员组成问题，学术观点上和法院实务操作上都形成一致观点，本文不再进行分析。本案主要针对股东清算义务的内容以及超越《公司法》和公司章程职权范围内作出的股东会决议的效力问题进行分析。

（一）关于要求股东垫付清算费用的股东会决议效力问题

《公司法》明确规定，有限公司的股东以出资额为限承担有限责任，因此公司股东在出资到位后不再对公司负有任何财产义务；《宪法》规定公民的合法私有财产不受侵犯；《物权法》规定，国家、集体、私人的物权和其他权利人的物权受法律保护，任何单位和个人不得侵犯。

《公司法》第184条仅规定公司因法定事项出现而解散的，应当在解散事由出现之日起15日内成立清算组，开始清算。有限责任公司的清算组由股东组成。逾期不成立清算组进行清算的，债权人可以申请人民法院指定有关人员组成清算组进行清算。但是，《公司法》并没有对股东清算义务所包括的具体内容作出明确规定，亦未对股东不履行清算义务应当承担的责任作出明确规定。

最高人民法院《关于适用〈中华人民共和国公司法〉若干问题的规定（二）》第18~21条则具体规定了公司未清算时股东可能需要向债权人承担的相关责任，以及承担相应责任后有权主张其他人员按照过错大小分担责任。但是这些规定仅涉及股东未在法定期限内成立清算组开始清算，导致公司财产贬值、流失、毁损或者灭失的情况；以及股东怠于履行义务，导致公司主要财产、账册、重要文件等灭失，无法进行清算的情况；还包括公司未经清算即办理注销登记，导致公司无法进行清算的情况等对债权人造成损害的情况。并且当出现这些具体情形时也规定只有债权人才能向相关股东追究责任。之后的北京市高级人民法院《关于企业下落不明、歇业、撤销、被吊销营业执照、注销后诉讼主体及民事责任承担若干问题的处理意见（试行）》也提出类似规定，并且相关责任规定更为具体。但这些法律、法规中，均未涉及股东不垫付清算费用所应当承担的责任。

从以上相关法律、法规的分析中可以看出，本案中的股东会决议在异议股东不同意的情况下处分了股东个人财产，因此违反了股东个人财产与公司财产独立的相关法律规定，则仅针对该条股东会决议，法院只能以该股东会决议内容违反法律、法规为由确认无效。但是，值得注意的是，目前公司法解释中未对不垫付清算费用的股东是否承担相应民事责任进行规定，《公司法》条文中明确规定股东应以出资额为限承担有限责任，最高人民法院《关于适用〈中华人民共和国公司法〉若干问题的规定（二）》鼓励股东快速清算、要求股东承担清算义务，此处依据最高人民法院《关于审理公司强制清算案件工作座谈会纪要》中提到的原则，所以在公司股东不垫付清算费用的情形下，公司应依照《公司法》及解释的规定或依照《中华人民共和国企业破产法》的规定进入公司强制清算或破产清算程序。

（二）关于超越股东会职权范围作出的股东会决议的效力及相关实务操作

超出公司法和公司章程规定的职权范围作出的不违反法律、行政法规的股东会决议并不必然无效。公司事务千差万别，法律仅按照公司的一般性的层面上规定了股东会的法定职权范围，而公司章程赋予股东会的章程职权又不能穷尽公司的所有事务，在没有任何一个公司内的机关能够对某一未能预见的公司事务作出处理的情况下，若作为公司权力机关的股东会也不能作出决议，则很有可能对公司的经营造成巨大不利影响，不利于公司和股东的利益。因此，若超出公司法和公司章程规定的职权范围作出的不违反法律、行政法规的决议事项是属于公司事务的，属于股东会可决议事项，应当认定为有效。

但若股东会决议内容不属于股东会可决议事项，则效力应当为待定更为合适。股东会决议内容不属于股东会可决议事项，主要的表现是股东会决议的内容本身不能按照股东会的集体意思表示而发生法律关系的产生、变更、消灭等。例如，决议认定某股东A盗窃公司财产，构成盗窃罪，追究其法律责任；或决议某股东B发表的著作为公司职务作品等，这些决议内容所涉及的事实是需要我国专门的司法机关认定，不是股东会决议就能影响和改变相关法律关系的，不是股东会能确认或否认的。在本案中，如果法院判决确认了该项股东会决议的效力，则事实上承认或否认了该项决议所涉及的事实，侵害了异议股东的权利。因此，只有相关的司法机关认定相关事实（如法院判决）以后，法院才能依据该生效判决认定的事实来审理股东会决议的效力争议。

关于法院是否可以主动介入股东会决议所涉及的事实问题的审理问题。首先在程序上，按照我国民事诉讼的“不告不理”原则，如当事人未主动提起诉讼的，法院不能主动介入。本案中，上诉人赵某虽然在上诉理由中涉及了其支取费用的合法性问题，但并未明确提出诉讼要求，未要求法院审理确认其支取费用是合法的，法院亦不能主动介入审理。其次在实体上，本案中股东会决议及决议所涉及的事实是属于刑事范畴的，基于我国诉讼法规则中对刑事诉讼、民事诉讼分开审理的原则，若当事人明确提出事实确认之诉的，本案也不应当合并审理，因股东会决议对股东赵某作出的违法事实的认定是属于刑事范畴的事实认定，法院应当告知当事人按照最高人民法院有关涉嫌经济犯罪问题的相关规定向公安机关或检察机关举报，而不应当由受理股东会决议效力的法院继续审理。

综上，二审法院的改判是正确的。

30. 股东请求查阅公司会计账簿，应当排除损害公司利益的可能

原告：张某某，无业

被告：北京禄颖兰釉艺工艺品有限公司

一、案情

北京禄颖兰釉艺工艺品有限公司（以下简称工艺品公司）成立于2000年，当时有3名股东，注册资本为30万元，其中马某某出资12万元、李甲出资10万元、张甲出资8万元。马某某任公司执行董事，张甲任公司经理。工艺品公司的经营范围包括“零售工艺美术品”。工艺品公司的《公司简介》载明：该公司是设计、研制、开发、经营景泰蓝工艺品的公司。

2010年4月，马某某将其出资12万元转让给张某某，张甲将其出资8万元转让给李乙，李甲将其出资10万元转让给李乙。至此，工艺品公司的股东变更为张某某和李乙，张某某向工艺品公司出资12万元，李乙向工艺品公司出资18万元。经公司股东会选举，李乙任公司执行董事和经理，刘某某任公司监事。

2011年7月6日，刘某某、马某某、张乙、张甲作为股东，出资成立了禄展公司。该公司的经营范围包括“销售工艺品、文化用品和首饰”。该公司曾经在“赶集网”刊登招聘启事，欲招聘“从事过景泰蓝行业的人员”。马某某是张某某的妻子，张乙是张某某的儿子，张甲是张某某的女儿，刘某某是张某某的儿媳。

2011年10月7日，张某某向工艺品公司发出了《查阅工艺品公司会计账簿的申请书》，该申请书主要载明以下内容：工艺品公司自成立以来，从未向股东公开过财务账簿，股东对于公司的财务状况和经营状况均不了解，严重影响了股东权益。因此，请工艺品公司在收到申请书后15日内向张某某以书面形式公开工艺品公司自2008年1月至今的会计账簿，以便维护张某某自身的股东权益。上述申请书以邮寄方式送达工艺品公司，并于2010年10月8日被签收。

2011年10月24日，工艺品公司书面回复张某某：你于2010年4月受让马某某持有的工艺品公司的股权，你所称公司自成立以来未向股东公开过会计

账簿与事实不符。另，你申请查账的目的不明确，请继续书面说明目的。

原告张某某向人民法院提起诉讼，请求：（1）要求查阅工艺品公司自2008年1月1日至今的财务报告和会计账簿；（2）请求法院判令工艺品公司负担诉讼费用。

二、审理结果

一审法院经审理认为：张某某作为工艺品公司的股东，是股东知情权的权利主体，可以依照法律的有关规定行使股东知情权。所谓股东知情权的“依法行使”是指，知情权的对象以及股东获得有关信息的方式，均应当严格按照法律的规定作出界定。此外，法院在判定股东行使知情权的具体程度时，既应当保障该权利的落实，也应当避免股东过度行使知情权对于公司经营活动及正当利益的损害。

《中华人民共和国公司法》（以下简称《公司法》）第34条第1款规定：“股东有权查阅、复制公司章程、股东会会议记录、董事会会议决议、监事会会议决议和财务会计报告。”上述法律规定中与此案争议有关者为公司的财务会计报告。张某某要求查阅工艺品公司自2008年1月1日起至今的财务报告，该项诉讼请求与《公司法》的上述规定完全吻合。张某某虽然于2010年4月方基于受让工艺品公司原股东马某某的出资而成为工艺品公司的股东，但是考虑到公司之财务会计报告具有相当的公开性（需要向税务机关提交、参加企业年检时也需要向工商行政管理机关提交），且该财务会计报告仅能在宏观上反映公司的总体经营状况，而不过于详细地反映公司的交易细节，因此该院判定张某某查阅工艺品公司之财务会计报告的行为严重损害工艺品公司之经营活动、经济利益、商业秘密的可能性可以排除。基于上述分析，该院支持张某某要求查阅工艺品公司自2008年1月1日起至今（法庭辩论终结的2011年11月28日）的全部财务会计报告的诉讼请求。

《公司法》第34条第2款规定：“股东可以要求查阅公司会计账簿。股东要求查阅公司会计账簿的，应当向公司提出书面请求，说明目的。公司有合理根据认为股东查阅会计账簿有不正当目的，可能损害公司合法利益的，可以拒绝提供查阅，并应当自股东提出书面请求之日起十五日内书面答复股东并说明理由。公司拒绝提供查阅的，股东可以请求人民法院要求公司提供查阅。”依据上述法律规定可知，针对公司之会计账簿的股东知情权并非不受限制。《公司法》第34条第2款所采用的文字表述是“可以要求查阅会计账簿”，而第34条第1款所采用的文字表述是“有权查阅、复制财务会计报告”，上述两款所采用的文字表述的差别，充分表达了法律限制股东查阅公司会计账簿的立法导向。此外，《公司法》第 34 条第 2 款所规定的“公司有合理根据认为股东查阅会计账簿有不正当目的，可能损害公司合法利益的，可以拒绝提供查阅”的内容，同样表达了限制股东查阅公司会计账簿、将“有合理依据即可拒绝查阅”的权利赋予公司的法意内涵。在衡量“股东可以要求查阅”与“公司有合理根据可以拒绝查阅”之权利冲突时，核心标准并不在于争议双方的强势与弱势、对于公司经营的控制与控制不能，甚至不在于股东是否了解公司的具体经营细节，而在于股东一旦行使上述权利是否会（或者是否有可能）损害公司的利益。在此过程中，保护公司的经营活动以及与此有关的商业信息和商业秘密，相对于保护股东的知情权更为重要。一旦公司向法院提交证据的证明作用占据优势地位，法院即应当支持公司的拒绝查阅之决定。就此案而言，张某某的妻子、儿子、女儿、儿媳另行出资设立了与工艺品公司的经营项目非常近似的禄展公司。上述人员作为张某某的家庭成员与近亲属，无疑与张某某具有共同的财产利益。进而，禄展公司的经营利益，基于其股东与张某某的亲属关系，与张某某之间形成了利益链条。同时，禄展公司与工艺品公司之间基于经营项目的近似性，形成了在同一市场之中的竞争关系。禄展公司一旦获悉工艺品公司的市场信息、客户信息、价格信息等具有商业秘密性质的信息，将在与工艺品公司的竞争中处于有利地位并相应损害工艺品公司的利益。而工艺品公司上述具有商业秘密性质的信息资料，在该公司的会计账簿中均有记载。基于上述情形该院判定，一旦允许张某某查阅工艺品公司的会计账簿，将有可能（并非绝对）造成工艺品公司的竞争对手知晓工艺品公司的商业秘密，进而损害工艺品公司的利益。法院在审理活动中，对于上述因股东查阅公司之会计账簿而损害公司利益的可能性，应当予以防止。

综上，一审法院支持张某某查阅工艺品公司之财务会计报告的要求，但不支持张某某查阅工艺品公司之会计账簿的要求。依照《公司法》第 34 条的规定，判决：（1）工艺品公司于判决生效后 10 日内备置该公司自 2008 年 1 月 1 日起至 2011 年 11 月 28 日止的财务会计报告供张某某查阅；（2）驳回张某某的其他诉讼请求。

张某某不服一审法院判决，提起上诉。其主要上诉理由是：（1）一审判决认定张某某与禄展公司形成利益链条，推定张某某查阅工艺品公司的会计账簿可能损害公司利益，该认定缺乏事实及法律依据。第一，张某某并非禄展公司股东，其股东是张某某的亲属，各方之间均为独立的民事主体，张某某在禄展公司没有财产利益，与禄展公司没有法律上的联系。第二，禄展公司的设立，正是由于工艺品公司长期不向其小股东公开账目，是其小股东无法维护自身权益的无奈之举，并非为与工艺品公司争抢客户而设立。第三，一审判决忽视了景泰蓝行业的特殊性，应予纠正。工艺品公司主要生产、销售景泰蓝工艺品，产品的价值很大程度上取决于其设计者在业内的地位和影响。工艺品公司在出售产品时一般附有张某某签署的收藏证书。张某某作为国家认定的国家级非物质文化遗产项目景泰蓝制作技艺的代表性传承人、亚太地区手工艺大师，其签署的收藏证书能够极大提升产品价格，工艺品公司在营销时亦以张某某为产品设计者作为宣传的重要内容，而大部分客户亦是看中了张某某的技术、资源对产品价值的保证及提升作用。张某某实际了解工艺品公司的客户，不存在抢夺客户的必要，查阅账簿是为了解工艺品公司在使用张某某签署的收藏证书及其他资源出售产品时的销量、价格和利润，以便维护自身权益。（2）张某某申请查阅工艺品公司的会计账簿，是为了解公司的经营情况，以便维护自身合法权益，这是法律赋予张某某的正当股东权利，是张某某行使诸如利润分配请求权等其他股东权利的基础。由于工艺品公司被大股东控制，长期不向张某某公开公司账簿，导致张某某无法了解公司经营情况。对工艺品公司这样一家由张某某出资并主要依靠张某某技术与业界声誉和资源所运营的公司，张某某却不了解其每年的库存、销量、收入及利润，更无法取得收益。在无法查阅会计账簿的情况下，对公司的真实情况根本无从知晓。综上，张某某上诉请求：（1）撤销一审判决第2项，改判工艺品公司提供2008年1月1日至今的会计账簿以便张某某查阅；（2）判令工艺品公司负担本案全部诉讼费用。

二审法院经审理判决驳回上诉，维持原判。

三、意见

本案中，张某某申请查阅工艺品公司会计账簿的要求是否具有正当目的是双方当事人的争议焦点。《公司法》第34条第2款规定："股东可以要求查阅公司会计账簿。股东要求查阅公司会计账簿的，应当向公司提出书面请求，说明目的。公司有合理根据认为股东查阅会计账簿有不正当目的，可能损害公司合法利益的，可以拒绝提供查阅，并应当自股东提出书面请求之日起十五日内书面答复股东并说明理由。公司拒绝提供查阅的，股东可以请求人民法院要求公司提供查阅。"但是针对前述法律条款中"正当目的"、"损害公司合法利益"如何界定，现行法律和司法解释中尚未作出明确的规定。对此合议庭在案件评议过程中形成了两种截然不同的观点。

一种观点认为，依照《公司法》第34条第2款以及北京市高级人民法院《关于审理公司纠纷案件若干问题的指导意见》第18条之规定，股东向公司要求查阅会计账簿的，应当说明目的以及同所要求查阅内容具有何种关系，公司认为股东查阅会计账簿具有不正当目的而拒绝查阅的，应当承担相应的举证责任。具体到本案中，张某某的妻子、儿女和儿媳共同出资成立了与工艺品公司具有相同经营范围（销售景泰蓝工艺品）的禄展公司，两公司之间的同业竞争关系是客观查明的事实。基于张某某同禄展公司股东之间的特殊身份关系，若支持张某某查阅工艺品公司会计账簿的诉讼请求，则很有可能导致该账簿中具有商业秘密性质的信息为禄展公司所知悉，进而侵犯到工艺品公司的商业利益。此外，虽然张某某在业内“景泰蓝工艺美术大师”的杰出地位是双方共同认可的事实，并且张某某据此主张对其设计的景泰蓝工艺品具有定价权，且禄展公司已经享有等同于工艺品公司的客户资源，张某某所关心的仅仅是工艺品公司产品的销量，无须掌握账簿中有关产品价格和客户方面的信息，进而也不会损害公司利益。但是依照前述事实及主张并不能推断出张某某已经完全掌握工艺品公司的所有商业信息且完全排除其查账不具有正当目的的可能。因此，鉴于张某某同禄展公司之间的关联关系，支持张某某的查阅公司会计账簿诉请即有可能损害公司的利益，一审判决驳回张某某该项诉讼请求并无不当，二审应予维持。

另一种观点则认为，张某某要求查阅公司会计账簿的诉讼请求应当得到支持，理由有二：首先，从《公司法》第 34 条第 2 款的立法本意上来看，其意在兼顾股东和公司的利益。在股东查阅会计账簿行为不损害公司利益的前提下，应当准许股东查阅公司会计账簿。具体到本案中，工艺品公司章程中对于股东近亲属开设经营范围类似的公司并没有禁止性的规定，且张某某已经说明了其查账的目的是为了了解工艺品公司产品的销量。张某某持有公司 40% 的股份，而工艺品公司却从张某某受让股权至今从未有过分红，若仅以张某某近亲属开办了禄展公司的事实，进而认定不能排除张某某的不正当目的而不支持其查账的诉讼请求，不仅对于股东的要求显得过于苛刻，亦会导致股东的其他权利（诸如利润分配请求权）难以实现，不利于股东权利的保护。其次，对于张某某在景泰蓝行业业内的声望和地位双方当事人都予以认可。如果在客观上可以查明张某某的业内地位足以影响到产品的定价以及客户流向，那么工艺品公司所声称的查账行为侵犯公司商业秘密的理由则不能成立。综上，张某某的诉请应当得到支持。

合议庭最终采纳了第一种意见，鉴于股东和公司实际管理人之间所掌握的公司财务信息的不对称，申请查阅公司会计账簿是股东行使法定知情权的重要组成部分，亦是股东权益受到侵害时维护自身合法权益，采取其他维权举措的基础和前提。《公司法》第 34 条第 2 款对于股东要求查阅公司会计账簿所规定的要件，即“第一提出书面请求、第二说明查账目的、第三不损害公司利益”，亦符合国际上的相关立法惯例。因此，查明股东申请查账的书面形式、目的以及该目的正当与否、是否会损害公司利益，是审理该类案件的核心问题。公司有证据证明股东查阅公司会计账簿偏离了其正当目的，或者存在损害公司权益可能的（是可能而非必然，但这种可能应当是客观、实然的），应当判决驳回股东的查账诉请。本案中，针对张某某申请查阅公司会计账簿的形式要件，双方都持认可的意见，即“提出书面请求”；针对查账的目的，张某某在庭审中明确了其查阅公司会计账簿的目的在于了解工艺品同相关客户销售产品的数量、价格和利润，进而查明可分配利润，该目的明确且符合同股东地位应享有利益具有直接联系的条件；然而针对是否会损害公司利益的问题，承担举证责任的工艺品公司举证证明了张某某近亲属开办了禄展公司、禄展公司经营同工艺品公司相同业务的事实，以及两公司在客观上必然存在业务竞争的可能。因此，若允许张某某查阅工艺品公司的会计账簿，则有可能导致竞争对手知悉其商业秘密，将有损害工艺品公司的利益可能。最后，合议庭多数意见认为张某某查阅工艺品公司会计账簿的行为可能有损公司利益，其查账请求不应得到支持，故判决驳回上诉，维持原判。

在司法实践过程中，对于《公司法》第 34 条第 2 款的适用应当兼顾公司股东和公司的利益，这一点亦是该法律条款的立法本意。因此，在法律适用过程中并不存在凌驾于公司利益之上的股东知情权，保障公司权益不受损害和股东知情权不受侵犯两者应当是互为前提的关系。股东向人民法院起诉请求查阅公司会计账簿，业已提出书面申请，且明确说明合理目的遭到公司拒绝的，公司不能就“目的不当”以及查账行为“损害公司合法利益”充分举证的，应当支持股东的诉讼请求；而当公司举证且法院查明股东查阅公司账簿的行为可能给公司带来利益上的损害时，虽然仅仅是一种可能，但针对这种可能性，法院在审理该类案件中亦应当予以防止。

综上，一审、二审法院的判决是正确的。

31. 农村土地承包权继承问题的法律适用

原告：房某福

被告：房某江、房某平、房某双

一、案情

房某与温某系夫妻关系，两人共生育5名子女：长子房某福、次子房某江、三子房某平、长女房某双、次女房某明（已死亡）。房某、温某生前有自留地0.2亩，一直由两人使用。1994年1月，房某与村经济合作社签订《散生果树承包合同》承包该村果树地5亩。同年，温某死亡。1998年，村经济合作社以房某个人为一户单位分给其口粮田0.33亩。2009年1月，房某订立遗嘱，将上述果树地5亩、口粮田0.33亩及自留地0.2亩的承包经营权全部由长子房某福个人继承。2010年9月，房某死亡。2011年12月，房某福起诉至法院要求按遗嘱继承上述土地的承包经营权。审理中，房某明（已去世）之继承人放弃了对上述内容的继承权；房某江、房某平、房某双均否认遗嘱的真实性并要求等额继承其母亲温某的上述农村土地承包经营权。

二、审理结果

一审法院经审理认为，公民可以订立遗嘱处分个人财产，但因口粮田和自留地不属于房某遗产范围，故房某遗嘱中对口粮田、自留地的处分无效，应由该村集体经济组织进行处理；本案诉争的果树地系房某、温某以家庭联产形式承包，根据规定，温某去世后其份额由房某继续经营管理，故房某有权对果树地的承包经营权作出处理。房某江、房某平、房某双虽否认遗嘱的真实性，但不能就此提供相关证据。故法院判决：（1）房某福对诉争的5亩果树地在承包经营期限内享有承包经营权。（2）驳回房某福其他诉讼请求。判决后，双方均未上诉，判决已生效。

三、意见

本案争议的焦点是自留地、口粮田、果林地的承包经营权在原承包人死亡后能否直接由继承人继承。在这个问题的处理上，一直存在两种截然相反的观点：一种观点认为在原承包人死亡后，无论是口粮田、自留地，还是果林地都可以直接由其继承人继续经营管理；另一种观点则认为果林地的承包经营权可以继承，但自留地、口粮田的承包经营权则不适用继承法的相关规定，不能由法院直接作出处理。

实际上，对于农村土地承包经营权的继承问题，《中华人民共和国农村土地承包法》（以下简称《农村土地承包法》）第31条已经有所规定：“承包人应得的承包收益依照继承法的规定继承。林地承包的承包人死亡，其继承人可以在承包期内继续承包”。我国农业部《关于发布审理涉及农村土地承包纠纷案件适用法律问题的若干规定的通知》第34条第（1）～（2）项规定：“因土地承包经营权产生的继承问题，按照以下原则处理：（1）家庭承包的，家庭成员之一死亡的，不发生土地承包经营权继承问题，承包地由家庭其他成员继续承包经营。家庭成员全部死亡的，该土地承包经营权消灭。但承包地为林地的除外；（2）其他方式承包中的承包方为自然人的，其继承人取得土地承包经营权。”此外，北京市高级人民法院就家庭成员内部之间对农村土地承包经营权纠纷的受理问题亦作出过规定：“家庭内部成员身份发生变化，就土地承包经营权分割产生的纠纷，属于家庭成员之间的析产纠纷，应当依法受理。”以上法律法规包含四个方面的涵义：（1）因农村土地承包经营权所产生的收益是遗产范围，应当按照《继承法》相关规定由继承人继承。（2）以家庭联产承包方式进行承包的耕地、草地，承包时是以“户”为一个单位。因此，在“承包户”内某个家庭成员死亡并不就此产生继承，但可以由其他在世的家庭成员继续经营，其他家庭成员因此产生争议的可以形成析产纠纷而不是继承纠纷。（3）对林地的继承权不是因适用《继承法》而产生，而是《农村土地承包法》的特别规定。（4）对林地的继承也是在林地承包合同中的家庭成员全部死亡后产生，仅是其中一人死亡的，不发生继承问题。

在此需要注意的是，无论是农业部《关于发布审理涉及农村土地承包纠纷案件适用法律问题的若干规定的通知》还是北京市高级人民法院《关于涉农纠纷受理问题的指导意见》，其中所载明的“家庭成员”并非泛指所有家庭成员，而是特指在签订承包经营合同时所确定为“户”内的家庭成员。对于以上“家庭成员”的理解至关重要，也是导致农村土地承包经营权继承纠纷产生分歧的关键所在。所有关于农村土地承包经营权的政策性规定，诸如“在承包期内，增人不增地、减人不减地”；“国家依法保护农村土地承包关系的长期稳定”等都是针对“户”内家庭成员而非“所有”家庭成员而言的。此家庭成员非彼家庭成员，但由于人们普遍将“户”内家庭成员等同于“所有”家庭成员，加之几乎所有的村经济组织在承包户人员全部死亡后，都没有采取收回土地的行为，从而导致人们长期以来就形成一种错误的观点：即根据增人不增地、减人不减地的政策就想当然地认为所有农村土地承包经营权在承包期内都是可以继承的。

《农村土地承包法》第26条明确规定：“承包期内，发包方不得收回承包地。承包方全家迁入小城镇落户的，应当按照承包方的意愿保留土地承包经营权。承包方全家迁入设区的市转为非农业户口的，应当将承包的耕地和草地交回发包方。”那么如何确定“户”内家庭成员呢？或者说，大多承包合同中的承包方只载明一个人，那么如何确定该承包合同中的“户”内家庭成员呢？实践中，在承包合同附件或村经济组织登记簿上都会有承包给“几口人”的记载。有的父母与子女共同作为一户进行承包；有的则父母为一户，子女为另一户。具体到本案中，《散生果树承包合同》承包方虽系房某一人，但在合同后面明确载明为2人，故该份合同中约定的户内家庭成员应当包括房某、温某夫妻2人。在温某死亡后，温某果林地的承包经营权自然归到户内其他家庭成员—即丈夫房某名下继续经营。但此时，温某的继承人并不能对温某所承包的果林地份额进行继承，因为这份《散生果树承包合同》的其他承包成员仍然在世。因此在本继承纠纷诉讼中，三被告主张应先对母亲温某所承包份额进行继承的意见，法院是不能采纳的。那么，在房某死亡后，这幅土地承包经营权是自然消灭还是发生继承呢？这个问题关键在于对果林地的性质如何认定，如果认定为林地就产生继承，否则承包经营权消失。对果林地的性质，我们普遍认为应该认定为林地。也因此，在房某死亡前对相应土地承包经营权作出的意思表示，法院是确认有效并依此作出了“在承包经营期内由原告房某福继续经营管理此幅土地”的判决。同时根据以上法律规定，在房某签订《口粮田承包合同》时，其妻温某已经死亡，在该份承包合同后面可以查明该承包户为房某1人，即该承包合同中的“户”内家庭成员仅房某1人。在房某死亡后，承包户就已经不存在了，那么承包经营权也就因此而消灭了。也因此，在房某死亡前对其口粮田承包经营权的处理是无权且无效的，法院据此驳回了原告房某福要求依据房某遗嘱继承口粮田承包经营权的这项诉讼请求。

在本案中，还涉及对自留地的继承问题。自留地，早在我国解放初期就已经存在，是国家为了解决农村家庭种植蔬菜或其他作物而留给农民家庭长期使用的土地，通常会在使用人房前、屋后或房屋周边地带。那么，自留地可以继承吗？《农村土地承包法》并没有关于自留地的相关规定，但我国司法部早在《关于办理几项主要公证行为的试行办法》中就已经进行了明确：即“自留地不能作为遗产的范围进行分割”。因此，我们在对《农村土地承包法》第31条关于土地承包经营权继承的适用范围上不能做扩大解释，即土地承包经营权的继承问题仅限于林地。

综上，一审判断是正确的。

32. 超出刑事和解适用范围达成的和解协议无效

原告：臧某，北京燃气公司退休职工

被告：童某，北京满心营养餐有限公司职员

一、案情

2008年1月31日，童某给臧某出具承诺书，承诺将其名下位于北京市海淀区索家坟31号楼701室房屋的房产证抵押给臧某，并保证在2008年3月20日替其妹妹童妹还清220万元欠款，如到期未还清，该房产由臧某处置。2008年4月25日，童某又给臧某出具了承诺书，承诺于2008年4月25日至5月12日将上述房屋出卖后所得房款全部用于归还欠臧某的款项，如在规定时间内未能售出住房，童某将该房过户至臧某名下，过户费用由童某承担。2008年5月23日，童某未能偿还臧某的欠款，遂与臧某之妻耿某签订了《北京市存量房屋买卖合同》，将上述房屋过户给耿某。北京市海淀区建设委员会给耿某颁发了房屋所有权证。后童某之妻将童某及耿某诉至法院，要求确认上述房屋买卖合同无效。法院在耿某经公告传唤未到庭的情况下，缺席判决上述房屋买卖合同无效。2009年7月1日，北京市住房和城乡建设委员会依据上述判决决定撤销耿某申请办理的房屋登记。

另查，2009年6月18日，法院认定童妹骗取臧某127万元，以诈骗罪判处童妹有期徒刑10年6个月。

因童某未向臧某归还欠款，亦未将上述房屋过户。臧某诉至法院，称：童某书面承诺将其位于索家坟31栋701号房屋出售后的房款交付以为其妹妹偿还欠款。现承诺期限已过，要求童某协助办理上述房屋的过户手续，并承担诉讼费。

童某辩称：2008年5月房屋已过户给臧某的妻子了。后来因为这套房子是我和妻子女儿的共同财产，所以他们起诉要求确认合同无效，法院判决支持了他们的诉讼请求，房屋过户登记被撤销。本来我是为了帮助我妹妹，但现在她已经被判刑，故不同意臧某的诉讼请求。

二、审理结果

一审法院经审理认为，童某给臧某出具的承诺书证明了童某系童妹所欠臧某债务的连带责任保证人，在债务未获清偿时，其负有向臧某偿还欠款的义务。双方对于还款期限及偿还方式的协议系双方真实意思表示，且无违反法律、行政法规的强制性规定及损害国家、集体或者第三人利益、社会公共利益的内容，故该协议有效，童某应遵照约定履行义务。夫妻关系存续期间夫妻任何一方所负的债务都应以夫妻共同财产清偿。现臧某要求童某协助其办理房屋过户手续理由正当，应予支持。故依据《合同法》第 107 条的规定，判决童某协助臧某办理海淀区索家坟 31 号楼 701 号房屋的产权过户手续。童某不服一审判决，提出上诉。二审法院以同样理由判决驳回童某的上诉，维持原判。

后童某向法院申请再审，称：童某向臧某出具的承诺书，是在为避免童妹承担刑事责任的前提下作出的，均系受胁迫所致；且其性质应为抵押合同，该抵押合同的内容和担保范围违反担保法强制性规定，应属无效。原、终审判决认定事实不清，适用法律错误，请求撤销终审判决，驳回臧某的诉讼请求。

再审法院确认原审查明的事实。另查明，童某与臧某均认可童某于 2008 年 1 月 31 日及 2008 年 4 月 25 日出具承诺书的目的是使童妹免予追究刑事责任。

再审法院认为，公民的合法的民事权益受法律保护，民事活动必须遵守法律规定。童某向臧某出具承诺书，承诺限期替童妹偿还欠款，双方当事人均认可 2008 年 4 月 25 日的承诺书是在出具 2008 年 1 月 31 日的承诺书之后无法还清欠款的情况下出具的，故两份承诺书系前后承继关系。根据法律规定，第三人单方以书面形式向债权人出具担保书，债权人接受且未提出异议的，保证合同成立。故涉案承诺书系连带责任保证合同。童某出具两承诺书的目的是使童妹免予追究刑事责任，承诺书合同目的违法，系以合法形式掩盖非法目的，故两涉案承诺书无效。臧某依据无效承诺书要求童某协助其办理诉争房屋过户手续，缺乏法律依据，故不予支持。综上，依据《民事诉讼法》第 186 条、第 153 条第 1 款第（3）项，《合同法》第 52 条第（3）项，最高人民法院《关于适用〈中华人民共和国担保法〉若干问题的解释》第 22 条第 1 款的规定，判决撤销一审、二审判决，驳回臧某的诉讼请求。

三、意见

童某给臧某出具的承诺书的效力问题是本案争议的焦点问题。再审法院之所以认定承诺书无效，除了因为涉案房产应属童某与其妻子、女儿的共同财产，童某对房屋的擅自处分侵害了房产共有人的合法权益之外，双方当事人的约定超出了允许当事人采取刑事和解的范围，且未经司法机关确认是导致本案承诺书无效的主要原因。

刑事和解制度是我国司法领域落实宽严相济的刑事政策、构建和谐社会的一项制度创新，是我国当下司法改革的热点话题。刑事和解是指在刑事诉讼中，加害人以认罪、赔偿、道歉等形式与被害人达成和解后，国家司法机关对加害人免除刑事处罚或者从轻、减轻处罚的一种制度。目前，刑事和解主要适用于有被害人的轻微刑事案件（可能判处三年以下有期徒刑、拘役、管制刑的案件）、未成年人犯罪案件、成年人犯罪中的初犯、偶犯、过失犯，还有与被害人之间存在亲属、邻里、同事、同学等特殊关系的犯罪人案件。

司法实践中，刑事和解大致可以分为加害方与被害方自行和解、司法调解、人民调解委员会调解三种模式。加害方与被害方自行和解达成的协议需要经过司法机关的审查和认可。司法机关主要审查和解协议的合法性，即协议内容在现行法律认可的范围内，没有违反法律的强制性规定；公正性，即协议的条件合理，双方当事人利益衡平；可行性，即协议关于道歉、赔偿的内容能够实际履行。只有符合上述条件，才能认定和解协议的效力。

本案中，童某与臧某均认可童某出具承诺书的目的是使童妹免予追究刑事责任，双方基于这一目的达成协议。童妹被法院以诈骗罪判处 10 年以上有期徒刑，其所犯罪行的严重程度显然不能适用刑事和解。童某与臧某订立合同的目的超出了允许当事人采取刑事和解的范围，该协议未经司法机关的审查和确认，且无法实际履行，因此承诺书应认定无效。

综上所述，再审认定涉案承诺书无效，改判驳回臧某的诉讼请求是正确的。

33. 第三人已经支付全部价款并实际占有被执行人名下的房屋但未办理过户登记手续的，如果第三人对此没有过错，人民法院不得查封

原告：中国电能成套设备有限公司

被告：中国华闻投资控股有限公司

被告：北京胜古房地产开发有限责任公司

一、案情

因与东方极天公司就合作建房事宜存在债权债务关系，2002年11月11日，中国电能成套设备有限公司（以下简称电能公司）与北京胜古房地产开发有限责任公司（以下简称胜古公司）签订《结算协议书》，约定胜古公司代东方极天公司履行债务，以其所有的胜古家园的房产抵偿应付给电能公司的277.33万元款项，按每平方米7 000元计算，胜古家园应将395平方米的房产过户给电能公司。2005年10月8日，电能公司与胜古公司签订《商品房买卖合同》、《〈商品房买卖合同〉之补充协议》、《补充协议之付款方式》，约定电能公司以每平方米7 000元的价格购买胜古家园3号楼E座1404号（面积159.02平方米）、胜古家园3号楼E座2002号（面积159.02平方米）房屋，总价款2 226 280元。此后胜古公司将该两套房屋交付电能公司，电能公司分配给其职工使用。

2003年10月，胜古公司取得胜古家园3号楼的《房屋所有权证》，但胜古公司将包括涉案房屋在内的若干套房屋抵押给交通银行北京分行和平里支行。2007年11月12日该行向产权登记机关出具《证明》，表示允许包括本案涉案房屋在内的16套房屋上市销售。

另查明，中国华闻投资控股有限公司（以下简称华闻公司）与胜古公司保证合同纠纷一案，北京市第二中级人民法院于2007年3月29日作出〔2007〕二中民初字第00092号民事判决书，判决胜古公司限期偿还华闻公司欠款5 000万元并赔偿华闻公司利息损失、向华闻公司偿还诉讼费用289 759元。判决生效后，华闻公司向该院申请强制执行。在执行过程中，该院于2009年8月27日查封北京市朝阳区胜古家园3号楼E座1404号、2002号房屋。此后电能公司向该院提出执行异议申请，经审查该院裁定驳回电能公司的

异议申请，电能公司遂提起本案诉讼，请求确认该公司为胜古家园3号楼E座1404号、2002号房产的所有权人，并对上述房屋解除查封、停止执行。

华闻公司辩称：涉案房屋到目前为止产权仍登记在胜古公司名下，因此产权属于胜古公司所有，电能公司至今尚未取得该房屋的所有权。依照现在的情况，电能公司将来也不可能取得房屋的所有权，因为在电能公司购房之前该房屋已存在合法登记的抵押权，电能公司是在明知有抵押权的情况下购买该房屋，其可以预见这种结果。此后我公司与胜古公司发生纠纷，我公司申请采取了查封措施。电能公司不能取得房屋的所有权自身存在过错，其购买房屋的时候价格明显低于市场价值，而且购买之后电能公司没有主张所有权，最终导致目前的情况。因此我公司不同意电能公司的诉讼请求。

胜古公司经合法传唤未到庭参加诉讼，亦未提交书面意见。

二、审理结果

一审法院经审理认为：根据本案现查明的事实，虽然电能公司与胜古公司签订《商品房买卖合同》及相应补充协议时涉案房屋处于抵押状态，但此后抵押权人已书面同意该房屋对外销售，因此已经弥补原合同就效力问题可能存在的瑕疵，该《商品房买卖合同》及其补充协议合法有效。但上述合同的效力与当事人是否取得涉案房屋的所有权为不同的法律关系。我国物权法规定不动产物权采取登记生效原则，因此，当事人以订立房屋买卖合同方式转移物权，应当在所有权转移登记手续完成后，买受人才取得相应房屋的所有权。在买卖合同履行过程中，买受人与出卖人之间尚未完成标的物的权属转移登记手续之前，双方之间存在的是债的法律关系，此时买受人仅依据买卖合同迳行主张确认其对于相应房屋享有所有权，缺乏法律依据。基于上述分析，法院对于电能公司要求确认涉案房屋归其所有的诉讼主张不予支持。

同时法院注意到，电能公司作为涉案房屋的买受人，于法院查封之前已通过抵消债务的方式支付了合理对价，并已实际占有该房屋。诉讼中华闻公司称电能公司与胜古公司之间签订的《商品房买卖合同》中约定的交易价格低于正常市场价值，就此电能公司予以否认，华闻公司就其上述陈述亦未能提交证据予以证明，故法院对华闻公司关于电能公司并非善意的诉讼意见不予采信。最高人民法院《关于人民法院民事执行中查封、扣押、冻结财产的规定》第17条规定："被执行人将其所有的需要办理过户登记的财产出卖给第三人，第三人已经支付部分或者全部价款并实际占有该财产，但尚未办理产权过户登记手续的，人民法院可以查封、扣押、冻结；第三人已经支付全部价款并实际占有，但未办理过户登记手续的，如果第三人对此没有过错，人民法院不得查封、扣押、冻结。”根据现有证据，不足以证明电能公司在本案中存在过错。因此，依据上述规定，电能公司诉请停止对涉案房屋所采取的执行措施，理由充分，对其该项请求应予支持。故一审法院依据《物权法》第14条、最高人民法院《关于人民法院民事执行中查封、扣押、冻结财产的规定》第17条、《民事诉讼法》第130条的规定作出如下判决：（1）停止〔2007〕二中执字第1809号执行案件对北京市朝阳区胜古家园3号楼E座1404、2002号房屋的执行；（2）驳回电能公司的其他诉讼请求。

一审判决宣判后，华闻公司不服并提起上诉，请求依法改判驳回电能公司的全部诉讼请求，主要理由如下：（1）原审判决既然确认电能公司对涉案房屋不享有物权，该公司也就无权就该房屋所采取的执行措施提出异议；原审判决自相矛盾。（2）电能公司在明知涉案房屋已设定抵押的情况下仍因房屋价格低廉而购买该房，应当完全能够预见该抵押权可能导致的风险，故该公司自身存在过错，应当承担相应的不利后果。电能公司同意原审判决。

二审法院经审理认为：电能公司与胜古公司签订的《商品房买卖合同》及补充协议等合法有效，各方均应依约履行。根据双方约定，电能公司以债务抵消的方式支付了涉案房屋的对价，即享有向胜古公司主张办理该房屋产权过户登记手续的权利。因该权利属债权，在胜古公司尚未办理该产权过户登记手续的情况下，法院无权确认涉案房屋的物权归电能公司享有。华闻公司上诉主张电能公司对涉案房屋不享有物权，故无权就房屋所采取的执行措施提出异议。因执行案件的案外人对执行标的物提出书面异议不以物权或所有权为限，华闻公司的该项上诉主张无法律依据，法院不予支持；华闻公司同时提出电能公司自身存在过错，认为电能公司在明知涉案房屋已设定抵押权的情况下仍因房屋价格低廉而购买，应当完全能够预见该抵押权可能导致的风险，应承担不利后果。本案涉案房屋虽设定抵押，但抵押权人并非华闻公司，该抵押权是否行使，以及该抵押权行使是否会对电能公司的合同权利发生影响，既与华闻公司无关联，也与华闻公司依据生效判决确认的一般债权对胜古公司申请执行无关联，华闻公司作为一般债权人，其关于电能公司应就涉案房屋设定抵押的情况自行承担责任的上诉主张，是对抵押法律关系主体和执行依据的混淆，法院不予支持。电能公司与华闻公司均对胜古公司享有债权，但电能公司所享有的合同权利为取得涉案房屋所有权，相关合同约定明确且该债权成立在先；华闻公司对胜古公司所享有的债权虽为生效判决所确认，但该债权仅为一般债权，债权内容为清偿欠款及承担诉讼费用，并未明确指向涉案房屋。特别是考虑电能公司已经实际占有、使用涉案房屋多年的实际情况，原审法院判令停止对涉案房屋执行并无不妥。综上，二审法院依照《民事诉讼法》第153条第1款第

（1）项的规定作出判决：驳回上诉、维持原判。

三、意见

本案主要涉及两个争议焦点：一是电能公司能否请求确认其为涉案房屋的所有权人；二是电能公司能否请求停止对涉案房屋的执行。对此，我们结合案情分析如下。

（一）电能公司无权请求确认其为涉案房屋的所有权人

电能公司与胜古公司签订的《商品房买卖合同》及补充协议等合法有效，各方均应依约履行。根据双方约定，电能公司以债务抵消的方式支付了涉案房屋的对价，享有向胜古公司主张办理该房屋产权过户登记手续的权利，但该权利属于债权，即请求权。《中华人民共和国物权法》（以下简称《物权法》）第 9 条规定：“不动产物权的设立、变更、转让和消灭，经依法登记，发生效力；未经登记，不发生效力，但法律另有规定的除外。”在尚未办理该产权过户登记手续的情况下，电能公司并未取得涉案房屋的所有权，故无权请求确认其为涉案房屋的所有权人。

（二）电能公司有权请求停止对涉案房屋的执行

涉案财产仍在胜古公司名下，本应作为执行财产，但最高人民法院《关于人民法院民事执行中查封、扣押、冻结财产的规定》第 17 条规定：“被执行人将其所有的需要办理过户登记的财产出卖给第三人，第三人已经支付部分或者全部价款并实际占有该财产，但尚未办理产权过户登记手续的，人民法院可以查封、扣押、冻结；第三人已经支付全部价款并实际占有，但未办理过户登记手续的，如果第三人对此没有过错，人民法院不得查封、扣押、冻结。”因此，本案的第二个问题实质上是能否适用该条规定后半段的内容。我们认为，电能公司作为涉案房屋的买受人，于法院查封之前已通过债务抵消的方式支付了合理对价，并已实际占有该房屋。诉讼中华闻公司称电能公司与胜古公司之间签订的《商品房买卖合同》中约定的交易价格低于正常市场价值，就此电能公司予以否认，华闻公司就其上述陈述亦未能提交证据予以证明，故法院难以认定电能公司存在过错。因执行案件的案外人对执行标的物提出书面异议不以物权或所有权为限，华闻公司关于电能公司对涉案房屋不享有物权、无权就该房屋所采取的执行措施提出异议的主张，无法律依据。涉案房屋虽设定抵押，但抵押权人并非华闻公司，该抵押权是否行使，以及该抵押权行使是否会对电能公司的合同权利发生影响，与华闻公司无关联，华闻公司作为一般债权人，其关于电能公司应就涉案房屋设定抵押的情况自行承担责任的上诉主张，是对抵押法律关系主体和执行依据的混淆，法院难以支持。因此，本案情形完全符合最高人民法院《关于人民法院民事执行中查封、扣押、冻结财产的规定》第17条的内容，电能公司有权请求停止对涉案房屋的执行。

综上，一审、二审法院的判决是正确的。

34. 应依据法律关系性质判断是否适用特殊地域管辖

原告：北京市世源城市建设综合开发公司
被告：海南凯立中部开发建设股份有限公司

一、案情

原告北京市世源城市建设综合开发公司（以下简称世源公司）系被告海南凯立中部开发建设股份有限公司（以下简称凯立公司）股东之一。世源公司起诉称，1995年11月29日，世源公司以汇款形式借给凯立公司人民币2 000万元。同日，凯立公司向世源公司出具了收据。因凯立公司未偿还借款，世源公司要求法院判令其偿还借款人民币2 000万元及利息。

世源公司主张与凯立公司之间存在借款合同法律关系，并提供了如下证据：(1) 凯立公司1995年11月29日出具的载明用途为“拨款”的“行政事业性收费专用收款收据”，收据中载明的转账数额为贰仟万元。(2) 中国工商银行北京北新桥支行出具的证明，该证明加盖了中国工商银行股份有限公司北京北新桥支行核算事项证明章。该证明主要内容为：“经查，1995年11月29日北京东城第二城市建设综合开发公司账号046244-94签发一张银行汇票，收款人：海南凯立中部开发建设股份有限公司，账号：7-02210203890。”

凯立公司提出管辖权异议，认为：(1) 本案依法应裁定不予受理。本案起诉时，世源公司明显没有符合借款合同纠纷类案件在立案时所应当提供的法定证据，不符合立案受理的法定条件；(2) 本案没有借款合同履行地。法院虽以“企业借贷纠纷”立案，但实际上世源公司、凯立公司之间根本没有发生过世源公司在起诉状中所陈述的借贷关系，就不存在借款合同履行地的问题。因此，本案不适用最高人民法院《关于如何确定借款合同履行地问题的批复》和《民事诉讼法》第24条关于履行地人民法院管辖的规定，故该法院对本案没有管辖权；(3) 本案依法应移送至海口市中级人民法院管辖。因世源公司起诉时，未能提供借款合同、汇款凭证、借据等证明借款合同关系成立和履行的基本事实，故本案应当适用《民事诉讼法》第22条第2款的规定，由被告住所地法院管辖。凯立公司的住所地在海南省海口市龙昆北路35号旭龙大厦三楼，故本案应当由海口市中级人民法院管辖。

二、审理结果

一审法院经审理认为，世源公司以借款合同纠纷对凯立公司提起诉讼，本案应由被告住所地或合同履行地的人民法院管辖。最高人民法院《关于如何确定借款合同履行地问题的批复》规定："除当事人另有约定外，确定贷款方所在地为合同履行地。"世源公司系贷款方，其所在地"北京市东城区隆福寺前街1号"应为合同履行地，属本院辖区范围内。故依照《民事诉讼法》第24条、第38条的规定，裁定驳回了凯立公司对本案管辖权提出的异议。

凯立公司不服一审裁定，提起上诉，其主要上诉理由为：本案不应按照借款合同纠纷确定案件管辖。依据最高人民法院《关于人民法院立案工作的暂行规定》、《关于人民法院审理借贷案件的若干意见》中的有关规定，世源公司起诉时应提供书面借据，无书面借据的，应提供必要的事实依据。本案中，世源公司只是提供了凯立公司出具的载明用途为"拨款"的"行政事业性收费专用收款收据"，而非借款收据，故本案不是借款合同纠纷，不应依据贷款方所在地确定案件管辖。

世源公司答辩称：就世源公司向凯立公司支付2000万元的事实，世源公司提交了中国工商银行出具的汇款证明以及凯立公司出具的收款收据。因企业间借贷不符合规定，所以凯立公司虽然出具的是拨款收据，但其实质就是借贷关系。本案应当依据借款合同法律关系，确定贷款方即世源公司所在地为合同履行地，并据以确定案件管辖。

二审法院经审理认为，世源公司提交的证据可以证明世源公司通过银行汇票形式向凯立公司汇过相关款项，但并不足以证明该笔款项的性质和用途为借款。凯立公司亦否认双方存在借款合同法律关系。因世源公司提交的证据尚不足以证明其主张双方存在借款合同法律关系，故本案不宜依据借款合同履行地确定案件管辖，而应依据一般地域管辖原则确定案件管辖。故依照《民事诉讼法》第22条第2款、第153条第1款第（3）项、第154条、第158条的规定，裁定撤销一审裁定，将本案移送海南省海口市中级人民法院处理。

三、意见

本案争议的焦点是：在管辖权异议程序中，原告依据起诉法律关系选择适用特殊地域管辖时，如何确定案件管辖。对此审判实践中有两种意见：一是不对原告起诉法律关系的性质作审查，直接依据该起诉法律关系确定案件管辖，如果经实体审理，原告起诉法律关系不存在，则裁定驳回起诉；二是法院应对案件法律关系性质进行审查，根据审查情况据以确定案件管辖。

笔者同意第二种意见，管辖权异议程序中应对据以确定案件管辖的相关事实进行审查，以准确确定案件管辖，避免审判资源浪费。如果原告依据起诉法律关系选择适用特殊地域管辖时，法院应在管辖权异议程序中对起诉法律关系的性质进行审查。当事人对纠纷法律关系性质的选择决定其程序上的权利义务。选择不同的法律关系起诉，据以确定特殊地域管辖的连接点也不同，原告因此享有管辖法院的选择权，但原告应当提供该法律关系存在的形式证据。本案中，世源公司主张与凯立公司之间存在借款合同关系，并依据借款合同关系，选择向贷款方所在地法院起诉。世源公司提供了如下证据：（1）凯立公司 1995 年 11 月 29 日出具的载明用途为“拨款”的“行政事业性收费专用收款收据”，收据中载明的转账数额为贰仟万元。（2）中国工商银行北京北新桥支行出具的证明，该证明加盖了中国工商银行股份有限公司北京北新桥支行核算事项证明章。该证明主要内容为：“经查，1995 年 11 月 29 日北京东城第二城市建设综合开发公司账号 046244-94 签发一张银行汇票，收款人：海南凯立中部开发建设股份有限公司，账号：7-02210203890。”本案中，世源公司提供的证据能够证明其通过银行汇票形式向凯立公司汇过相关款项，证明其对本案有诉的利益，但并不足以证明该笔款项的性质和用途为借款。在凯立公司否认双方存在借款法律关系的情况下，可以认定世源公司提交的证据尚不足以证明其主张双方存在借款合同法律关系。本案不宜依据特殊地域管辖原则中的借款合同履行地确定案件管辖，只能依据一般地域管辖原则中被告住所地确定案件管辖。

本案的处理也对立案审查中的管辖问题的确定具有示范效应。程序事项的确定需要必要的程序保障。立案审查内容为：原告是否与本案有直接利害关系、被告是否明确、是否有具体的诉讼请求和事实、理由以及是否属于法院主管和管辖等事项，上述事项因《民事诉讼法》的规定，成为程序性事项。对这些程序性事项的审查判断，会涉及法律关系等实体问题的认定。因此，需要在立案审查阶段设置双方当事人参与的程序保障，通过被告的答辩及对证据进行质证和认证，完成立案审查事项。以本案为例，原告提供的起诉证据能够证明其对本案有诉的利益，但就其主张的借款法律关系并不充分，如果被告参与到立案审查阶段中来，可以及时确定本诉的法律关系性质，及时审查本案是否属于本院管辖，如果被告自认，则本案系借款法律关系性质，并据此确定案件管辖，予以立案；如果被告否认，则原告提供借款法律关系的证据不充分，不能据此确定案件管辖，案件不属于本院管辖，则应作不予受理裁定。因此，立案诉讼服务改革中，在立案审查阶段，通过双方当事人的参与，及时确定起诉涉及的法律关系性质，可以节约诉讼成本和司法资源。

35. 仲裁条款适用范围的判断和处理原则

原告：苏州美恩超导有限公司

被告：华锐风电科技（集团）股份有限公司

一、案情

原告苏州美恩超导有限公司（以下简称美恩超导公司）系美国超导公司在中国投资的全资企业。美恩超导公司经母公司美国超导公司及其位于奥地利的子公司美国超导WINDTEC有限责任公司授权，自2008年1月1日起，以独占许可的方式，在中华人民共和国境内使用许可方独占性获取的授权权限包括但不限于制造权、销售权、转售权和服务权，并当许可方的上述软件受到侵害时，被许可方美恩超导公司可以自己的名义直接向中国有管辖权的法院起诉。

2008年5月27日，原告美恩超导公司与被告华锐风电科技（集团）股份有限公司（以下简称华锐风电公司）签署多份采购合同，约定由原告美恩超导公司为被告华锐风电公司定制SL1500型号和SL3000型号风力发电机组的电控核心部件和PLC电控软件及PM1000/PM3000变频器软件。

2011年6月，原告美恩超导公司发现被告华锐风电公司未经许可，在甘肃省酒泉市瓜州县中国水电顾问集团风电瓜州有限公司北大桥第一风电场中运行的风力发电机中安装了经过非法修改的风力发电机组PLC电控软件和PM3000变频器软件。后经调查发现，被告华锐风电公司仅在甘肃省范围内，未经许可已经在1000台风力发电机组上复制、安装、使用了非法修改的PLC电控软件和PM3000变频器软件。原告美恩超导公司以被告华锐风电公司的行为侵犯了原告美恩超导公司享有的风力发电机组电控软件著作权为由，提起侵犯计算机软件著作权诉讼，要求被告华锐风电公司停止侵权行为，赔偿损失。

华锐风电公司在一审期间提出管辖权异议，主要理由为：原被告双方在采购合同中约定有仲裁条款，具体内容为："因执行本合同所发生的或者与执行本合同有关的一切争议将由双方通过友好协商解决。如不能协商一致，则应对争议进行正式仲裁，并提交北京仲裁委员会并按照其仲裁规则通过仲裁加以解决。"原告美恩超导公司主张享有著作权的风力发电机组电控软件即PLC软件和PM3000软件（以下简称涉案软件）是采购合同项下的标的物，原告美恩超导公司诉讼中所提出的主张属于履行采购合同所发生的争议，故本案不属于法院主管范围，应当裁定驳回原告起诉。

二、审理结果

一审法院经审理认为，原告美恩超导公司提起的系侵犯计算机软件著作权纠纷，其诉讼理由主要为被告华锐风电公司擅自修改了涉案软件，并未经授权在风力发电机组中复制、安装并使用，本案中原告美恩超导公司指控被告华锐风电公司的侵权行为属于一种独立的民事争议，与采购合同的执行并无法律上的必然联系，并不是执行采购合同中发生的或者与执行本合同有关的争议，同时，双方签订的采购合同中并未对侵犯涉案软件著作权等知识产权侵权纠纷进行约定，因此，采购合同中的仲裁条款不能适用于本案争议，故依照《民事诉讼法》第140条第2款的规定作出裁定：驳回被告华锐风电公司对本案管辖权提出的异议的。

华锐风电公司不服，提出上诉。

二审法院经审理认为，根据采购合同约定的条款内容，本案涉及的侵犯著作权争议并不是双方当事人在采购合同中约定的“执行本合同所发生的或者与执行本合同有关的一切争议”，不受双方订立仲裁条款的约束，美恩超导公司有权向法院提起侵权之诉。故依照《民事诉讼法》第152条第1款、第153条第1款第（1）项、第154条、第158条的规定，裁定驳回上诉，维持一审裁定。

三、意见

本案争议的焦点问题是：本案是否属于侵权责任与违约责任竞合的情形而适用仲裁条款进行裁判。对此，审理中存在以下两种意见：

第一种意见认为，本案属于侵权责任和违约责任竞合的情形，应依据双方约定的仲裁条款提交仲裁。理由为：双方当事人在采购合同中约定，由美恩超导公司自负费用修理有缺陷的合同设备或消除合同设备缺陷或不符合合同之处。如果美恩超导公司不能派遣人员到工作现场，买方华锐风电公司有权自行修理或消除缺陷或不符合合同之处，由此产生的一切费用均由卖方承担。据此，华锐风电公司对产品及软件所享有的修理或消除缺陷的权利范围是判断华锐风电公司是否构成侵权的基础，因此，美恩超导公司对华锐风电公司的侵权主张与采购合同之间存在必然的联系，属于为执行采购合同有关的争议，故本案应受仲裁条款约束。

第二种意见认为，本案不属于侵权责任和违约责任竞合的情形，原告美恩超导公司提起的侵权之诉与采购合同的履行是两个独立的争议，本案不应执行采购合同中约定的仲裁条款。

笔者同意第二种意见。理由是：仲裁条款的适用范围及于当事人约定范围，一般情形下，该约定范围都是比较明确和容易判断的。对于存在违约责任和侵权责任竞合的案件，当事人选择侵权之诉，是否受合同中仲裁条款的约束，对此，最高人民法院在2005年12月发布的《第二次全国涉外商事海事审判工作会议纪要》中提出了明确的解决意见，该纪要第7条规定，涉外商事合同的当事人之间签订的有效仲裁协议约定了因合同发生的或与合同有关的一切争议均应通过仲裁方式解决，原告就当事人在签订和履行合同过程中发生的纠纷以侵权为由向人民法院提起诉讼的，人民法院不享有管辖权。具体到本案，关键是判断原告美恩超导公司提起的侵权之诉是否与《采购合同》的履行构成责任竞合情形。本案中，原告美恩超导公司提起的侵权之诉的请求权基础为母公司对侵犯产品权利的授权，其事实依据为被告华锐风电公司未经许可对其母公司享有著作权产品的侵权行为，因此，原告美恩超导公司指控被告华锐风电公司的侵权行为属于一种独立的民事争议，不是在执行采购合同过程中发生的争议，故本案不属于因履行采购合同引发的侵权责任与违约责任竞合的情形，故不应执行采购合同的仲裁条款，原告有权向有管辖权的法院起诉。

另外，本案还涉及管辖权异议程序中主管与管辖问题的处理原则。实践中，当事人往往以双方订有仲裁协议（条款）为由，提出管辖权异议。对此，我们认为，有效的仲裁条款约定排斥法院审理行为，属于主管的问题，不属于管辖权异议程序解决的范围，应当予以区别处理。一审法院应向当事人释明，其提出的异议是主管问题，而非管辖权异议问题，并对主管事由是否成立进行审查，对于涉及仲裁协议效力认定的，应根据最高人民法院《关于适用〈中华人民共和国仲裁法〉若干问题的解释》的规定，引导当事人到有管辖权的中级法院先行提起申请确认仲裁协议效力的诉讼。当事人提出的主管事由异议成立的，裁定驳回起诉；当事人提出的主管事由不成立的，应口头告知当事人，案件继续审查。

综上，一审、二审法院的裁定是正确的。

36. 外籍当事人提交的公证认证文件，应当在其注册登记国的有关机关办理

原告（反诉被告、上诉人）：裕骏集团有限公司（Eternal Unity Holding Limited）

被告（反诉原告、被上诉人）：北京华奥房屋拆除有限责任公司

一、案情

2003年9月1日，裕骏集团有限公司（以下简称裕骏公司）与北京华奥房屋拆除有限责任公司（以下简称华奥公司）签订《通州区科技广场拆除工程承包合同书》，约定如下：裕骏公司将通州区科技广场拆除工程委托给华奥公司施工；计划于2003年9月1日开工，2003年10月16日竣工，如出现因搬迁影响工期的，工期顺延；工程的机械费、人工费等一切费用共计人民币140万元；华奥公司进场时，裕骏公司预付工程款的50%，拆除工程完成施工进度的70%时，裕骏公司再付工程款的30%，工程竣工验收后，裕骏公司付清余款；合同签订后，在2003年9月25日之前，如总承包公司未能付款，由裕骏公司负责付款50%，该50%由裕骏公司下属北京嘉通房地产开发公司（以下简称嘉通公司）支付。

合同签订后，华奥公司进行了部分拆除工作，嘉通公司分别向华奥公司支付了拆除工程款合计人民币70万元。后双方合同的履行长期处于停滞状态。2008年10月25日、10月29日、11月3日，华奥公司的董事长肖某某与嘉通公司的田某某进行了会谈，田某某在会谈中认可华奥公司已完成拆除工作量的80%，同意支付已完成工作量的工程款，提出终止双方此前签订的拆除合同。华奥公司未同意，双方协商未果。

双方当事人均认可合同项下的剩余拆除工程已由其他公司拆除完毕。

二、审理结果

一审法院经审理认为：当事人双方签订的《通州区科技广场拆除工程承包合同书》有效。裕骏公司并未证明其主张的国家土地政策调整与其不能履行合同之间存在直接、必然的因果关系。因合同项下的剩余拆除工程已由案外人拆除完毕，该合同在客观上已不具有继续履行的可能性，华奥公司基于此亦

同意解除合同，故对于裕骏公司要求解除合同的诉讼请求，法院予以支持。但因裕骏公司未完全履行合同，构成违约，其应向华奥公司承担相应的违约责任。

华奥公司要求裕骏公司赔偿的损失中，合同项下的剩余工程款 70 万元是合同正常履行后华奥公司可以获得的利益，亦是裕骏公司签订合同时可以预见的因违反合同可能给对方造成的损失，故华奥公司要求裕骏公司支付该剩余工程款 70 万元的请求，该院予以支持。

关于华奥公司主张的窝工、误工、机械费停运损失 599 720 元，因拆除工程于 2004 年开始一直停滞，华奥公司为此遭受了相应的误工、停运损失，华奥公司对此提交了考勤表、工资表、机械租赁协议、结算表予以证明，该院对其此项主张予以支持。

综上，依照《合同法》第 94 条第（4）项、第 113 条第 1 款的规定，判决如下：(1) 裕骏公司与华奥公司于 2003 年 9 月 1 日签订的《通州区科技广场拆除工程承包合同书》于判决生效之日解除；（2）裕骏公司于判决生效之日起 10 日内赔偿华奥公司损失人民币 1 299 720 元；(3) 驳回华奥公司的其他反诉请求。

一审宣判后，裕骏公司不服，提起上诉。

二审法院经审理认为，本院在审理期间向裕骏公司释明其主体资格文件公证认证手续缺失，要求其补办，但是裕骏公司明示无法补办。本院视为裕骏公司未提交经过所在国家或地区有关机关公证认证的证明其诉讼主体资格存在的相关法律文件，一审判决程序错误，故依据《民事诉讼法》第 153 条第 1 款第（4）项的规定，裁定撤销一审判决，发回原审法院重审。

三、意见

本案在二审阶段的核心问题并非实体问题而是程序问题，即裕骏公司的主体资格问题，裕骏公司作为在英属维尔京群岛注册登记的公司，应该在哪里办理公证认证手续？按照裕骏公司提供的证据，其系在英属维尔京群岛注册的公司。裕骏公司在一审期间提交的有关其主体资格的证明文件，系由英属维尔京群岛注册登记机关出具，但是并未在英属维尔京群岛或者英国办理公证认证手续，而是在我国香港特别行政区办理的公证认证手续。因此，裕骏公司的公证认证手续是否合法成为本案焦点问题。

笔者认为，外籍当事人提交的注册登记证明是哪个国家或者地区的机关出具的，就必须在出具证明的该机关所在国家或者地区办理公证认证手续。即外籍当事人提交的公证认证文件应当在其注册登记国的有关机关办理，否则其主体资格不能得到法院认可。具体理由分析如下。

首先，要明确的是，裕骏公司的主体资格证明文件必须办理公证认证手续。依照最高人民法院《民事诉讼证据规定》第11条的规定："当事人向人民法院提供的证据系在中华人民共和国领域外形成的，该证据应当经所在国公证机关予以证明，并经中华人民共和国驻该国使领馆予以认证，或者履行中华人民共和国与该所在国订立的有关条约中规定的证明手续。当事人向人民法院提供的证据是在香港、澳门、台湾地区形成的，应当履行相关的证明手续。"最高人民法院的这一司法解释对境外形成的证据提出了严格的形式要件，即履行公证认证或其他证明手续。目前，对于是否有必要对境外形成的证据进行公证认证已经形成共识。《第二次全国涉外商事海事审判工作会议纪要》第39条规定："对当事人提供的在我国境外形成的证据，人民法院应根据不同情况分别作如下处理：（1）对证明诉讼主体资格的证据，应履行相关的公证、认证或者其他证明手续；（2）对其他证据，由提供证据的一方当事人选择是否办理相关的公证、认证或者其他证明手续，但人民法院认为确需办理的除外。"也就是说，人民法院要求当事人必须履行的公证认证手续是诉讼主体资格的证据。按照上述规定，在本案中，裕骏公司必须提交证明其主体资格合法有效存在的证据，并应当办理相应的公证认证手续。

其次，裕骏公司应当如何办理公证认证手续？《第二次全国涉外商事海事审判工作会议纪要》第40条作了明确规定，即"对当事人提供的在我国境外形成的应履行相关公证、认证或者其他证明手续的证据，应当经所在国公证机关公证，并经我国驻该国使领馆认证，或者履行我国与该所在国订立的有关条约中规定的证明手续。如果其所在国与我国没有外交关系，则该证据应经与我国有外交关系的第三国驻该国使领馆认证，再转由我国驻该第三国使领馆认证。"即裕骏公司应当在英属维尔京群岛或者英国办理公证，并经我国相关驻外使领馆认证。

最后，裕骏公司并非在我国香港特别行政区注册登记，在香港特别行政区也没有办事机构或营业地，却在香港特别行政区办理了认证手续，明显不符合最高人民法院《民事诉讼证据规定》和《第二次全国涉外商事海事审判工作会议纪要》的相关规定。对于裕骏公司的这种情况，最高人民法院在2011年8月下旬召开的全国涉外商事审判工作庭长座谈会的总结讲话中也进行了解答，即在英属维尔京群岛注册成立的公司，但其将主要营业地设在了我国香港，亦在香港的公司注册登记机关依法办理了海外公司的登记。该公司在人民法院参加诉讼时，如果提交了香港公司注册登记机关进行登记的证明，并在香港办理了公证认证手续，对该证明的证明力，人民法院可予以确认。如果该公司提交的是英属维尔京群岛注册登记机关进行注册登记的证明，但在香港办理的公证认证手续，对该证明的证明力，人民法院不应予以确认。

具体到本案，裕骏公司提交的注册登记证明是英属维尔京群岛出具的，却未在英属维尔京群岛或者英国办理公证认证手续，其主体资格不能得到确认。一审法院对此未予审查，程序错误，应予以撤销。

综上，二审法院发回重审的裁定是正确的。

知识产权案例

37. 参照他人摄影作品绘制油画的行为构成侵犯他人作品的改编权

原告：薛某
被告：燕某
被告：北京翰海拍卖有限公司

一、案情

原告薛某为摄影家，系中国摄影家协会会员；被告燕某系油画专业创作者，所创作的油画曾多次入选全国性美术展览。

1997年5月，薛某个人摄影集《藏人》一书由中国摄影出版社出版，该书收录了其摄影作品《次仁卓玛》。2006年12月，《中国油画》杂志2006年第6期上刊登了燕某的油画《阿妈与达娃》（130cm×160cm）。2007年5月，燕某油画作品集《娅娅山上的故事》一书亦收录了油画《阿妈与达娃》（130×160cm）。燕某称该作品集是为配合其个人画展制作的画册，收录的作品系在画展上展出的作品。

将《次仁卓玛》与《阿妈与达娃》进行比对，两幅作品表现的画面主体均为一名坐在房间内哺乳孩子的藏族妇女，两者在整体构图、场景布局、人物细微的姿势、神态、服饰特征以及物品摆放、光线明暗的处理等方面均相同，只是油画的画面较为模糊。

燕某称上述油画是其前往西藏写生时创作，在其写生的同时，薛某在相同角度进行了拍照。就此，燕某提交了一幅日期标注为“1992”的草图，但该草图的内容仅为怀抱孩子的妇女形象，并未显示房间内的布局、物品摆放以及人物服装、配饰等特征。薛某对此不予认可，表示涉案摄影作品系其先行拍摄完成，燕某曾以欣赏为由向其索要照片。

另，2006年12月17日，北京翰海拍卖有限公司（以下简称翰海拍卖公司）受燕某丈夫的委托对外拍卖了油画《阿妈与达娃》，成交价为28.6万元；后者在委托拍卖合同中保证拍卖标的不侵害任何第三方的合法权益。

薛某诉称：燕某的油画《阿妈与达娃》系擅自对其摄影作品进行的演绎，且燕某还对上述油画进行展览、出版和拍卖，故侵犯了其改编权，要求燕某停止侵权、赔礼道歉，赔偿其经济损失1.5万元，并要求翰海拍卖公司收回已拍卖成交的侵权作品、予以销毁。

燕某辩称：薛某指控其侵权的油画系独立创作完成，油画与薛某的作品存在相似是因为双方系针对相同人物进行创作，且薛某主张改编权缺乏法律依据，故不同意薛某的诉讼请求。

翰海拍卖公司辩称：该公司依法对涉案油画进行了拍卖，拍卖前对委托人的身份进行了审核，尽到了法定的注意义务，故不存在过错，不应承担侵权责任。并且，涉案油画的所有权已经转移，无法收回。因此，不同意薛某的诉讼请求。

二、审理结果

一审法院经审理认为：薛某为涉案摄影作品的拍摄者，依法享有著作权。薛某的摄影作品《次仁卓玛》和燕某的油画《阿妈与达娃》系以相同人物为创作对象的两种类型不同的作品，首先需要判断燕某绘制涉案油画时是否参照了薛某的摄影作品。通过对比，燕某的油画与薛某的摄影作品存在高度相似。燕某为证明涉案油画系其独立创作仅提交了一幅草图，但该草图与涉案油画存在明显差异，标注的时间与其作品集中标注的涉案油画年份亦不相符，故对该证据及其上述辩称均不予采信。值得注意的是，与摄影依靠照相器材瞬间固定物体形象不同，油画的创作需要绘画者通过其眼睛观察创作对象后，再依靠其记忆和绘画技能将之在平面上表现，其创作过程耗时较长、不可能短时间完成。尽管两者在表现同一对象时，存在作品主题、表现内容相似的可能性，但在各自独立创作的情况下，由于创作过程、手段完全不同，两者很难达到涉案油画与涉案摄影作品如此高度的相似。且薛某的摄影作品在先发表，燕某创作涉案油画时有机会接触到该作品。综上，可以认定燕某在绘制涉案油画时参照了薛某的摄影作品。

在认定燕某系参照薛某的摄影作品绘制涉案油画的前提下，判断燕某是否构成侵权的关键就在于确定其是否使用了涉案摄影作品中具有独创性的表达。涉案摄影作品的独创性在于拍摄时对拍摄对象的选择、拍摄时机与角度的把握、拍摄技能的运用以及后期的编辑处理等，创作过程体现了薛某个人的判断和思考。作为写实类作品，作品中所表现的人物仅为创作的题材，作品所呈现的画面形象才是该作品具有独创性的表达，也是其受到法律保护的部分。通过对比燕某的涉案油画与薛某的摄影作品，除作品类型不同外，两者所表现的人、物、场景的画面形象基本相同，表明燕某在绘制涉案油画时不仅参照了薛某作品的主题，还使用了薛某作品中具有独创性的表达。

但由于创作方法不同，涉案油画的绘制需要燕某通过对表现对象的观察、理解并借助绘画颜料和自身的绘画技能才能完成，绘画过程体现了其个人的构思和判断，且涉案油画与薛某的摄影作品相比，两者在视觉上仍存在差异。因此，燕某的涉案行为属于在不改变作品基本内容的前提下，将作品由摄影作品改变成油画的行为，构成了对薛某摄影作品的改编。但燕某改编薛某的摄影作品，并未取得薛某的许可，且燕某还将改编后的油画作品用于展览、出版并对外拍卖，亦未向薛某支付报酬，故侵犯了薛某对涉案摄影作品享有的改编权，应当承担停止侵权、赔偿损失的法律责任。

对于薛某要求燕某赔礼道歉，与翰海拍卖公司共同收回已拍卖成交的侵权作品并予以销毁的诉讼请求，首先，薛某仅主张燕某侵犯了其改编权，该权利系财产性权利，不适用赔礼道歉的责任方式。其次，判令燕某停止使用涉案侵权油画以及承担相应赔偿责任，足以起到停止侵害并弥补薛某因涉案侵权行为所受损害的作用。此外，翰海拍卖公司在拍卖过程中尽到了合理的注意义务，对涉案油画的拍卖不存在过错，不应承担侵权的法律责任。因此，对薛某的上述诉讼请求不予支持。

综上，一审法院依照《中华人民共和国著作权法》（以下简称《著作权法》）第10条第1款第（14）项、第12条、第47条第（6）项、第49条的规定判决：燕某停止使用涉案侵权油画的行为；燕某赔偿薛某经济损失1.5万元；驳回薛某的其他诉讼请求。

一审判决后，薛某和燕某均不服，提起上诉。

二审期间，经法院调解，双方最终达成和解。

三、意见

本案是北京法院审理的首例对参照他人摄影作品绘制油画行为作出侵权认定的案件，具有一定的典型意义。本案的典型性在于判断参照他人摄影作品绘制油画的行为，属于合理借鉴，还是构成侵权；以及在构成侵权的情况下，侵犯摄影作品著作权人的什么权利。具体分析如下。

（一）被告参照原告摄影作品绘制油画的行为构成侵权

对于被告参照摄影作品绘制油画的行为是否构成侵权。在审理中，曾存在以下两种不同意见。

第一种意见认为，被告的行为属于对摄影作品的合理借鉴，不构成侵权。理由是：涉案摄影作品和油画均是以特定人物为创作对象的写实类作品，摄影作品中人物的形象、姿态以及场景均是客观存在的形象，被告是以不同于摄影的艺术手法再现了相同的人物、场景，因此，只是对摄影作品中客观形象的借鉴。

第二种意见认为被告的行为构成侵权。理由是：著作权法对作品的保护是对作品表达的保护，摄影作品的画面就是作品的表达，被告在其绘制的油画中使用了原告摄影作品的表达，故构成侵权。

我们同意第二种意见。我们认为，对上述问题的处理，首先需要厘清著作权保护与合理借鉴的关系。著作权法不仅保护著作权人的利益、鼓励创作，还要注意著作权人、使用人、传播者及社会公众利益的平衡，以促进作品传播和文化的传承。事实上，在文学、艺术领域，任何一部作品的创作都离不开对前人成果或已有素材的使用。因此，法律并不禁止创作者对前人作品的合理借鉴，唯有如此，人类文明才能不断积累和进步。但是，这种借鉴应当限定在合理的范围内，而不能与法律对著作权的保护相冲突。著作权法对作品的保护是对作品表达的保护，不延及作品的思想或主题。因此，对他人作品的借鉴，应当限于对作品思想、主题或属于公有领域内容的借鉴，对他人作品中具有独创性的表达不得擅自使用。

就本案而言，判断被告的行为属于合理借鉴，还是构成侵权，关键在于确定其是否使用了原告摄影作品的独创性表达。所谓作品的表达，是指作品可借以被感知的形式，是其独创性的外在表现。不同类型的作品由于创作过程、表现方法不同，其作品的表达存在区别。具体到本案涉案摄影作品，作品中所表现的人物、场景仅为创作的题材，作品所呈现的画面形象则是该作品具有独创性的表达。作品画面所呈现的构图、光线对比、人物细微的姿势、神态、服饰以及物品摆放的状态等属于作品表达的有机组成部分。通过对比被告的涉案油画与原告的摄影作品，两者所表现的人、物、场景的画面形象基本相同。故可以认定被告使用了原告摄影作品中具有独创性的表达。因此，被告的涉案行为不属于对原告摄影作品的合理借鉴，构成了对原告著作权的侵犯。

当然，如果仅仅是为个人欣赏或者练习绘画技能参照他人摄影作品绘制油画，则不构成侵权。因为根据《著作权法》第 22 条第（1）项的规定，为个人学习、研究或欣赏，使用他人已经发表的作品，属于我国著作权法上的“合理使用”，即侵权的“例外”。但本案中，被告将其绘制的涉案油画用于出版、展览和拍卖，进行了商业性使用，显然不属于上述“合理使用”的情形。

（二）被告的涉案行为侵犯了他人作品的改编权

由于《著作权法》采取了权利列举和行为规制并行的立法模式，司法实践中，权利人通常会明确其主张的具体的著作权权项。因此，在进行侵权认定时，法院需要对被控侵权行为侵犯著作权人的具体权项作出认定。原告本案仅主张改编权。对此，审理中亦存在以下两种不同观点。

第一种观点认为，被告的涉案行为属于对薛某摄影作品的演绎，侵犯了原告的改编权。

第二种观点认为，被告将摄影作品绘制为油画的行为属于平面到平面的复制，侵犯了原告的复制权。

我们同意第一种观点。我们认为认定著作权侵权行为的前提是被控侵权行为落入著作权人专有权利的控制范围。因此，判断被告的涉案行为侵犯原告复制权抑或改编权，首先需要正确理解复制权和改编权的含义。根据《著作权法》第10条第1款第（5）项和第（14）项的规定，复制权是指以印刷、复印、拓印、录音、录像、翻录、翻拍等方式将作品制作一份或者多份的权利；改编权是指改变作品，创作出具有独创性的新作品的权利。复制权控制的行为包括原封不动地照搬和稍加改动使用两种情形。前者属于对原作的完整再现，后者虽然在表面上与原作有所差异，但并未产生新的独创性表达，仍是在一定程度上对原作的再现。改编权控制的行为则是在原作基础上加入新的独创性表达、形成新作品并加以后续利用的行为。改编作品中虽然加入了改编者的独创性特征，但仍然体现原作的独创性表达。

由上述分析可见，判断被告涉案行为侵犯原告的复制权还是改编权，根本上在于是否承认涉案油画本身的独创性。综合本案的情况，我们认为被告将原告的摄影作品改变成油画的行为，其本身也是一种创作活动，所形成的油画具有独创性，并不是对摄影作品的复制，故侵犯了原告的改编权。具体理由如下。

一是被告的涉案行为与《著作权法》列举的七种复制方式存在区别。其一，七种复制方式将作品的原件信息传递到复制件的过程，基本上是通过机械或电子的方式进行直接的信息传递；而由摄影到油画的转变，是通过人的视角摄入、理解、记忆，然后再通过画笔将加工过的信息外化到载体上。其二，七种复制方式的原件与复制件之间信息传递的一致性主要是由复制的装置与设备所决定；而由摄影到油画的转变，两者的一致性主要是由绘画者的水平所决定。其三，由摄影到油画的转变，是艺术领域内一种常见的艺术研习方法，是进行美术创作所必需的学习与训练过程；而七种复制方式与美术作品的创作没有关系。故《著作权法》列举的复制方式基本上是被动地再现已有作品，而由摄影到油画的转变是完全人工化的，具有相当的主动性。

二是被告在涉案油画的绘制过程中付出了创造性劳动。根据著作权自动产生的原则，只要作者通过其创造性劳动将作品创作完成，著作权即自动产生。当然，对创造性劳动的认定与法律对作品独创性的要求密切相关。关于作品独创性程度的要求，我国著作权法并未明确规定。按照目前的司法实践，对作品的独创性并没有太高的要求，一般情况下，只要具备最低限度的创造性即可，即只要作者付出了智力性劳动，作品体现了其个人的选择、判断就可以认定其具有独创性，并不要求具有很高的艺术性或欣赏性。就本案而言，从摄影到油画的转变绝不是一种简单的技艺性劳动。从创作过程看，被告需要凭借其个人对摄影作品的观察和理解以油画的创作手法再现摄影作品的画面形象，绘画过程中需要对画面从整体到局部进行构思和安排；从创作的结果看，油画呈现了一种不同于摄影的艺术效果，具有不同的感染力和艺术表现力，与摄影的画面相比，两者在画面尺寸和视觉上存在较为明显的差异。因此，被告将原告的摄影作品转变为油画的行为，并不是对摄影作品的原样再现，而是在摄影作品基础上进行的再创作。

由于在已有作品基础上进行再创作的行为属于改编权控制的行为，对原作的改编及改编作品的后续利用均应征得原作著作权人的许可。本案中，被告将原告的摄影作品改编为油画，事先并未获得原告的许可，且原告还将改编后的油画用于展览、出版和拍卖，亦未向原告支付报酬，故侵犯了原告的改编权。

需要指出的是，认定被告的涉案行为侵犯原告改编权而非复制权，最大意义在于承认被告在改编过程中付出的创造性劳动，赋予其禁止他人擅自使用涉案油画的权利。但由于涉案油画自身存在先天的缺陷，被告对油画的使用因会侵犯到原告的权利而被法律禁止，其自身利益事实上并无法有效的实现。

综上，一审法院的判决是正确的。

38. 电子游戏攻略中未经授权使用游戏画面的行为构成侵权

原告：上海烛龙信息科技有限公司

被告：北京图书大厦有限责任公司

被告：重庆中电电子音像出版有限责任公司

被告：北京圣比尔数码科技有限公司

一、案情

原告上海烛龙信息科技有限公司（以下简称烛龙公司）是单机角色扮演类计算机游戏软件《古剑奇谭》的开发商、著作权人。2010 年 9 月 27 日，原告在被告北京图书大厦有限责任公司（以下简称图书大厦）处购买了涉案图书《古剑奇谭权威攻略》，该书封底注有："策划制作：汉人文化工作室"、"重庆中电电子音像出版有限责任公司出版"、"ISBN 978-7-89476-478-2"。全书分"世界"（古剑奇谭综合介绍），"人物"（主角介绍 \ 技能表）、"历程"（流程攻略）、"分支"（支线攻略）等八部分，使用游戏软件《古剑奇谭》中的游戏画面共计 475 幅。在图书大厦、中关村图书大厦、亚运村图书大厦、"当当网"网上书店等处销售的《古剑奇谭权威攻略》，供货方均为被告北京圣比尔数码科技有限公司（以下简称圣比尔公司）。

被告重庆中电电子音像出版有限责任公司（以下简称中电公司）曾向重庆市新闻出版局申报过名为"古剑奇谭全攻略"的选题，并通过审查，获准出版，批准的书号为 ISBN 978-7-89476-478-2，委托书编号为 1004276。被告中电公司于 2010 年 8 月 2 日领取了该选题的条码和委托书，但其称因故未能出版。经原告授权的《古剑奇谭攻略——〈古剑奇谭〉官方资料设定》由方圆电子音像出版社出版。

原告烛龙公司诉称：被告中电公司出版发行，被告圣比尔公司和被告图书大厦销售的《古剑奇谭权威攻略》一书，未经原告许可使用了《古剑奇谭》中大量游戏画面作为该书的封面及内容插图，侵犯了原告游戏软件中美术作品的复制权、发行权、署名权、保护作品完整权，故诉至法院请求判令：（1）被告中电公司停止出版发行、被告图书大厦和被告圣比尔公司停止销售《古剑奇谭权威攻略》一书；（2）三被告公开登报赔礼道歉、消除影响；（3）

三被告赔偿原告经济损失380 000元。

被告中电公司辩称：(1)原告没有证据证明其享有著作权。(2)被告从未制作出版过涉案图书，更没有发往图书大厦或通过其他渠道销售，不能仅凭涉案图书上印有被告公司名称就认定是被告公司的出版物；原告也没有证据证明被告复制、发行了涉案图书，应承担举证不能的法律后果。(3)北京七彩东方软件科技中心出具的声明可以证明涉案图书系其冒用被告公司名义和版号出版。该书经有关部门鉴定，结论亦为非被告公司出版，且被告公司享有的该版号只能用于电子出版物的出版，不能用于图书出版，故请求法院驳回原告的诉讼请求。

二、审理结果

法院经审理认为：

第一，计算机游戏画面是游戏开发团队中2D、3D美工与程序员共同创作的美术作品。在游戏软件的开发过程中，游戏美工、程序员的创作主要是利用软件开发者的物质技术条件，并由开发者承担责任，故所创作的作品为职务作品，除署名权外的其他著作权应由游戏软件开发者享有。本案中，著作权登记证书及软件上的署名情况均可以证明计算机游戏软件《古剑奇谭》的著作权人为原告烛龙公司，故其应为该软件的开发者，对游戏中的画面及人物形象等美术作品享有著作权。

第二，根据著作权法的规定，未经著作权人许可，复制、发行其作品，如果不存在合理使用等情形，属于侵权行为，应当承担侵权责任。在游戏攻略中使用游戏图片具有一定的必要性和合理性，这种使用并非单纯再现游戏中画面、图像本身的艺术价值或实现其功能、目的，而是通过增加新的内容，使这些影像具有了新的价值和功能，这种使用方式在形式上符合《著作权法》第22条第1款第(2)项所规定的为介绍、评论某一作品或者说明某一问题，在作品中适当引用他人已经发表的作品之合理使用情形。但是，《著作权法》第22条只是规定了可以适用合理使用的特殊情形，是否构成合理使用，应结合《著作权法实施条例》第21条的规定进行判断，即还应当不影响作品的正常使用，不得不合理地损害著作权人的合法权益。涉案游戏攻略在市场上销售，势必会影响原告官方攻略的销售，对作品潜在市场和价值来说，无疑是不合理的损害，故未经计算机游戏软件著作权人许可，商业性利用游戏画面出版游戏攻略不属于合理使用，构成侵权。

第三，根据民事诉讼盖然性证明标准和证据优势原则，在证据对某一事实的证明无法达到事实清楚、确凿的情况下，应当对当事人提交证据的证明力进行衡量，并认定证明力较大的证据支持的事实具有高度盖然性，依据该事实进行裁判。虽然现有证据对于被告中电公司出版发行涉案侵权图书这一事实的证明尚无法达到确实充分，但依据侵权图书所载出版者及 ISBN 等信息，结合该书书名与中电公司申报的选题名称基本一致，ISBN 与其获批的书号完全相同，中电公司亦已领取委托书和条码等事实，在被告中电公司提供的相反证据均不具有证明力的情况下，可以认定证明该事实为真的证据具有优势证明力，被告中电公司出版发行涉案侵权图书这一事实具有高度盖然性，应予确认。

第四，《著作权法》第 53 条规定，复制品的发行者不能证明其发行的复制品有合法来源的，应当承担法律责任。本案中，被告圣比尔公司未能证明侵权图书的合法来源，故其行为构成对原告发行权的侵犯。涉案侵权图书欠缺正规出版物的必要特征，被告图书大厦作为大型图书零售书店对此未尽到合理注意义务即上架销售，应认定其具有过错，其行为亦构成对原告发行权的侵犯。被告图书大厦销售的涉案侵权图书系从被告圣比尔公司购入，两被告均未尽到合理注意义务，具有共同过错，构成共同侵权。由于以现有证据可以确定被告图书大厦的进货数量及价格，因而法院以可能的违法所得为基础，综合考虑主观过错、侵权情节等因素酌情确定被告应共同赔偿的数额。此外，由于原告未能举证证明被告中电公司与被告圣比尔公司、被告图书大厦之间有意思联络，故三被告没有共同过错，不构成共同侵权，不应承担连带责任。涉案侵权图书《古剑奇谭权威攻略》中载有“上海烛龙信息科技有限公司”之署名信息，故未侵犯原告的署名权。涉案侵权图书中使用的游戏画面虽进行过一定改动，但未达到歪曲、篡改的程度，尚未破坏作品的完整性，故不构成对保护作品完整权的侵犯。

综上法院判决：（1）被告图书大厦、被告圣比尔公司于本判决生效之日起，停止销售《古剑奇谭权威攻略》一书；（2）被告中电公司于本判决生效之日起，停止出版发行《古剑奇谭权威攻略》一书；（3）被告中电公司赔偿原告烛龙公司经济损失 10 万元；（4）被告圣比尔公司赔偿原告烛龙公司经济损失 2 万元，被告图书大厦对其中的 1000 元承担连带责任；（5）驳回原告的其他诉讼请求。本案宣判后，当事人均未上诉，判决已发生法律效力。

三、意见

本案主要涉及三个问题，一是游戏画面的性质及著作权归属；二是在游戏攻略中使用游戏画面，是否属于对电子游戏中美术作品的合理使用；三是在出版社否认出版行为时，如何应用高度盖然性证明标准进行裁判。对此，笔者结合案情从以下三个方面进行分析。

（一）游戏画面的性质及著作权归属

《著作权法实施条例》第4条第（8）项规定，美术作品是指绘画、书法、雕塑等以线条、色彩或者其他方式构成的具有审美意义的平面或者立体的造型艺术作品。电子游戏中美轮美奂的画面是由游戏开发团队中2D、3D美工与程序员共同创作的，游戏美工绘制的背景图片、人物造型等美术资源通过游戏程序结合在一起，从而可以在显示设备上呈现出完整的游戏画面，这些画面应当属于美术作品，受著作权法保护。《著作权法》第16条规定，主要是利用法人或者其他组织的物质技术条件创作，并由法人或者其他组织承担责任的工程设计图、产品设计图、地图、计算机软件等职务作品，作者享有署名权，其他权利由法人或者其他组织享有。在游戏软件的开发过程中，游戏美工、程序员的创作主要利用软件开发者的资金、设备等物质技术条件，并由开发者承担责任，故所创作的作品为职务作品，除署名权外的其他著作权应由游戏软件开发者享有。本案中，著作权登记证书及软件上的署名情况均可以证明计算机游戏软件《古剑奇谭》的著作权人为原告烛龙公司，故其应为该软件的开发者，对游戏中的画面及人物形象等美术作品享有著作权。

（二）合理使用的判定

所谓合理使用，是指依据法律规定使用受著作权法保护的作品，可以不经著作权人的许可，不向其支付报酬，但应当指明作者姓名和作品名称。关于合理使用的判定标准，也就是合理使用的应当符合的法定要件，在《保护文学和艺术作品伯尔尼公约》（以下简称《伯尔尼公约》）、《世界知识产权组织版权条约》、《与贸易有关的知识产权协议》均有体现。《伯尔尼公约》的规定只限于复制权，而《世界知识产权组织版权条约》和《与贸易有关的知识产权协议》则将其扩展到了其他专有权利。《伯尔尼公约》第9条规定：本缔约国成员可以允许在某些特殊情况下复制作品，只要这种复制不损害作品的正常使用也不致不合理地损害作者的合法利益。《世界知识产权组织版权条约》第10条规定：缔约各方在某些不与作品的正常利用相抵触、也不无理地损害作者合法利益的特殊情况下，可以在其国内法中对本条约授予文学和艺术作品作者的合法权利规定限制或例外。《与贸易有关的知识产权协议》中的表述是最清晰的：各成员对专有权作出的任何限制或例外规定仅限于某些特殊情况，且与作品的正常利用不相冲突，也不得不合理地损害权利人的合法权益。根据上述国际条约，各成员国对于合理使用的规定只能针对特定的情况，且不能影响作品的正常使用，并不得不合理地损害权利人的合法权益。这就是合理使用“三步检验法”或者“三步检验标准”。

在理论和实务界，曾经有过关于《著作权法》第22条是否是对合理使用情形的穷尽的列举，对于不属于该条规定的情形是否还可以认定为合理使用的讨论。而司法实践中已经出现了相关判例对《著作权法》第22条作出了突破，将法律规定的12种情况之外的使用行为认定为合理使用，对此笔者认为值得商榷。我国已经加入了《伯尔尼公约》、《世界知识产权组织版权条约》和《与贸易有关的知识产权协议》，故合理使用的"三步检验法"是必须遵守的国际义务。实际上，《著作权法》第22条和《著作权法实施条例》第21条的规定已将合理使用的"三步检验法"完全转化为国内立法，这也应当成为判断是否构成合理使用的唯一依据。如果某种使用行为不符合《著作权法》第22条规定的任何一种情况，也就是没有通过"三步检验法"的第一步检验，则不应认定属于合理使用，没有再进行第二步、第三步检验的必要。如果将不属于《著作权法》第22条规定的情形认定为合理使用，则将导致合理使用的情形一般化，与国际条约中对于作品专有权利的限制只能针对具体特殊情况的规定相违背。

具体到本案中，合议庭曾有观点认为：所谓游戏攻略，顾名思义就是游戏攻关策略，也就是为玩家提供游戏说明、通关策略、经验总结，以引导玩家特别是新手玩家对游戏尽快上手，顺利通关的教材。而游戏画面对于攻略而言仅仅起辅助作用，游戏攻略作为作品的价值、功能并非来自游戏画面，而是来自作者利用游戏图片进行的富有积极意义和建设性的再创作，其本身无疑属于著作权法所保护的作品。而且在游戏攻略中使用游戏图片也具有一定的必要性和合理性，比如说，说明一个迷宫走法，人物宝物属性的描述，剧情、隐藏情节和人物的介绍等，不使用游戏中的相关画面几乎是不可能的。游戏攻略的这种使用并非单纯再现游戏中画面、图像本身的艺术价值或实现其功能、目的，而是通过增加新的内容，使这些影像具有了新的价值和功能，这种使用方式符合《著作权法》第22条第1款第（2）项所规定的为介绍、评论某一作品或者说明某一问题，在作品中适当引用他人已经发表的作品，属于合理使用。对于这种观点，笔者认为，即使这种使用方式符合《著作权法》第22条第1款第（2）项规定的情形，这也只是通过了合理使用"三步检验标准"中的第一步，还应当结合《著作权法实施条例》第21条的规定做进一步判断，即还应当不影响作品的正常使用、不得不合理地损害著作权人的合法利益。成功的电子游戏产品是一条巨大的产业链，几乎可以延伸到传统商品的各个领域。据统计，一个成熟游戏周边市场的产值，是电子游戏直接产值的2~9倍，游戏周边产品通常包括游戏角色的玩具模型、与游戏内容相关的书籍、带有游戏LOGO或图案的服装、生活用品以及游戏中的音乐专集等。游戏攻略无疑属于游戏周边衍生产品，具有一定的市场价值。而游戏玩家针对同一款游戏一般不会购买两本以上的游戏攻略，且对于官方游戏攻略的购买意愿不会明显高于非官方攻略，这就造成这一市场中消费者“黏性”不强、容量有限。因此，涉案图书这种未经授权的游戏攻略在市场上销售，势必会影响原告官方攻略的销售，对作品潜在的市场和价值而言，无疑是不合理的损害。故未经计算机游戏软件著作权人许可，商业性利用游戏画面出版游戏攻略并不属于合理使用，构成侵权。

（三）民事诉讼高度盖然性证明标准的应用

举证责任、证明评价、证明标准这三个概念的内涵泾渭分明而又相互关联。举证责任要解决的问题是当案件事实真伪不明时，由谁承担不利后果。而证明评价就是检验证明的程序，即法官对事实主张是否已经得到证明作出判断。证明标准就是证明评价的一把尺子，用以衡量和检验什么时候证明成功了，证明标准应当由法律规定。如果没有证明标准，就没有证明评价，也就无法确定一项事实是否已经得到了证明。只有在证明评价结束且没有结果的情况下，也就是出现了“真伪不明”的情况，法官才能依据举证责任分配原则作出裁判。可见，应用举证责任分配原则进行裁判的前提是出现了“真伪不明”的状态，而这种“真伪不明”又与证明标准的高低密切相关，证明标准越低，确定一项事实主张得到了证明就越容易，“真伪不明”的状态出现的概率就越低，相应的应用举证责任分配规则进行判决的案件数量就越少。证明标准是非常重要的法律问题，应当由程序法律规范作出具体规定。必须强调的是，无论是讨论举证责任、证明评价还是证明标准，一个逻辑起点或者说前提和基础是坚持“法律真实”而非“客观真实”。在现实中，无论在理论还是在实践中均以“盖然性”作为证明标准，只不过因法系或者诉讼领域的不同，对“盖然性”的要求有高低之别，比如在英美法系的刑事诉讼中，一般要求排除合理怀疑的盖然性。在民事诉讼中一般要求“居上的或占优势的”盖然性。我国民事诉讼的高度盖然性证明标准是在最高人民法院《关于民事诉讼证据的若干规定》第 73 条中体现的。根据该规定，在当事人对于同一事实举出相反证据且都无法否定对方证据的情况下，由人民法院对当事人证据的证明力进行衡量，如果一方提供的证据的证明力明显大于另一方，则可以认为证明力较大证据支持的事实具有高度盖然性，应当依据该事实进行裁判。如果双方证据的证明力都大小不明显或无法判断，也就是说双方证据支持的事实均不能达到高度盖然性，人民法院应当依据举证责任的分配规则作出裁判。简而言之，在证据对某一事实的证明无法达到清楚确凿的程度，应当对当事人提交证据的证明力进行衡量，并认定证明力较大的证据支持的事实具有高度盖然性，依据该事实进行裁判。

本案中，由于出版行政主管部门审批发放的与选题相对应的ISBN、复制委托书及条码软片，出版社以外的其他单位或个人实难取得，故《古剑奇谭权威攻略》所载出版者、ISBN等信息以及条码申报表等证据，可以初步证明该侵权图书由被告中电公司出版发行，中电公司予以否认，应当举证证明其主张以动摇上述临时心证。被告中电公司提交的条码申报表所列选题名称与侵权图书书名只有两字之差（全攻略与权威攻略），即使有关部门确有出版物名称与选题必须完全相同、变更名称必须重新申报选题的规定，被告中电公司关于其未出版该侵权图书之主张在逻辑上成立，尚需其出版所有图书均严格遵照上述规定执行这一前提，在该前提没有被证明为真的情况下，其提交的上述证据与其主张之间连形式逻辑意义上的关联性都不具备，故不具有证明力。被告中电公司提交的《出版物鉴定书》之真实性、合法性均无法确认，且该鉴定书中没有记载鉴定材料、鉴定依据及使用的科学技术手段、鉴定过程、鉴定人鉴定资格等内容，故不具证明力。此外，对于中电公司提交的北京七彩东方软件科技中心出具的声明，因该证据真实性、合法性均存疑，且未对该中心如何获得准确的ISBN及复制委托书作出合理解释，故亦不具有证明力。综上，虽然现有证据对于被告中电公司出版发行涉案侵权图书这一事实的证明尚无法达到确实充分的程度，但依据侵权图书所载出版者及书号等信息，结合侵权图书的书名与中电公司申报的选题名称基本一致，使用的书号与其获批的书号完全相同，中电公司亦已领取委托书和条码等事实，在被告中电公司提交的《出版物鉴定书》等相反证据均不具有证明力的情况下，可以认定证明该事实为真的证据具有优势证明力，被告中电公司出版发行涉案侵权攻略这一事实具有高度盖然性，应当予以确认。

综上，法院的判决是正确的。

39. 商标侵权案件中如何认定正当使用商标标识的行为

原告（被上诉人）：宜宾五粮液股份有限公司

被告（上诉人）：北京寅午宝酒业有限公司

被告：北京众缘果蔬产销专业合作社

被告：高某，北京寅午宝酒业有限公司技术主管

一、案情

经商标局核准，四川省宜宾五粮液集团有限公司（以下简称五粮液集团）取得了第160922号“WULIANGYE五粮液及图”注册商标和第3879499号“五粮液68及图”的注册商标专用权，分别核定使用在第33类含酒精的饮料（啤酒除外）等商品上。2006年1月1日五粮液集团授权宜宾五粮液股份有限公司（以下简称宜宾五粮液公司）独占使用上述商标，使用期限6年，期满后自动续期。

1991年9月19日，“五粮液”商标在首届“中国驰名商标”消费者评选活动中荣获“中国驰名商标”称号。“五粮液”品牌在2010中国最有价值的品牌评价中居全国白酒制造业第一。

北京寅午宝酒业有限公司（以下简称寅午宝公司）成立于2010年3月。其生产、销售的“七粮液”53度白酒，外包装箱正面、内包装盒正面及宣传册上以较大字体使用“七粮液”字样。酒瓶瓶身分上、下两部分，上半部分瓶颈处以较大字体使用“七粮液”字样，下半部分印有“中原七粮液”图文组合商标，其中以较大字体使用了“七粮液”字样。高某主张其系“七粮液”酒的创始人，并于2005年11月18日向商标局申请注册“中原七粮液”商标，但未获准注册。

2011年1月，宜宾五粮液公司代理人分别在北京众缘果蔬产销专业合作社（以下简称众缘合作社）及寅午宝公司购买“七粮液”53度白酒各1箱。

宜宾五粮液公司认为寅午宝公司、众缘合作社及高某侵犯了其商标专用权，故诉至法院，请求判令：（1）寅午宝公司停止生产销售以“七粮液”为酒名的酒类产品；（2）众缘合作社立即停止销售以“七粮液”为酒名的酒类产品；（3）三被告在《法制日报》上公开向原告赔礼道歉、消除影响；（4）三被告连带赔偿因其侵权行为造成的经济损失人民币50万元。

寅午宝公司辩称：其在涉案被控侵权产品上标识“七粮液”的行为应属于《中华人民共和国商标法实施条例》（以下简称《商标法实施条例》）第49条规定的正当性使用，不构成侵权。

二、审理结果

一审法院经审理认为，寅午宝公司使用的“七粮液”标识，从整体视觉效果而言，与涉案注册商标、“五粮液68及图”注册商标存在区别，故不能认定标识相同。但“WULIANGYE 五粮液及图”注册商标、“五粮液68及图”注册商标具有较高的显著性和知名度，涉案商标中“五粮液”三个字明显大于其他部分，相较于其他部分具有更强的识别作用，属于涉案商标的主要部分。寅午宝公司使用的“七粮液”标识与涉案商标相比，其主要识别部分仅有一个中文数字不同，两者含义近似，以相关公众的一般注意程度来判断，容易对被控侵权产品来源产生误认，或误认为其与宜宾五粮液公司注册商标的商品有特定的联系，故该标识与“WULIANGYE 五粮液及图”注册商标、“五粮液68及图”注册商标标识构成近似。寅午宝公司未经宜宾五粮液公司许可，在同类商品上使用与涉案注册商标近似的商标标识的行为，侵犯了涉案注册商标专用权，应停止侵权并赔偿经济损失。被告人高某为“七粮液”酒取名并投资设立公司的行为并非商标法规定的商标侵权行为，故宜宾五粮液公司针对其的诉讼请求，不予支持。综上，依据《中华人民共和国商标法》（以下简称《商标法》）第52条第（1）项、第56条第2款，《商标法实施条例》第50条第（1）项，最高人民法院《关于审理商标民事纠纷案件适用法律若干问题的解释》第3条第（1）项、第4条、第9条、第10条、第16条第1款、第2款的规定，判决如下：（1）寅午宝公司停止生产、销售涉案侵权的“七粮液”酒产品；（2）寅午宝公司赔偿宜宾五粮液公司经济损失5万元；（3）众缘合作社停止销售寅午宝公司生产的涉案侵权的“七粮液”酒产品；（4）驳回宜宾五粮液公司的其他诉讼请求。

一审宣判后，寅午宝公司不服，提起上诉。二审法院经审理判决：驳回上诉，维持原判。

三、意见

本案的焦点问题是：寅午宝公司上述行为是否属于商标标识的正当使用，是否仅是对商标描述性的、商品名称意义上的使用。

《商标法实施条例》第49条规定，注册商标中含有的本商品的通用名称、图形、型号，或者直接表示商品的质量、主要原料、功能、用途、重量、数量及其他特点，或者含有地名，注册商标专用权人无权禁止他人正当使用。商标标识正当使用规则建立的目的在于保护竞争者对自身产品进行描述的自由，因此，笔者认为，其相关认定标准亦应围绕该制度建立的初衷而设立，商标标识正当使用的认定标准应从以下三个方面进行认定。

（一）商标标识的使用者主观应为善意

商标法意在维护市场中各主体之间有序、合法、健康地进行商业竞争，因此商标法意义上的“善意”与民法上的善意有所区别，并不以是否“知道”为判断标准，而应当以是否形成不正当竞争为主观善意的衡量标准。只要注册商标权人以外的主体并非以不正当竞争目的进行使用，应当认定为“善意”。本案中，寅午宝公司在被控侵权产品的外包装箱正面、内包装盒正面及宣传册上均以较大字体使用“七粮液”的字样，并且在酒瓶瓶身的上半部分瓶颈处以较大字体使用“七粮液”字样，下半部分在印有“中原七粮液”图文组合商标中仍以较大字体突出使用了“七粮液”字样，寅午宝公司将“七粮液”置于醒目处的行为存在不正当竞争的使用意图，因此不能认定其具有“善意”。

（二）商标标识的使用并非商标意义上的使用

如果商标标识本身包含了表明商品质量、主要原料、功能、用途、重量、数量、规格、产地、形状等因素的内容，即使商标权人对商标标识进行了注册，其也不能阻断其他市场主体对该标识的正当合理使用，即非商标权人使用该标识，应当是仅为了让相关公众了解商品或服务本身属性，如果其使用商标标识已经起到了表明商品或服务的来源的作用，与商标本身的属性相同，则不属于正当性的使用。同时需要说明的是，即使使用者本身在主观上并不存在将该标识作为商标使用的意图，但在客观上造成了相关公众认为其是商标性质的使用的，则也不属于正当性的使用。本案中，通过寅午宝公司在被控侵权产品上对“七粮液”的使用状况分析，相关公众以一般的认知习惯，会将“七粮液”标识本身作为商标予以认知，因此寅午宝公司对涉案标识的使用属于商标意义上的使用。

（三）商标标识的使用仅为了说明或者描述商品或服务本身

在商标标识的使用中，是否会对商标权人的商誉造成损害、是否会损害商标权人的经济利益均是商标标识是否正当使用的考量因素，只有使用者对该商标标识的使用仅为表明自己商品或服务的属性时，才不会使商标权人的利益受损，也才能认定为正当使用。本案中，虽然寅午宝公司主张“七粮液”系为了描述商品的原料，但是其在被控侵权产品中突出使用“七粮液”已经超出了一般描述性文字的表现形式，并且该标识标注在商品显著位置，已不属于一般商业惯例中的描述性使用，且寅午宝公司并未举证证明被控侵权产品确由其所描述的七种原材料所制造，因此寅午宝公司对“七粮液”的使用不能认定为描述性的使用。

综上，一审、二审法院均认定寅午宝公司关于正当使用商标标识的抗辩理由不能成立，最终判定寅午宝公司承担相应的侵权责任是正确的。

40.《商标法》第10条第2款适用于“仅”由地名构成的商标和“含有”地名的商标两种情况

原告：苏黎世保险有限责任公司

被告：国家工商行政管理总局商标评审委员会

一、案情

原告向被告申请商标为国际注册第G980884号“ZURICH HELPPOINT”商标，其优先权日为2008年5月19日，其在第16类上指定使用的商品为：不属别类的纸、纸板及其制品（印刷制品除外）；装订用品；文具用品；有关保险和金融事务用的印刷制品；所有上述产品均来自瑞士。在第36类上指定使用的服务为：保险；金融事务；货币事务。

针对该申请，国家工商行政管理总局商标局（以下简称商标局）于2009年9月21日作出发文号为200824921的国际注册驳回通知书，对申请商标在全部注册类别上的注册予以驳回。

苏黎世保险有限责任公司（以下简称苏黎世公司）不服，向国家工商行政管理总局商标评审委员会（以下简称商标评审委员会）提出复审申请，2011年3月7日，商标评审委员会作出决定：申请商标指定使用在第16类“文具用品”等商品上、第36类“保险”等服务上在中国的领土延伸保护申请予以驳回。苏黎世公司不服商标评审委员会决定，向北京市第一中级人民法院提起诉讼，以申请商标未违反《商标法》第10条第2款的规定，与申请商标相类似情形的其他商标已被核准注册的事实说明申请商标具有可注册性为由，请求法院撤销商标评审委员会决定。

二、审理结果

一审法院经审理认为：《商标法》第10条第2款应适用于“仅”由地名构成的商标。本案中，虽然申请商标中包含有外国地名“ZURICH”，但并非仅由地名构成的商标，故不属于《商标法》第10条第2款调整的范围。商标评审委员会关于申请商标的注册不符合《商标法》第10条第2款规定的认定有误，应予纠正。同时，申请商标具有显著特征，该商标的注册并不违反《商标法》第10条第2款的立法目的，具有可注册性。故依照《中华人民共和国行政诉讼法》（以下简称《行政诉讼法》）第 54 条第（2）项第 1 目之规定，判决：撤销商标评审委员会决定；商标评审委员会针对苏黎世公司提出的复审申请重新作出复审决定。

商标评审委员会不服一审判决，提起上诉。二审法院经审理认为：《商标法》第 10 条第 2 款不仅适用于仅由县级以上行政区划的地名或者公众知晓的外国地名构成的商标，也适用于含有县级以上行政区划的地名或者公众知晓的外国地名的商标。原审法院认定《商标法》第 10 条第 2 款应适用于仅由地名构成的商标过于绝对化，属于理解法律有误。但原审法院认定对于中国相关公众而言，申请商标并不违反《商标法》第 10 条第 2 款规定，具有可注册性是正确的。故判决驳回上诉，维持原判。

三、意见

本案涉及《商标法》第 10 条第 2 款规定的适用问题。

《商标法》第 10 条第 2 款规定，县级以上行政区划的地名或者公众知晓的外国地名，不得作为商标。但是，地名具有其他含义或者作为集体商标、证明商标组成部分的除外；已经注册的使用地名的商标继续有效。

该法律规定并未明确所规定的地名商标是“仅”由地名构成的商标，还是同时包括“包含”地名的商标。商标局、商标评审委员会共同制定的《商标审查及审理标准》第 1 部分“十一、含有地名的商标的审查”（1）和（2）分别为“含有县级以上行政区划地名的商标的审查”和“含有公众知晓外国地名的商标的审查”。参照上述审查标准的规定，《商标法》第 10 条第 2 款应理解为不仅适用于仅由县级以上行政区划的地名或者公众知晓的外国地名构成的商标，也适用于含有县级以上行政区划的地名或者公众知晓的外国地名的商标。

此外，从《商标法》第 10 条第 2 款的立法本意考量，该条款也不宜理解为适用于“仅”由地名构成的商标。该条规定主要是考虑到县级以上行政区划的地名或者公众知晓的外国地名如作为商标使用在商品或服务上，易使消费者认为该商标所标示的是商品或服务的产地，从而不具有商标所应有的显著特征，因此不具有可注册性。不论上述地名是单独作为商标使用在商品或服务上，还是作为商标的组成部分使用在商品或服务上，只要该商标不具有标示商品来源的作用，而仅具有标示产地的意义，均不应予以注册。如果将该条款理解为适用于“仅”由地名构成的商标，则与上述立法目的有相悖之嫌。

综上，《商标法》第 10 条第 2 款不仅适用于仅由县级以上行政区划的地名或者公众知晓的外国地名构成的商标，也适用于含有县级以上行政区划的地名或者公众知晓的外国地名的商标。一审法院有关该条仅适用于“仅”由地名构成的商标过于绝对化。

但应指出的是，《商标法》第10条第2款中规定的公众知晓的外国地名，是指为中国公众所知晓的外国地名，对此应考虑中国公众知晓的是外文的外国地名还是外国地名的中文译文。如果中国公众知晓的是外国地名的中文译文，而外文的外国地名并不为公众所知晓，则该外文的外国地名不在禁止使用和禁止注册之列。而且，如果某一外国地名为中国公众所知晓，但不可能导致公众误认，同样不在禁止使用和禁止注册之列。就本案而言，虽然申请商标中包含的外国地名“ZURICH”对应的中文译文“苏黎世”为中国公众所知晓，但该外文表达对于中国公众而言并不具有很高的认知程度。而且，申请商标中除外国地名“ZURICH”之外还含有其他组成部分，该组成部分与“ZURICH”在字体、字号等方面无差别，两者在申请商标整体中所占比例也无不同。因此，本案中的申请商标并不违反《商标法》第10条第2款规定，具有可注册性。

综上，二审法院的判决是正确的。

41. 在商标异议复审行政案件中引证商标，受让人亦有权利对商标异议复审裁定提起行政诉讼

上诉人（原审原告）：法国网球协会

被上诉人（原审被告）：国家工商行政管理总局商标评审委员会

第三人：北京国风网球体育发展有限责任公司

一、案情

北京国风网球体育发展有限责任公司（以下简称北京国风公司）于2000年11月30日向商标局提出注册"ROLAND GARROS"（以下简称被异议商标）的申请，指定使用在国际分类第42类的提供食宿旅馆、咖啡馆、餐厅、饭店、鸡尾酒会服务、假日野营服务、汽车旅馆、酒吧、保健、饮食营养指导等服务项目上。该申请于2002年1月14日经商标局初步审定并公告。

在被异议商标的法定异议期内，罗兰·加洛斯公司对被异议商标提出了异议申请，商标局于2006年5月17日作出裁定，认定被异议商标与引证商标均未构成使用在同一种或者类似商品或者服务上的近似商标，裁定被异议商标予以核准注册。

本案中引证商标共八个，均为"ROLAND GARROS"，由罗兰·加洛斯公司于1996年3月向商标局申请注册，核定使用在国际分类第3、9、12、14、18、24、25、28类商品上，经商标局核准，引证商标的原始注册人罗兰·加洛斯公司于2008年2月21日将前述商标全部转让给法国网球协会。

罗兰·加洛斯公司不服商标局裁定，向商标评审委员会提出复审申请，主要理由是：其在中国已在第3、9、12、14、18、24、25、28类商品上注册了"ROLAND GARROS"商标，该商标同时也是罗兰·加洛斯公司商号。中国的消费者非常熟悉法国网球公开赛和"ROLAND GARROS"商标。被异议商标与引证商标构成在类似商品上的近似商标。北京国风公司在熟知罗兰·加洛斯公司的商标与商号的情况下仍注册被异议商标，其行为违反了诚实信用原则。罗兰·加洛斯公司在评审阶段提交了证据以证明其主张。

2010年5月4日，商标评审委员会作出第8318号裁定，认为：罗兰·加洛斯公司在评审阶段提交的证据不足以证明其商号于被异议商标申请注册日前已在中国长期、广泛地宣传、使用在第42类提供食宿旅馆服务等相关行业，

具有较高知名度。消费者看到被异议商标时，不会将其与罗兰·加洛斯公司联系在一起，进而对服务来源产生误认，损害罗兰·加洛斯公司的在先商号权。此外，罗兰·加洛斯公司在评审阶段提供的证据亦不能证明在被异议商标申请注册日前，“ROLAND GARROS” 商标在中国大陆已广泛使用于第 42 类提供食宿旅馆等相同或类似服务上，并产生了一定的影响。因此，罗兰·加洛斯公司关于被异议商标的申请注册是以不正当手段抢注其已经使用并有一定影响的商标的主张缺乏事实依据，商标评审委员会不予支持。由于被异议商标文字含义本身不具有任何贬义和消极内容，以此作为商标使用，不会损害社会主义道德风尚或者产生其他不良影响。综上，商标评审委员会裁定对被异议商标予以核准注册。

法国网球协会不服，向一审法院提起行政诉讼。

另在二审法院审理期间，法国网球协会提交了罗兰·加洛斯公司注册证明摘要等，证明罗兰·加洛斯公司于 2005 年 3 月 31 日被法国网球协会兼并，法国网球协会有资格提起行政诉讼。

二、审判结果

一审法院经审理认为，任何人均可以对他人申请注册且通过商标局初步审定并公告的商标提出异议，而不论该被异议商标是否侵犯了申请人自身所享有的相关权利。因此，申请人提出的异议理由中所涉及的相关权利是否转让给他人，并不导致申请人地位的改变。评审程序中的申请人资格和后续诉讼程序中的当事人资格均不因权利移转而受到影响。本案引证商标在评审程序中已经由罗兰·加洛斯公司转让给法国网球协会，但引证商标权利的转让不产生诉讼权利随之转让的法律后果，在罗兰·加洛斯公司仍为独立存在的民事主体的情况下，只有第 8319 号裁定的相对人即罗兰·加洛斯公司有权提起本案诉讼，法国网球协会不具有提起本案诉讼的原告主体资格，故依照《行政诉讼法》第 41 条第（1）项，最高人民法院《关于执行〈中华人民共和国行政诉讼法〉若干问题的解释》第 12 条、第 44 条第 1 款第（2）项的规定，裁定驳回法国网球协会对商标评审委员会的起诉。

一审宣判后，法国网球协会不服，提出上诉。

二审法院经审理认为，罗兰·加洛斯公司已于 2005 年 3 月 31 日被法国网球协会兼并，引证商标在评审程序中已经由罗兰·加洛斯公司转让予法国网球协会，作为引证商标权利人，法国网球协会与被异议商标的申请注册有着法律上的利害关系。原审法院认为法国网球协会不具有提起本案诉讼的原告主体资格错误，应予以纠正。同时，商标评审委员会作出第 8319 号裁定时，罗兰·

加洛斯公司已经不复存在，而商标评审委员会在没有查明相关事实的情况下，仍然对已经不存在的主体作出裁决，属于行政程序违法，亦应予以纠正。综上，二审法院依照《行政诉讼法》第61条第（2）项、第（3）项、最高人民法院《关于执行〈中华人民共和国行政诉讼法〉若干问题的解释》第70条之规定裁定：（1）撤销原审裁定；（2）撤销第8318号裁定；（3）商标评审委员会针对“ROLAND GARROS”商标重新作出异议复审裁定。

三、意见

本案的争议焦点问题是法国网球协会是否具有行政诉讼的原告主体资格。

《行政诉讼法》第41条第（1）项规定的“原告是认为具体行政行为侵犯其合法权益的公民、法人或者其他组织”是原告提起行政诉讼应当符合的法定条件。最高人民法院《关于执行〈中华人民共和国行政诉讼法〉若干问题的解释》第12条规定，与具体行政行为有法律上利害关系的公民、法人或者其他组织对该行为不服的，可以依法提起行政诉讼。该解释第12条将《行政诉讼法》第41条第（1）项的规定发展为“与具体行政行为有法律上利害关系的公民、法人或者其他组织对该行为不服的，可以依法提起行政诉讼”。所谓“有法律上利害关系”，我们认为判断标准通常应从权利侵害的可能性、法律上有无值得保护的权益、权利救济的直接性等方面来判断。结合本案，具体分析如下：

（一）关于权利侵害的可能性标准

适格的行政诉讼原告必须要能够说明其所主张的合法权益有被具体行政行为侵犯的可能性，至于其合法权益是否实际被侵害，不是在判断原告诉讼主体资格时需要审查的内容，而是在案件实体裁判时审查的内容。这里所说的可能性是指合法权益被侵害的可能性，而不是原告是否享有合法权益的可能性。在起诉时，原告要通过举证来证明其主张的合法权益必须是确定的。最高人民法院《关于行政诉讼证据若干问题的规定》第4条规定，公民、法人或者其他组织向人民法院起诉时，应当提供其符合起诉条件的相应的证据材料，就包括这方面的证据材料。实践中，要注意不能将原告的合法权益没有受到实际侵害作为裁定驳回原告起诉的理由，特别应当与最高人民法院《关于执行〈中华人民共和国行政诉讼法〉若干问题的解释》第1条第2款第（6）项所规定的对公民、法人或者其他组织权利义务不产生实际影响的行为区分开来，这类行为是指行为本身对外不发生直接的法律效力，而原告的合法权益没有受到实际损害，是指被诉的具体行政行为是对外直接发生法律效力的行政行为，但并未侵害原告的合法权益。本案中，法国网球协会提交的罗兰·加洛斯公司注册证明摘要等，可以证明罗兰·加洛斯公司于2005年3月31日已被法国网球协会兼并，罗兰·加洛斯公司在本案中的相关诉讼权利与义务均由法国网球协会承继，法国网球协会具有对本案提起行政诉讼的原告主体资格。

（二）关于法律上值得保护的权益标准

原告所主张的合法权益必须是法律上值得保护的权益。法律上值得保护的权利，既包括法律明文规定的权利，也包括从法律原则和立法精神中能够推导出的值得保护的合法权益。这些合法权益可能已经被类型化，能够用一个法律概念加以表述或概括，比如《行政诉讼法》第11条明确提到的人身权和财产权等，也可能难以类型化。法律上保护的合法权益并不一定是类型化的权利，当前的司法审判实践中对合法权益的保护范围，已经远远超出人身权和财产权的范畴，比如知情权、教育权等。是否能够被类型化，不是判断合法权益的标准，只要是法律上值得保护的权利，就属于合法权益。法律上值得保护的权益，不包括事实上的利害关系，所谓事实上的利害关系是指当事人并非基于法律关系而享有的权益。本案中，法国网球协会作为引证商标的受让人，其享有着引证商标的有关权益。

（三）关于权利救济的直接性标准

与具体行政行为有法律上利害关系的公民、法人或者其他组织既包括行政相对人，也包括行政相关人。对于行政相对人提起的行政诉讼，权利救济的直接性容易判断，行政相对人为具体行政行为直接指向的对象，其提起行政诉讼没有什么问题。争议比较多的是行政相关人的范围如何判断，这也是影响行政诉讼案件受案范围大小的重要因素。在考虑这个因素时，要结合案情综合判断原告的合法权益是否通过行政诉讼能够直接地获得救济，即原告的合法权益直接因具体行政行为而受到侵害，要考虑其通过行政诉讼获得救济的可能性。这里所说的直接性是从法律关系的角度来界定的，即原告的合法权益因行政法律关系而直接地受到行政行为的侵害，排除事实上的联系。本案中，引证商标在评审程序中已经由罗兰·加洛斯公司转让予法国网球协会，作为引证商标权利人，法国网球协会对被异议商标的申请注册有着最直接的法律上的利害关系，被异议商标的申请注册势必会对其权利造成损害。一审法院以只有第8318号裁定的相对人罗兰·加洛斯公司有权提起本案诉讼，法国网球协会不具有提起本案诉讼的原告主体资格为由，裁定驳回了法国网球协会的起诉。一审法院把原告的主体资格仅限定为行政相对人，缩小了原告主体资格的范围，不符合《行政诉讼法》第41条第（1）项以及最高人民法院《关于执行〈中华人民共和国行政诉讼法〉若干问题的解释》第12条关于原告主体资格的有关规定。

故原审法院认为法国网球协会不具有提起本案诉讼的原告主体资格错误，应予以纠正。

综上，二审法院的裁判是正确的。

42. 专利驳回复审程序中专利复审委员会认为申请文件修改后存在特定缺陷的，可以直接驳回复审申请

原告：李某

被告：国家知识产权局专利复审委员会

一、案情

2002年12月20日，李某向国家知识产权局提出名称为“气旋机”的发明专利申请（以下简称本申请），申请号为02157905.9，公开日为2004年7月7日。国家知识产权局以本申请权利要求1～7不具备《专利法》第22条第4款规定为由，驳回了本申请。李某对上述驳回决定不服，向国家知识产权局专利复审委员会（以下简称专利复审委员会）提出复审请求，同时提交了权利要求书、说明书和说明书摘要的全文替换页。

专利复审委员会受理了该复审请求，并发出复审通知书，指出：(1)李某对说明书进行的修改在原始申请文件中没有明确记载，也不能由原始申请文件的内容直接地、毫无疑义地确定，所以修改超出了原始申请文件记载的范围，不符合《专利法》第33条的规定；(2)为了节约审查程序，合议组继续以驳回决定所针对的文本进行审查，本申请权利要求1～7的技术方案不具备实用性，不符合《专利法》第22条第4款的规定。

李某针对上述复审通知书作出意见陈述。在该意见陈述中，李某未提交正式的申请文件修改替换页。

2009年10月14日，专利复审委员会作出第19069号复审请求审查决定（以下简称第19069号决定），认定李某对本申请说明书进行了修改，由于相关修改在原始申请文件中没有明确记载，也不能由原始申请文件的内容直接地、毫无疑义地确定，所以上述修改超出了原始申请文件记载的范围，不符合《专利法》第33条的规定。据此，专利复审委员会决定维持国家知识产权局于2008年6月6日作出的驳回本申请的审查决定。李某不服第19069号决定，向一审法院提起行政诉讼。

二、审理结果

一审法院经审理认为：李某对说明书的修改在原始申请文件中没有明确记

载，专利复审委员会认定上述修改超出了原始申请文件记载的范围不符合《专利法》第33条的规定，并无不当。专利复审委员会进行复审的职责是对国家知识产权局作出原驳回决定是否合法进行审查。李某于2008年9月10日提交的修改文本如果超出原说明书和权利要求书记载的范围，不符合《专利法》第33条的规定，专利复审委员会仍应当以国家知识产权局原驳回决定所针对的专利申请文本作为复审审查的文本进行审查，并据以作出复审决定。但专利复审委员会在未对原驳回决定认定合法的情况下，以李某在复审程序中对本申请的修改超出了原始申请文件记载的范围为由，作出决定，维持国家知识产权局原驳回决定，在程序上显属不当，也缺乏依据，不予支持。据此，一审法院判决：（1）撤销专利复审委员会作出的第19069号决定；（2）专利复审委员会针对本申请重新作出复审请求审查决定。

一审宣判后，专利复审委员会不服，提出上诉。

二审法院经审理认为：本申请的修改超出了原始申请文件记载的范围，不符合《专利法》第33条的规定。专利申请人不服的驳回决定的，可以提起复审请求，并有权修改专利权利要求书及说明书。复审申请人修改了权利要求和/或说明书的，专利复审委员会应当审查修改内容是否符合《专利法》第33条的规定。如果修改超过原申请的范围，专利复审委员会基于提高审查效率的目的，有权根据《专利法》第33条的规定，依法驳回复审请求人的复审请求。原审法院关于应当以国家知识产权局原驳回决定所针对的专利申请文本作为复审审查的文本进行审查并据以作出复审决定的认定不当，予以纠正。专利复审委员会的上诉主张依法成立，予以支持。

据此，二审法院依法判决：（1）撤销原审判决；（2）维持专利复审委员会作出的第19069号决定。

三、意见

本案主要涉及专利驳回复审程序中申请人修改申请文件后专利复审委员会应当如何进行审查的问题，涉及如何认定专利驳回复审程序的性质以及专利申请人修改专利申请文件后应当如何处理的问题。

（一）专利驳回复审程序的性质

《专利法》第41条规定，专利申请人对国务院专利行政部门驳回申请的决定不服的，可以向专利复审委员会请求复审。目前，现行法律、法规均未对专利复审程序的性质作出明确规定，实践中一般有两种观点：一种观点认为，专利复审属于行政复议，专利复审委员会即复议机关，依法对驳回决定进行合法性、适当性审查；另一种观点认为，专利复审不同于行政复议，属于一种特殊的行政救济程序，专利复审委员会在复审程序中不受驳回决定范围的限制。

2009年修正的《中华人民共和国行政复议法》（以下简称《行政复议法》）第3条规定，行政复议机关负责法制工作的机构具体办理行政复议事项，履行下列职责：……（3）审查申请行政复议的具体行政行为是否合法与适当，拟订行政复议决定；……由此可见，行政复议机关仅审查具体行政行为的合法性与适当性，不能超过具体行政行为的范围以及事实和理由进行审查。

根据《中华人民共和国专利法实施细则》（以下简称《专利法实施细则》）第60条第1款及第62条的规定，请求人在提出复审请求或者在对专利复审委员会的复审通知书作出答复时，可以修改专利申请文件；但是，修改应当局限于消除驳回决定或者复审通知书指出的缺陷。专利复审委员会进行复审后，认为复审请求不符合《专利法》和《专利法实施细则》有关规定的，应当通知复审请求人，要求其在指定期限内陈述意见。经陈述意见或者进行修改后，专利复审委员会认为仍不符合《专利法》和《专利法实施细则》有关规定的，应当作出维持原驳回决定的复审决定。由此可见，当专利复审委员会认为修改文本还存在驳回决定未指出的其他缺陷时，应当通知请求人。专利复审委员会基于提高授权专利的质量、避免不合理地延长审批程序的目的，依职权对驳回决定未提及的明显实质性缺陷进行审查，并据此作出审查决定，即超过驳回决定的范围及事实和理由进行审查，增加了专利授权的效率，也提高了专利授权的质量。由此可见，复审从性质上不同于行政复议，从专利授权审查实践来看，复审属于一种特殊的行政救济程序，专利复审委员会在复审程序中不受驳回决定范围的限制。

（二）专利申请人修改申请文件的后续处理

根据《专利法实施细则》第63条规定，专利复审委员会进行复审后，认为复审请求不符合《专利法》和《专利法实施细则》有关规定，经复审请求人陈述意见或者进行修改后，仍不符合《专利法》和《专利法实施细则》有关规定的，应当作出维持原驳回决定的复审决定。专利复审委员会进行复审后，认为原驳回决定不符合《专利法》和《专利法细则》有关规定的，或者认为经过修改的专利申请文件消除了原驳回决定指出的缺陷的，应当撤销原驳回决定，由原审查部门继续进行审查程序。《专利审查指南》第4部分第2章第4.2节规定，根据《专利法实施细则》第60条第1款的规定，复审请求人对申请文件的修改应当仅限于消除驳回决定或者合议组指出的缺陷。

根据上述规定，专利申请人不服国家知识产权局的驳回决定的，可以提起复审请求，并有权修改专利权利要求书及说明书。专利申请被驳回后，专利申请人有两种选择：一是不修改，申请复审，由专利复审委员会对驳回文本继续进行审查；二是根据驳回决定的内容修改申请文本，并由专利复审委员会继续进行审查。而第二种选择又存在三种处理结果：一是专利复审委员会认为修改没有消除驳回决定或者合议组指出的缺陷的，对该修改文本不予接受，直接对原驳回文本进行审查；二是专利复审委员会认为修改确实消除了驳回决定或者合议组指出的缺陷的，则应接受该修改文本，但如认为该修改文本修改超范围，不符合《专利法》第 33 条规定的，则以此为由维持原驳回决定；三是专利复审委员会认为修改确实消除了驳回决定或者合议组指出的缺陷的，应接受该修改文本，且该修改确实克服了上述缺陷的，则继续进行审查，如没有其他驳回理由的则授权，如果有其他驳回理由则维持原驳回决定。

专利复审委员会的上述做法的法律依据是《专利审查指南》，属于行政规章，而《专利审查指南》的上述规定并未违反《专利法实施细则》的规定，因而人民法院可以参照执行。

（三）专利复审委员会在复审程序中变更理由维持原驳回决定是否妥当

本案中，专利申请人主张专利复审委员会的复审决定变更了原驳回决定中的理由，却依然维持了原驳回决定，属于适用法律错误。我们认为，根据行政法的基本原则，只有具体行政行为证据确凿，适用法律、法规正确，符合法定程序的，才应予维持。因此，专利申请人的这一主张并非没有依据。

《专利审查指南》第 4 部分第 2 章第 5 节规定，复审决定分为三种类型：(1) 复审请求不成立，维持驳回决定；(2) 复审请求成立，撤销驳回决定；(3) 专利申请文件经复审请求人修改，克服了驳回决定所指出的缺陷，在修改文本的基础上撤销驳回决定。由于《专利审查指南》规定复审决定主文只有上述三种类型，因此，在这些案件中，专利复审委员会变更了复审驳回理由，却只能在复审决定中维持原驳回决定。

本案中，原驳回理由是《专利法》第 22 条第 4 款实用性问题，复审程序中专利申请人修改了说明书，专利复审委员会也接受了该修改文本。经过审查，专利复审委员会认为修改文本超过原申请的范围，根据《专利法》第 33 条的规定，维持了原驳回决定。虽然专利复审委员会在复审决定主文中采用维持原驳回决定的写法，但是，这是由于《专利审查指南》中的主文撰写形式的局限性所致，结论并无不妥。一审法院关于应当以国家知识产权局原驳回决定所针对的专利申请文本作为复审审查的文本进行审查并据以作出复审决定的认定不当，二审法院依法予以改判。

综上所述，二审法院的判决是正确的。

43. 网络不正当竞争行为的认定标准和裁量因素

原告(被上诉人)：腾讯科技（深圳）有限公司
原告（被上诉人)：深圳市腾讯计算机系统有限公司
被告(上诉人)：北京奇虎科技有限公司
被告(上诉人)：北京三际无限网络科技有限公司
被告(原审被告)：奇智软件（北京）有限公司

一、案情

2010年9月27日，腾讯科技（深圳）有限公司（以下简称腾讯公司）等两原告发现北京奇虎科技有限公司（以下简称（奇虎公司）等三被告运营的“360网”向用户提供“360隐私保护器”的下载并在“360网”上出现很多不当的文章和言论，存在不正当竞争行为。据此腾讯公司请求法院判令三被告立即停止涉案不正当竞争行为，公开赔礼道歉、消除影响，并连带赔偿经济损失400万元。

奇虎公司认为，腾讯公司与奇虎公司分别是即时通讯类软件和安全类软件的网络运营商，双方的产品不具备可替代性，不具有竞争关系。另，基于对“腾讯QQ”软件作为即时通讯类软件工作原理的理解，认为“腾讯QQ”软件在未经用户同意的情况下，对任何除腾讯软件或操作系统软件（Window软件）之外的文件进行调用，这是不合理的。“腾讯QQ”确实存在扫描用户电脑磁盘的情况，这是未经用户许可采集数据的行为，涉嫌侵犯用户的隐私。“360隐私保护器”对这种扫描行为向用户进行提示是正当的。

二、审理结果

一审法院对于原告举证证明奇虎公司通过“360隐私保护器”及“360网”中发布的文章内容的客观事实予以确认，但对于奇虎公司举证证明的原告运营的“QQ软件”存在扫描用户本地磁盘及文件的4份公证书证据，以公证过程存在瑕疵为由，未予采纳。

一审法院认定“360隐私保护器”监测提示用语和界面用语以及“360网”上存在的评价和表述，没有事实的依据，具有明显的不正当竞争的意图，损害了腾讯公司的商业信誉和商品声誉，构成了商业诋毁。一审法院依据

《中华人民共和国反不正当竞争法》（以下简称《反不正当竞争法》）第2条、第14条、第20条之规定判决：（1）三被告停止发行使用涉案“360隐私保护器”V1.0Beta版软件；（2）三被告删除“360网”上“360安全中心”、“360论坛”、“360隐私保护器软件开发小组博客日志”和“用户隐私大过天”专题网页中本案查明的涉案侵权内容；（3）三被告于判决生效之日起30日内在“360网”的首页以及《法制日报》上公开发表声明，消除不良影响；（4）三被告共同赔偿两原告经济损失40万元。

一审宣判后，奇虎公司不服，提出上诉。

二审法院经审理判决：驳回上诉，维持原判。

三、意见

本案涉及的法律问题属于相关法律领域的新问题，需要依照法律基本原则和立法精神作出判断，同时面对网络服务公司和网络用户的不同利益需求，需要综合考量涉案的价值冲突，合理确定竞争行为的正当界限。具体涉及以下内容。

（一）网络服务公司之间竞争关系的判断标准问题

作为竞争法的两个分支，反不正当竞争法意义上的竞争关系与反垄断法不同，对于竞争关系和相关市场的认定也相对宽松。特别在互联网行业的商业模式与传统实体经济的商业模式存在较大差别的前提下，对于该领域竞争关系的认定必须要考虑该行业商业模式的特性。

本案中，腾讯公司、奇虎公司均系网络服务运营商，其运营模式具有一定的典型性，其商业模式主要通过基础网络服务免费+增值服务收费+广告服务收费的模式运营。该类网络运营商通过免费的基础网络服务锁定用户，并通过向部分用户提供增值服务的方式在用户市场赚取利润；与此同时，该类网络运营商又将免费网络服务锁定的用户作为推介信息的对象，在广告市场赚取利润。另外，部分该类网络公司并未也从未实现盈利，公司所有者（或管理层）通过免费的基础网络服务用户的数量和黏度体现公司的价值，并寻求在资本市场获得更多的融资和再融资，通过资本市场的盈利而非产品市场的盈利实现公司的运营价值。因此，免费的基础网络服务对用户的锁定程度和广度就成为该类运营商能否在市场中立足或取胜的关键，也在很大程度上体现了该类公司在市场中的竞争优势。

本案中，腾讯公司的主营免费网络服务市场是以QQ软件为代表的即时通讯软件和服务市场；而奇虎公司的主营免费网络服务市场是以360安全卫士软件为代表的安全类软件和服务市场，从用户的角度双方免费网络服务的主营市场具有一定的区别，但是，双方为了更大程度和更广范围地锁定用户，趋向于拓展各自非主营的免费网络服务市场，从而产生网络服务范围和用户群体的交叉和重合。同时，腾讯公司与奇虎公司作为网络服务运营商，拓展广告服务市场是其寻求盈利的重要市场策略。影响该类公司在广告市场和资本市场的竞争优势的重要因素就是免费网络服务市场中对用户的锁定程度和广度。因此，如果奇虎公司的行为可以增强自己在该领域的竞争优势，或者损害腾讯公司的竞争优势，从而影响双方在广告市场、资本市场的竞争优势和利益格局，则说明双方在网络服务的用户市场、广告市场等相关市场中具有竞争利益，存在竞争关系。

（二）商业性言论自由与竞争者的言论限制的关系问题

一般而言，商业性的言论，即以盈利为目的的经营者向公众传递信息的权利是应当保护的，这有利于市场中信息的传递。信息的传递是市场存在的基础，而对于消费者而言，充足的信息有利于其作出理性选择。当然，由于竞争法对于市场中的竞争参与者的行为（出于竞争法立法目的的考虑）作出了符合社会利益最大化考量的适当限制，因此在竞争法的层面上，可能这种商业性言论自由会受到某种约束，这也正是反不正当竞争法对于虚假宣传和诋毁商誉等行为作出限制的原因。

有观点认为，对于具有竞争关系的对手而言，进行否定性的评价是不道德的，并且这种具有商业竞争目的的评价很可能有失客观甚至包含贬损的成分，有违商业道德并造成市场上信息的混乱，不利于正常市场秩序的建立，因此应当为竞争法所禁止。笔者对此并不否认，竞争者之间否定性的宣传言论可能产生某些弊端，但是并非因此就一定要禁止“竞争者之间的否定性竞争言论”。

法律的作用在于规范和引导市场主体，使市场参与者能够获得足够的信息作出理性的判断，以维护市场的良性健康发展。在健康的市场当中，作为消费者，应当享有获得产品优缺点的全部信息的权利，以作出理性的经济判断，从而保障市场的长期健康有序发展。我们假设消费者获取信息的渠道可能包括市场内的信息（经营者之间的宣传言论及消费者自身评价的言论）和市场外的信息（行政机关监督信息的公布，民间第三方专业机构的监督信息等等）。

假设在一个只存在卖家（经营者）与买家（消费者）的市场当中，只有市场内信息。此时如果法律不允许卖家对竞争对手作否定性的竞争宣传，那么市场中存在的信息就只可能包括卖家向市场传递的对销售自身产品有利的信息，以及买家使用产品后经过长期摸索获取的部分产品信息。由于卖家出于盈利的目的，先天具有大力宣传自身产品的内动力，在市场信息的传递上将具有绝对的优势地位，特别是对于某些技术含量高、信息相对复杂的行业，卖家可能形成消费信息的垄断。在这种情况下，消费者只会看到卖家宣传的产品优点，而无法发现商品的不足和潜在的危害，在缺乏充足信息的情况下，处于强势地位的商家很容易对消费者权利造成侵害。当然，当市场外信息足以弥补市场内信息不足的时候，这种情况有可能得到改善，但在社会发展的不同时期，市场外的监督信息并非都是足够的。

由此可以看出，对于竞争者间否定性宣传言论的态度应当由市场上信息获得渠道的情况不同而作出不同的判断。当行政机关和民间第三方专业机构的监督信息充足，足以使消费者获得使其作出理性判断的正反面全部信息时，否定性宣传言论就显得可有可无。相反，在行业外部信息相对匮乏，缺乏有效机制和文化保障消费者获取足够的否定性信息的情况下，经营者之间的否定性竞争宣传则可能是对市场信息的有益补充。

因此，笔者认为，对于竞争者间的否定性言论，应当得到法律的规范而非禁止，而规范的尺度，则需要根据市场和社会发展的实际情况作出判断，当政府监管有力，民间第三方专业机构监督得当的时候，法律对于否定性竞争言论可以适当收紧；相反，法律则应当适当鼓励否定性竞争言论的存在，以实现市场内信息的自我平衡。

上述原理将直接影响对于安全类软件是否构成商业诋毁的判断标准。原则上，安全类软件商业性言论自由的边界是“客观真实的评测结果和表述”，然而在很多情况下，对于“评测结果是否客观、真实，是否会造成用户的误解”这一问题本身的判断并非清楚、确定。对于安全软件的评测结果，如果课以过于严格的判别标准，会使软件开发者过于谨慎地评价其他软件，不敢提出一些怀疑性的意见，反而会影响正常商业性言论自由的监督作用，从而减少用户对潜在危害信息的获取。因此，对于安全类软件合理范围内的错报、误报以及并非明显的表述失当，应当给予适当的宽容，而适当的标准则需要综合考虑行为本身和上文所论述的“市场和社会发展的实际情况”作出具体的判断。

（三）网络服务公司之间竞争的界限问题

即涉案不正当竞争行为认定的考量因素和判断标准。我国反不正当竞争法通过规范竞争行为来维护正当的市场竞争关系，从而达到保障经济健康发展、保护经营者和消费者合法权益的目的。《反不正当竞争法》第 2 条第 1 款明确了市场竞争中的基本原则，即经营者应当遵循自愿、平等、公平、诚实信用的原则，遵守公认的商业道德；由于市场竞争的开放性和激烈性，必然导致市场竞争行为方式的多样性和可变性，对于侵害反不正当竞争法所保护法益的行为，应当依据相关条款加以规制，以保障市场竞争的公平有序。对于不属于反不正当竞争法列举规定的竞争行为的正当性认定，应当以该行为是否违反诚实信用原则和公认的商业道德作为基本判断标准。反不正当竞争法意义上的诚实信用可能有别于民法中诚实信用，更多地体现为符合市场规律的商业道德。而商业道德不同于社会道德，需要根据不同行业有所区分，特别是应当结合具体案情加以判断。

在本案中，尽管腾讯QQ软件未经用户许可扫描用户磁盘行为本身的正当性是有待商榷的，但是奇虎公司采取了一种误导性的语言描述，夸大了客观事实可能存在的危害，使用一种类似于恐吓宣传的方式推广自身产品的行为本身是违反诚实信用原则的。尽管如前所述，在当前的网络环境下，应当赋予安全类软件更加宽松的法律环境，但是作为安全类软件，应当为用户提供客观、中立的评测，如果为了市场竞争而夸大被检测威胁和漏洞的危害性，从长远来看，既是对相关行业商业秩序的破坏，也是对用户获取真实、客观信息权益的损害。为了避免由于过度自由竞争而带来的囚徒困境，竞争法有必要对这类影响市场公平竞争的行为加以规范。奇虎公司所开发的“360隐私保护器”软件，在缺乏事实依据的情况下，使用“窥视”隐私等文字描述，缺乏客观公正性，足以误导用户产生不合理的联想，对腾讯QQ软件的商品声誉和商业信誉带来一定程度的贬损，损害了公平、合理的市场竞争秩序，构成不正当竞争。

综上，一审、二审法院的判决是正确的。

行政案例

44. 相对人善意取得违规发票不构成应受处罚的违法行为

原告：北京大雁楼宾馆

被告：北京市怀柔区国家税务局稽查局

一、案情

2011年7月29日，北京市怀柔区国家税务局稽查局（以下简称区国税稽查局）对北京大雁楼宾馆（以下简称大雁楼宾馆）作出国罚〔2011〕第21号《税务行政处罚决定书》（以下简称《处罚决定书》）。《处罚决定书》的主要内容为，区国税稽查局于2011年2月14日至同年6月17日对大雁楼宾馆2008年1月1日至2009年12月31日期间纳税情况进行检查，确认大雁楼宾馆有如下违法事实：（1）大雁楼宾馆在2008年度经营过程中取得开票方与购票方不一致的北京市商业企业专用发票23份，发票金额合计1 270 405.40元，上述所得第三方开具的发票，大雁楼宾馆在该年度企业所得税税前扣除的金额为1 270 405.40元；（2）大雁楼宾馆在2009年度经营过程中取得开票方与购票方不一致的北京市商业企业专用发票41份，发票金额为1 115 070元，上述所得第三方开具的发票，大雁楼宾馆在该年度企业所得税税前扣除的金额为1 115 070元；（3）根据《中华人民共和国发票管理办法实施细则》（该细则于1993年12月23日施行，以下简称1993年《发票管理办法实施细则》）第49条第（2）项的规定，大雁楼宾馆使用第三方开具发票作为记账凭证的行为属于“未按照规定取得发票”的行为，同时，大雁楼宾馆将上述不合法凭证在企业所得税税前列支的行为违反了《中华人民共和国税收征收管理法》（以下简称《税收征收管理法》）第19条及《中华人民共和国税收征收管理法实施细则》（以下简称《税收征收管理法实施细则》）第29条的规定，不具有合法、有效性，不得在税前扣除。区国税稽查局依据《中华人民共和国发票管理办法》（该办法于1993年12月23日发布施行，以下简称1993年《发票管理办法》）第36条的规定，决定对大雁楼宾馆2008~2009年连续“未按照规定取得发票”的行为处1万元罚款，并限定大雁楼宾馆自《处罚决定书》送达之日起15日内到税务申报大厅缴纳入库，逾期不缴纳罚款，将依照《行政处罚法》第51条第（1）项的规定，可按每日罚款数额的3%加处罚款。

大雁楼宾馆不服《处罚决定书》，向一审法院诉称，我单位认为《处罚决定书》认定事实不清，程序和适用法律有误，具体理由为：（1）作出《处罚决定书》的主体错误。县级以上税务机关具有2 000元以上罚款的职权，区国税稽查局不是县级以上税务机关，无权作出《处罚决定书》。（2）我单位取得的发票不是伪造的，是通过正当渠道取得的，且确实发生了此项业务，并要求供货方提供真实有效的发票。（3）关于不符合规定的发票问题，因受当时客观现实的制约及法律、法规的限制，依据当时的手段，我单位无法确认什么叫第三方发票，我单位没有过错，不应承担责任。区国税稽查局未对什么叫"未按照规定取得发票"的行为作出解释，所作《处罚决定书》没有法律依据。（4）根据有关规定，税务检查机关发现发票错误应通知更换发票，但区国税稽查局未通知我单位。大雁楼宾馆请求撤销《处罚决定书》。

区国税稽查局辩称：（1）大雁楼宾馆在交易过程中取得的发票不是开票方自己依法领购的发票，而是第三方领购的发票，该行为属于"未按照规定取得发票"的行为。我局向大雁楼宾馆送达了《税务行政处罚事项告知书》，并举行了听证会，《处罚决定书》合法有效。（2）我局以自己的名义在权限范围内对大雁楼宾馆依法作出行政处罚，没有越权执法。（3）大雁楼宾馆在经营过程中取得"开票方与购票方不一致"的北京市商业企业专用发票，无论发票是否伪造、无论通过何种渠道取得，即使确实发生此项业务，都不影响大雁楼宾馆这一违法行为的构成。大雁楼宾馆作为取得发票的一方，无论对取得的发票是否尽到注意义务，都不影响其取得不符合规定发票违法行为的构成。（4）我局已通知大雁楼宾馆更换违规发票，已经履行了法定职责。（5）我局对大雁楼宾馆的违法行为给予处罚，没有超过法定追诉期限。区国税稽查局请求维持《处罚决定书》。

二、审理结果

一审法院经审理认为，区国税稽查局具有依法对纳税人、扣缴义务人和其他涉税当事人履行纳税义务、扣缴义务情况及涉税事项进行检查处理，以及围绕检查处理开展其他相关工作的法定职责。区国税稽查局认定大雁楼宾馆在2008年1月1日至2009年12月31日期间，使用第三方开具发票作为记账凭证的行为属于"未按照规定取得发票"的行为，同时认定大雁楼宾馆将不合法凭证在企业所得税税前列支的行为违反了《税收征收管理法》和《税收征收管理法实施细则》的有关规定，区国税稽查局依据1993年《发票管理办法》向大雁楼宾馆作出《处罚决定书》。但1993年《发票管理办法》已于2010年12月20日修订（该法于2011年2月1日施行，以下简称2010年《发票管理办法》），1993年《发票管理办法实施细则》亦重新修订并于2011年2

月 1 日开始实施，区国税稽查局仍引用 1993 年《发票管理办法》不利于保护大雁楼宾馆的合法权益，属适用法律错误。据此，一审法院依据《行政诉讼法》第 54 条第（2）项第 2 目的规定判决撤销了《处罚决定书》。

区国税稽查局不服上述判决，上诉至二审法院，请求撤销该判决并判决维持《处罚决定书》。区国税稽查局认为，一审法院判决适用法律错误。依据《中华人民共和国立法法》的有关规定，法律、法规、规章等不溯及既往，溯及既往的法律规范须通过法定程序由相应的法律规范作出特别规定。1993 年《发票管理办法》和 1993 年《发票管理办法实施细则》经修订于 2011 年 2 月 1 日开始实施，上述规定中均没有作出溯及既往的特别规定。故对大雁楼宾馆发生在 2008 年 1 月 1 日至 2009 年 12 月 31 日期间的违法行为，适用 1993 年《发票管理办法》作出《处罚决定书》正确无误。

二审法院经审理认为，行政机关依法行使行政职权作出具体行政行为，应以证据确凿，适用法律、法规正确，符合法定程序为基本准则；1993 年《发票管理办法》第 36 条第 1 款第（4）项规定，"未按照规定取得发票的"属于违反发票管理法规的行为，应予查处。1993 年《发票管理办法实施细则》第 49 条第（2）项规定，取得不符合规定的发票属于"未按照规定取得发票"的行为。但构成该项违规行为的要件应当包括取得发票的单位和个人知道或者应当知道开具发票的单位和个人提供的发票不符合规定，取得发票的单位和个人尽到必要、合理的注意义务，善意取得发票的行为不构成该项违规行为。2010 年《发票管理办法》第 24 条第 1 款第（2）项、第 39 条第（2）项亦明确规定，对未按照发票管理规定使用发票而应予处罚的行为之一为"知道或者应当知道是私自印制、伪造、变造、非法取得或者废止的发票而受让、开具、存放、携带、邮寄、运输"；本案中，区国税稽查局没有提供证据证明大雁楼宾馆知道或者应当知道开具发票的单位和个人提供的发票存在"开票方与购票方不一致"的违规情形，且大雁楼宾馆坚称"我单位取得的发票不是伪造的，是通过正当渠道取得的，且确实发生了此项业务，并要求供货方提供真实有效的发票。依据当时的手段，我单位无法确认什么叫第三方发票"，据此，不应认定大雁楼宾馆构成"未按照规定取得发票"的违规行为。区国税稽查局在没有证据证明大雁楼宾馆存在未如实开具发票、知道或者应当知道开具发票的单位和个人提供的发票不符合规定等情况下，认定大雁楼宾馆违反 1993 年《发票管理办法》第 36 条第 1 款第（4）项的规定，并作出《处罚决定书》，属于主要证据不足，适用法规错误，对该行政行为不予维护。大雁楼宾馆要求撤销《处罚决定书》的诉讼请求，予以支持；区国税稽查局上诉认为《处罚决定书》适用法律正确的主张，理由不能成立，对其主张及要求维持《处罚决定书》的上诉请求不予支持。故依照《行政诉讼法》第 61 条第（1）项的规定作出驳回上诉，维持一审判决的终审判决。

三、意见

本案存在争议的主要问题有二：一是如何正确把握 1993 年《发票管理办法》第 36 条第 1 款第（4）项规定的“未按照规定取得发票”这一违法行为的认定标准；二是如何准确释明《处罚决定书》适用法律错误。具体分析如下。

（一）如何理解“未按照规定取得发票”违规行为的构成

1993 年《发票管理办法》第 36 条第 1 款第（4）项规定，“未按照规定取得发票的”属于违反发票管理法规的行为，应予查处。1993 年《发票管理办法实施细则》第 49 条第（2）项又明确将取得不符合规定发票的行为规定为属于“未按照规定取得发票”的行为。据此，从上述法律规范的字面理解，取得违规发票的行为属于违法行为。但应否将取得发票的单位和个人知道或者应当知道取得的发票不符合规定作为该项违规行为的构成要件？上述法律规范对该问题规定不清，容易产生歧义理解。二审法院的理解是应当结合具体案情，需要考虑行为人的主观过错及过错程度。

首先，在对法律规范的条文存在不同理解的情况下，法院需要对其确切含义进行解释。最高人民法院在《关于审理行政案件适用法律规范问题的座谈会纪要》（以下简称《行政案件适用法律规范问题座谈会纪要》）中规定，“在裁判案件中解释法律规范，是人民法院适用法律的重要组成部分。人民法院对于所适用的法律规范，一般按照其通常语义进行解释；有专业上的特殊涵义的，该涵义优先；语义不清楚或者有歧义的，可以根据上下文和立法宗旨、目的和原则等确定其涵义”。

从法律规范目的性角度考虑，因发生正当真实交易而取得了真实的专用发票，且发票不是非正常途径取得，加盖有出具发票单位的印章，发票上注明的品名、数量、金额等项目均如实开具，但出现“开票方与购票方不一致”的违规情形，可又不是取得发票的单位和个人在能力范围内，尽到必要、合理注意义务就能够发现，在该种情形下对取得发票的单位和个人予以处罚，不是立法机关的意图。

从法律规范连续性角度考虑，2010 年《发票管理办法》第 24 条第 1 款第（2）项、第 39 条第（2）项就该争议问题作出了明确规定，即“知道或者应当知道是私自印制、伪造、变造、非法取得或者废止的发票而受让、开具、存放、携带、邮寄、运输”的，属于未按照发票管理规定使用发票而应予处罚的行为之一。可以说，2010 年《发票管理办法》对 1993 年《发票管理办法》条文中存在的漏洞和不足，进行了修正和弥补，使法意更清晰，符合法律规定的目的。

其次，根据社会生活实际情况考虑，采取主观归责的标准认定该项违规行为，更具有公平合理性，也容易被大多数常人所接受。在生活中因商品、服务等交易而取得发票的情形无时无处不在，每个单位和个人都经常成为取得发票的单位和个人，在尽到了应尽、能尽的注意义务，善意取得的情况下，取得发票的单位和个人仍要承担法律责任，会形成人人自危的局面，同样不利于维护经济秩序。对没有过错的相对人予以处罚，扩大了打击范围，浪费执法资源，不利于保护当事人的合法权益。

由此可见，二审法院没有支持区国税稽查局在辩称中的第三点意见，而认为知道或者应当知道取得的发票不符合规定，是构成"未按照规定取得发票"违法行为的前提条件。

（二）如何认定《处罚决定书》适用法律错误

首先，以《处罚决定书》引用 1993 年《发票管理办法》不利于保护大雁楼宾馆的合法权益为由，认为区国税稽查局适用法律错误不妥，理由如下：

关于新旧法律规范的适用规则，最高人民法院在《行政案件适用法律规范问题座谈会纪要》中规定："行政相对人的行为发生在新法施行以前，具体行政行为作出在新法施行以后，人民法院审查具体行政行为的合法性时，实体问题适用旧法规定，程序问题适用新法规定，但下列情形除外：一是法律、法规或规章另有规定的；二是适用新法对保护行政相对人的合法权益更为有利的；三是按照具体行政行为的性质应当适用新法的实体规定的。"

基于本案第一个问题的分析结论，大雁楼宾馆在不明知的情况下取得违规发票，该情形无论依照 1993 年《发票管理办法》还是 2010 年《发票管理办法》，均不构成违法行为，不应予以处罚。故本案不存在适用 2010 年《发票管理办法》比适用 1993 年《发票管理办法》对保护行政相对人的合法权益更为有利的问题。

修订后的 2010 年《发票管理办法》于 2011 年 2 月 1 日施行。区国税稽查局查处大雁楼宾馆取得发票的时间在 2008 年 1 月 1 日至 2009 年 12 月 31 日期间，即"行政相对人的行为发生在新法施行以前"，《处罚决定书》作出的时间是 2011 年 7 月 29 日，即"具体行政行为作出在新法施行以后"，在没有《行政案件适用法律规范问题座谈会纪要》上述规定中的三种但书情形下，本案实体问题应适用 1993 年《发票管理办法》。

其次，区国税稽查局在没有提交证据证明大雁楼宾馆存在未如实开具发票、知道或者应当知道开具发票的单位和个人提供的发票不符合规定等情况下，不应认定大雁楼宾馆构成“未按照规定取得发票”的违规行为，现予认定即属于事实不清，主要证据不足，从而适用1993年《发票管理办法》第36条第1款第（4）项作出《处罚决定书》，导致适用法律错误。

综上，一审、二审法院的裁判是正确的。

45. 交通管理部门对符合机动车标准而未悬挂号牌的电动三轮车采取扣留行政强制措施，符合法律规定

原告：王某

被告：北京市公安局公安交通管理局通州交通支队潞河大队

一、案情

2011年4月14日7时36分，北京市公安局公安交通管理局通州交通支队潞河大队（以下简称潞河大队）民警在执勤过程中发现王某在北京市通州区西门路口驾驶未悬挂号牌机动车，遂对其采取扣留机动车的强制措施，并出具了编号为8263446的《北京市公安局公安交通管理局公安交通管理行政强制措施凭证》（以下简称强制措施凭证）。

王某认为，电动三轮车是否属于机动车尚无明文规定，其驾驶的电动车设计时速以及相关设计标准不符合国家制定的机动车技术标准。潞河大队将其电动车认定为机动车予以扣留明显超越了公安机关的职权，没有法律依据，故请求法院确认潞河大队作出的扣留其三轮车的行为违法并予以撤销。

被告潞河大队辩称，涉案无号牌电动三轮摩托车属于机动车范畴，原告驾驶无号牌电动三轮摩托车的行为违反了《道路交通安全法》第11条第1款“驾驶机动车上道路行驶，应当悬挂机动车号牌”的规定，潞河大队依法作出的公安交通管理行政强制措施认定违法事实清楚、证据确凿、程序合法、适用法规准确，故请求法院维持该强制措施，驳回原告的诉讼请求。

二、审理结果

一审法院经审理认为，根据《道路交通安全法》、《道路交通事故处理程序规定》的相关规定，被告作为公安交通管理部门对于违反道路交通安全法律、法规的违法行为，负有监督、检查并予以采取强制措施及行政处罚的法定职权。根据《道路交通安全法》、《机动车运行安全技术条件》（GB 7258—2004）等法律、国家标准的规定，涉案车辆为电力驱动三轮车辆，故应当认定为机动车。原告王某的起诉理由不能成立，故依照最高人民法院《关于执行

〈中华人民共和国行政诉讼〉若干问题的解释》第56条第（4）项的规定作出如下判决：驳回原告王某的诉讼请求。

一审宣判后，原告王某不服，提起上诉，其认为一审判决认定涉案车辆属于机动车系适用法律错误，涉案车辆正常最高时速不超过50km/h，整车整备质量不超过400kg，应当属于电动三轮轻便摩托车范围，应按照非机动车管理，故涉案车辆不属于机动车，被诉行政强制措施没有法律依据。请求二审法院撤销一审判决，依法确认潞河大队作出的扣留车辆的行政强制措施违法并予以撤销。

二审法院经审理认为，根据《道路交通安全法》第95条的规定，上道路行驶的机动车未悬挂机动车号牌，公安机关交通管理部门应当扣留机动车。本案中，根据审理查明的事实，王某驾驶未悬挂机动车号牌的电动三轮摩托车于道路行驶；潞河大队依据《道路交通安全法》以及《机动车运行安全技术条件》（GB 7258—2004）、《机动车类型　术语和定义》（GA 802—2008）等法律和国家、行业标准的相关规定，认定涉案车辆属于机动车范畴并无不当。故潞河大队执勤民警对王某驾驶的车辆采取扣留的行政强制措施符合法律规定。潞河大队执勤民警在交通管理执法过程中履行了告知权利、说明理由、出具强制措施凭证等程序义务，行政程序合法。王某以涉案车辆属于非机动车，不需悬挂号牌为由，要求确认潞河大队作出的被诉行政强制措施违法并予撤销，理由不能成立，对其诉讼请求，法院不予支持。据此，二审法院判决驳回上诉，维持一审判决。

三、意见

本案的争议焦点在于：涉案电动三轮车是否属于机动车。对此，审理中有以下两种观点。

第一种观点认为，根据《道路交通安全法》第119条第（3）项的规定："'机动车'是指以动力装置驱动或者牵引，上道路行驶的供人员乘用或者用于运送物品以及进行工程专项作业的轮式车辆"。《机动车运行安全技术条件》（GB 7258—2004）第3.1条规定："'机动车'是指由动力装置驱动或者牵引、在道路上行驶的、供乘用或（和）运送物品或进行专项作业的轮式车辆，包括汽车以及汽车列车、摩托车及轻便摩托车、拖拉机运输机组、轮式专用机械车和挂车等，但不包括任何在轨道上运行的车辆。"该国家标准第3.5条规定："摩托车系无论采取何种驱动方式，其最高设计车速大于50km/h，或若使用内燃机，其排量大于50ml的两轮或三轮车辆"；该国家标准第3.6条规定："轻便摩托车系无论采用何种驱动方式，其最高设计车速不大于50km/h，且若使用内燃机，其排量不大于50ml的两轮或三轮车辆……但不包括最高设计车速不大于20km/h的电驱动的两轮车辆。”涉案车辆为电力驱动三轮车辆，符合上述法律及国家标准关于机动车的定义，属于摩托车或轻便摩托车中的一种无疑，故应当认定为机动车。

第二种观点认为，法律及行业标准对于机动车的规定过于宽泛，如按照第一种观点，凡是动力装置驱动的三轮车辆一律应认定为机动车，那么时下很多老年人驾驶的电动三轮车也属于机动车，也应当悬挂号牌。法院认定电动三轮车为机动车恐怕会导致群众对机动车标准的质疑。此外，电动自行车的国家标准为最高设计时速不大于20km/h，如果按照第一种观点进行认定，一辆最高设计时速不合格的电动自行车，比如经过改装的最高设计时速超过20km/h的电动自行车，应当定性为设计不合格的电动自行车，还是机动车？是否也应当悬挂号牌？

笔者同意第一种观点，理由如下。

第一，将涉案电动三轮车认定为机动车，符合法律规定和相关技术标准。《道路交通安全法》第119条规定，机动车是指以动力装置驱动或者牵引，上道路行驶的供人员乘用或者用于运送物品及进行工程专项作业的轮式车辆。非机动车是指以人力或者畜力驱动，上道路行驶的交通工具，以及虽有动力装置驱动但涉及最高时速、空车质量、外形尺寸符合有关国家标准的残疾人机动轮椅车、电动自行车等交通工具。从以上定义来看，《道路交通安全法》对于机动车及非机动车的主要区别在于驱动动力，动力装置驱动或者牵引的即为机动车，人力畜力驱动的为非机动车。此外，非机动车包含符合国家标准的机动轮椅车及电动自行车。本案中，涉案车辆系电力驱动，如果不是符合国家标准的机动轮椅车或电动自行车，均应属于机动车范畴。

根据《电动自行车通用技术条件》（GB 17761—1999）的规定，电动自行车最高设计时速不超过20km，整车质量（重量）不大于40kg，一次充电后的续行历程不小于25km。涉案车辆的正常行驶速度为0~40km/h，显然设计最高时速超过了国家电动自行车的标准，不属于电动自行车。该车显然也不是机动轮椅车。而根据《机动车运行安全技术条件》（GB 7258—2004）第3.1、3.5条关于机动车及轻便摩托车的定义和表述（前文已述），将涉案车辆认定为轻便摩托车并无不妥。

第二，将涉案电动三轮车认定为机动车符合交通安全的需要。基于交通安全的考虑，我国对于机动车行业实行准入制度，国家发改委每年均公告机动车生产企业和生产车型的名录。机动车使用者因为车身重量、外形尺寸及设计最高时速等方面的原因，也必须取得相应资格方能驾驶。本案中，涉案车辆没有出厂说明，没有相关文件，是没有经过合法正规审批的单位生产的产品，应当由有关部门依法查处。同时，涉案车辆的仪表盘最高到120km/h，车身净重240kg，车辆外形也远大于一般的人力三轮车，将该车辆认定为机动车予以管理也有利于对公众交通安全的保障。

综上，一审、二审法院的判决是正确的。

46. 因工作压力引起的精神疾病不能纳入工伤认定范畴

原告：姜某

被告：北京市海淀区人力资源和社会保障局

第三人：首都信息科技发展有限公司

一、案情

姜某原系首都信息科技发展有限公司（以下简称首信公司）网络工程师，与该公司签订了期限为2009年6月11日至2012年2月25日的劳动合同。2010年6月4日，首信公司向姜某出具了解除/终止劳动关系证明。同时，首都医科大学附属北京安定医院及北京大学第六医院等医院出具诊断证明认为，姜某患有重度抑郁症伴发精神分裂症等症状。

2011年6月2日，姜某之父代姜某向北京市海淀区人力资源和社会保障局（以下简称海淀人保局）提交工伤认定申请表等工伤认定申请材料，称姜某因在首信公司长期连续工作导致压力大、失眠，最终导致上述疾病。同年6月14日，海淀人保局作出告知书，认定姜某之父提交的工伤认定申请不符合《工伤保险条例》第1条、第14～15条规定的工伤（视同工伤）的认定情形。之后，海淀人保局分别以邮寄和公告方式送达了上述告知书。姜某不服上述告知书，于2011年8月16日向北京市人力资源和社会保障局申请行政复议。2011年10月17日，该局作出复议决定，维持了原行政行为。姜某亦不服，提起行政诉讼。

姜某诉称：首信公司未与姜某协商，擅自将姜某调往延庆县信息中心从事室内政务网络工作，限制姜某休息的权利，强迫其加班和连续工作。因此，姜某认为，其是在工作时间、工作区域、因工作原因而致病，符合《工伤保险条例》第14条第（1）项的规定，应当认定为工伤。请求人民法院依法撤销海淀人保局于2011年6月14日作出的告知书。

二、审理结果

一审法院经审理认为，依据《工伤保险条例》第5条第2款之规定，县级以上地方各级人民政府社会保险行政部门负责本行政区域内的工伤保险工作。被告作为区一级社会保险行政部门，负有对本辖区内企业职工所受伤害作出工伤认定的法定职责。《工伤保险条例》第1条规定，为了保障因工作遭受事故伤害或者患职业病的职工获得医疗救治和经济补偿，促进工伤预防和职业康复，分散用人单位的工伤风险，制定本条例。该条明确了工伤认定针对的对象是因工作遭受事故伤害或者患职业病的职工。劳动者因工作原因发生意外事故身体受伤、死亡和因工作原因患职业病的，应该被认定为工伤，享受相关的保险待遇。本案中，相关医学证明书载明原告患有精神分裂症等病症，但目前并未有证据表明原告上述病症系因工作遭受事故伤害而导致，亦未有证据证明其病症属职业病。因此，被告认定原告申请不符合《工伤保险条例》第1条的规定，且不符合《工伤保险条例》第14～15条规定的工伤（视同工伤）的认定情形，并由此作出告知书，其行为认定事实清楚、证据充分、程序合法、适用法规适当。原告的诉讼请求缺乏事实和法律依据。综上，一审法院依照最高人民法院《关于执行〈中华人民共和国行政诉讼法〉若干问题的解释》第56条第（4）项的规定判决，驳回原告姜某的诉讼请求。

一审法院宣判后，原告姜某不服提起上诉。二审法院经审理驳回上诉，维持一审判决。

三、意见

近年来，随着社会经济等各方面的不断发展，就业困难和工作压力等社会现实问题亦不断增加，导致抑郁症等精神疾病的患病人数呈逐年上升的趋势。本案的争议焦点即在于，姜某因工作压力导致的精神疾病能否纳入工伤认定的范围。

分析上述问题首先需要明确的是：只有符合条件的事故伤害和患职业病这两类情况才有可能被认定为工伤。即只有符合以下法律规定的情形才可认定为工伤：《工伤保险条例》第1条规定，为了保障因工作遭受事故伤害或者患职业病的职工获得医疗救治和经济补偿，促进工伤预防和职业康复，分散用人单位的工伤风险，制定本条例。该条明确了《工伤保险条例》的立法宗旨是为了保障因工作遭受事故伤害或者患职业病的职工依法获得救治和补偿的合法权利。在此，该条例对其应当保障的伤害性质也作出了明确界定，这也是工伤保险保障制度与其他法律救济途径的根本区别。同时，《工伤保险条例》第14条列举了应当认定工伤的情形，第15条列举了视同工伤的情形。除此之外，我国并没有其他法律、法规再对工伤认定的情形有所规定。因此，只有在工作时间、工作地点或与工作时间和工作地点相关的时间和地点，因工作原因或与工作相关的原因发生的事故伤害或患职业病的情形，才属于工伤认定的范畴。

根据上述法律规定，结合本案具体案情，笔者认为，姜某因工作压力导致的精神疾病不能纳入工伤认定的范围。理由包括以下两个方面。

一是姜某不符合事故伤害的要件。本案原告姜某在工伤认定申请中虽然提到，由于在工作地点连续工作时间太长，致使其无法入睡，处于失眠状态，后经医院诊断为重度抑郁病伴发精神病等症状、妄想状态、精神分裂症。但是，姜某患有的上述精神疾病并非由事故导致，而是因长期工作压力等因素造成，因此不符合事故伤害的要件。

二是姜某不属于患职业病的情形。《职业病防治法》第2条中对“职业病”有明确界定，是指企业、事业单位和个体经济组织的劳动者在职业活动中，因接触粉尘、放射性物质和其他有毒、有害物质等因素而引起的疾病。职业病的分类和目录由国务院卫生行政部门会同国务院劳动保障行政部门规定、调整并公布。目前，并未有相关法律将精神类疾病纳入职业病的范畴。

综上，海淀人保局以不属于工伤认定范畴为由对姜某作出的告知书符合法律的规定，一审、二审法院的判决是正确的。

47. 针对不作为行为作出的复议驳回决定，应视为对不作为行为的维持

原告：梁某

被告：北京市西城区人民政府

一、案情

2011年1月4日，梁某以其向北京市西城区人民政府白纸坊街道办事处（以下简称白纸坊办事处）申请按照2008年补助800元（包括残联部门发放的租房补贴600元、生活困难补助200元）的标准给予其补助，但该办事处未予答复，故向北京市西城区人民政府（以下简称区政府）提出行政复议申请，请求认定白纸坊办事处不予发放补贴的行为违法，并责令该办事处在10个工作日内，按其申请内容办理。2011年3月2日，区政府作出被诉复议决定，认定发放租房补贴并非法律、法规授权白纸坊办事处的法定职责。梁某关于白纸坊办事处应当依据《中华人民共和国残疾人保障法》（以下简称《残疾人保障法》），向其发放租房补贴的请求没有法律依据，故依据《中华人民共和国行政复议法实施条例》（以下简称《行政复议法实施条例》）第48条第1款第(1)项之规定，决定驳回梁某的行政复议申请。梁某对此不服，向法院提起行政诉讼。

原告梁某诉称，白纸坊办事处应以800元（包括残联部门发放的租房补贴600元、生活困难补助200元）标准给予其补助，被告未对其行政复议申请审明事实就驳回。故请求法院判令被告责令白纸坊办事处为其发放补助。

被告区政府认为，根据《城镇廉租住房管理办法》及《北京市城市廉租住房管理办法》的规定，各区县政府房屋行政主管部门负责本区县城市廉租住房的管理工作，街道办事处负责廉租住房的申请和初审，因此租房补贴并非法律、法规授权白纸坊办事处的法定职责，原告的申请没有法律依据。故请求法院判决驳回原告诉讼请求。

二、审理结果

一审经审查认为，被告决定驳回原告的复议申请，实质是对白纸坊办事处未履行法定职责进行的确认，复议决定未导致原告的权利义务产生变化。且复

议决定亦不属于最高人民法院《关于执行〈中华人民共和国行政诉讼法若干问题的解释〉》第7条规定的“改变原具体行政行为”的三种情况，因此，复议决定应视为上述法律规定中复议决定维持原具体行政行为的情形，原告以复议机关区政府为被告，针对复议决定向本院提起行政诉讼，不符合上述法律规定。据此，依照最高人民法院《关于执行〈中华人民共和国行政诉讼法若干问题的解释〉》第44条第（11）项的规定裁定：驳回原告梁某的起诉。

宣判后，原告梁某不服，提起上诉，二审法院经审查维持了一审裁定。

三、意见

根据《行政诉讼法》第25条第2款规定：“经复议的案件，复议机关决定维持原具体行政行为的，作出原具体行政行为的行政机关是被告；复议机关改变原具体行政行为的，复议机关是被告。”而何为“复议机关改变原具体行政行为”，最高人民法院《关于执行〈中华人民共和国行政诉讼法〉若干问题的解释》第7条规定为三种情形：（1）改变原具体行政行为所认定的主要事实和证据的；（2）改变原具体行政行为所适用的规范依据且对定性产生影响的；（3）撤销、部分撤销或者变更原具体行政行为处理结果的。但上述规定所针对的是原行政机关的作为行为，如果当事人认为行政机关不予答复属不履行法定职责并对此提起行政复议，复议机关依据《行政复议法实施条例》第48条第（1）项的规定作出驳回复议申请决定，应视为“维持原行政行为”还是“改变原具体行政行为”，原告能否针对复议决定、以复议机关为被告提起诉讼，在理论研究和司法实践中均有争议。

一种观点认为，复议申请人提起复议针对的是行政机关不作为的行为，复议机关经审查，认为不履行法定职责的理由成立而作出驳回复议申请决定，实质上是对原机关不作为的初始事实状态的认可，属于行政复议决定维持原行为的情形，应当以原机关为被告。反对观点则认为，原行为为不履行法定职责的，即为下级机关没有作出初始行为，复议机关是首次针对复议申请人作出行政行为即初始行为，属于行政复议决定改变原行为，应当以复议机关为被告。

上述两种观点各执其辞，其分歧源于对事实和法律的不同理解。第一种观点是将原不作为行为视为什么都没有做的事实行为即认可初始行为的存在，复议决定是对初始行为审查后的认可；而反对的观点则是将原不作为行为视为初始行为不存在，复议决定是行政机关初始行为的作出。因此两种观点的分歧其实是源于对原不作为行为能否视为初始行为的不同判断。

我们认为，复议机关驳回针对不作为行为复议申请的复议决定应视为“维持原具体行政行为”、不应视为“改变原具体行政行为”，相对人应针对原不作为行为、以原不作为机关为被告提起行政诉讼。主要理由在于：

第一，由不予答复本身的性质决定。在行政法理论中，行政行为既包括行政作为，也包括行政不作为或者换言之不履行法定职责，而不履行法定职责的形式又基本表现为明确拒绝履行、拖延履行、不予答复三种情形。拒绝履行或者拖延履行的情形中，行政机关可能会以某种方式表明事实和法律依据，而不予答复的情形中，行政机关的事实和法律依据当然无从知晓，行政机关只是以一种不作为的事实意思表示表明其不应履行相关职责。相反，复议机关却必须对原行政机关的职权进行审查，以行政作为的方式对复议申请人作出意思表示。仅仅以此认定复议机关的行为是初始行为，对于法律规定“复议机关改变原具体行政行为”的理解未免过于机械。

第二，由复议制度本身的功能决定。从行政复议制度本身来看，行政复议制度是基于行政机关内部监督需要而设立的制度，复议机关审查的对象包括行政机关作为的行为和不作为的行为，其目的就是对这种作为行为或不作为行为的合法性作出判断。对于不作为案件，初始机关实质上是一种不作为事实状态，复议机关对这种事实状态审查后作出决定，虽然形式上不是采用维持的方式，但驳回复议申请人的请求实质上仍是对行政机关不作为这一事实状态的认可，也是维持的一种方式。

第三，从行政争议的解决效率看。考虑到相关法律问题的释明和行政争议的实质解决，让原告与原行政机关作为行政诉讼中的相对方面对面，由法院就原告申请履行的法定职责对原行政机关进行审查并作出裁判，显然是更为直接、有效的方式。

综上，一审、二审法院的裁定是正确的。

执行案例

48. 不予执行公证债权文书案件的审查标准

申请复议人（原案申请执行人）：北京安鼎信用担保有限公司
原案被执行人：无锡亿仁肿瘤医院有限公司
原案被执行人：亿仁投资集团有限公司
原案被执行人：济南亿仁肿瘤医院有限公司
原案被执行人：孙甲
原案被执行人：孙乙
原案被执行人：孙丙

一、案情

2009年9月28日，北京安鼎信用担保有限公司（以下简称安鼎公司，作为甲方）、无锡亿仁肿瘤医院有限公司（以下简称无锡肿瘤医院，作为乙方）、杭州银行股份有限公司北京分行（以下简称杭州银行北京分行，作为丙方）签订三方协议，约定无锡肿瘤医院向安鼎公司申请借款，安鼎公司经审查同意后委托杭州银行北京分行发放贷款。该合同具体内容是：借款种类为委托贷款，借款金额为人民币6 000万元，借款用途为购进医疗设备，借款期限自2009年9月29日至2009年11月28日止，借款实际放款日和到期日以借款借据为准，借款借据是合同的组成部分，与本合同具有同等的法律效力。本合同项下借款及所涉债务需提供担保的，须由取得甲方认可的担保人以保证或(和)抵押、质押的方式提供担保，并由担保人与甲方、丙方签订担保合同。本合同贷款利率执行固定贷款利率，为月利率5‰。乙方未按约定期限归还借款，丙方对逾期的借款从逾期之日起按逾期贷款罚息利率计收利息。逾期贷款罚息利率为贷款利率水平上加收50%。委托合同特指甲方与丙方于2009年9月28日签订的《委托贷款委托合同》。

在签订三方协议之前，2009年9月26日，安鼎公司（甲方）与无锡肿瘤医院（乙方）签订了两方协议，约定甲方委托杭州银行北京分行向乙方发放委托贷款人民币6 000万元。合同约定的借款期限、贷款利率与三方协议内容约定相同，与三方协议不一致的内容主要是违约责任，约定为借款期限届满，如乙方未能及时、足额向甲方偿清借款本息的，乙方除应按本合同项下借款利率向甲方支付逾期期间借款利息外，并应按逾期金额每日5‰的标准向甲方支付逾期还款违约金。该合同还约定，除本合同和三方协议另有特别声明外，本合同与三方协议存在冲突的，以本合同为准。2009年9月27日，北京市中信公证处对两方协议作出〔2009〕京中信内经证字10739号公证书。

2009年9月26日，无锡肿瘤医院（甲方）与安鼎公司（乙方）及孙甲（丙方）、孙乙（丁方）、孙丙（戊方）、亿仁投资集团有限公司（己方）、珠海亿仁医院有限公司（庚方）、济南亿仁肿瘤医院有限公司（辛方）签订《还款协议》，约定甲乙双方签订两方协议，乙方向甲方提供期限为60天，金额为人民币6 000万元的委托贷款，乙方于2009年9月29日通过杭州银行北京分行向甲方发放贷款，甲方应于2009年11月28日前偿还该委托贷款；作为委托贷款的担保，丙方、丁方、戊方、己方、庚方、辛方分别与乙方签订了《保证合同》、《股权质押（担保）协议书》、《抵押合同》和《保证合同》，一旦甲方未完全、适当履行还本付息义务，乙方有权向甲方、丙方、丁方、戊方、己方、庚方、辛方（以下简称被追偿各方）追偿。被追偿各方承诺在乙方主张追偿权后三日内向乙方偿还全部款项，如到期不履行还款义务，被追偿各方自愿放弃一切抗辩权，并自愿接受人民法院对《还款协议》的强制执行；乙方可向被追偿各方中任何一方或几方进行追偿。被追偿各方确认，其接受人民法院强制执行的债务范围包括：乙方委托贷款的本息；至人民法院强制执行完毕之日止之违约金；乙方为追索债务所付出的费用。同日，北京市中信公证处对《还款协议》作出赋予强制执行效力的〔2009〕京中信内经证字11928号公证书。

因无锡肿瘤医院及各担保人未如期偿还本息，安鼎公司于2010年8月6日向北京市中信公证处依据上述《还款协议》申请执行证书。当日，北京市中信公证处对上述《还款协议》作出〔2010〕京中信执字00049号执行证书，确认执行标的为：(1) 借款本金人民币 6 000万元，截止到2010年8月6日欠付利息人民币382.5万元（按两方协议约定的月利率5‰计算），共计欠付人民币6 382.5万元；(2) 自逾期之日起至清偿之日止相应的逾期违约金（按两方协议约定的逾期金额的5‰每日计算）；(3) 实现债权所支付的其他费用（按实际发生额计算）。安鼎公司依据北京市中信公证处〔2009〕京中信内经证字11928号公证书及〔2010〕京中信执字00049号执行证书向法院申请执行无锡肿瘤医院、亿仁投资集团有限公司、济南亿仁肿瘤医院有限公司、孙甲、孙乙、孙丙。无锡肿瘤医院等被执行人向执行法院提出不予执行公证债权文书的申请。

二、审查情况

执行法院经审查认为：(1) 北京市中信公证处公证的两方协议和《还款

协议》违反我国金融管理的强制性规定。非金融机构的企业间拆借为我国金融管理制度所禁止。安鼎公司不具有金融许可证，其未经金融机构直接与无锡肿瘤医院及其担保人签订两方协议和《还款协议》违反我国金融管理的强制性规定。(2) 北京市中信公证处在作出《执行证书》时违反相关规定，对安鼎公司未依约履行的事实未做核查。依据最高人民法院和司法部《关于公证机关赋予强制执行效力的债权文书执行有关问题的联合通知》(以下简称《债权文书执行联合通知》)，债权人履行合同义务的情况，是公证机关作出执行证书时必须审查的内容之一。本案中，安鼎公司出借的部分款项并未依约按期发放，对此，北京市中信公证处并未进行充分核查。(3) 北京市中信公证处在作出《执行证书》时存在违反公证程序的情形。依据《债权文书执行联合通知》，债务人对债权文书规定的履行义务有无疑义，也是在作出执行证书时公证机关必须审查的内容。北京市中信公证处在为两方协议和《还款协议》办理公证时，亦明确告知了其签发执行证书的相关审查程序。北京市中信公证处在签发《执行证书》前，并未依相关规定及明示的公证程序询问各债务人。这种程序瑕疵直接影响了对《执行证书》必要事实的充分核实。(4) 北京市中信公证处作出的《执行证书》的执行标的额超出了安鼎公司的申请数额。安鼎公司申请签发《执行证书》时请求的执行标的额为借款本息人民币 6 325 万元，北京市中信公证处签发的《执行证书》确认的执行标的额为本息人民币 6 382.5万元，高于安鼎公司申请执行标的额人民币 57.5 万元。综上，裁定不予执行上述公证书及执行证书。

安鼎公司对此不服，向上一级法院申请复议。

复议法院经审查认为：本案中，公证的债权文书涉及的是委托贷款关系，由安鼎公司委托杭州银行北京分行向无锡肿瘤医院发放贷款，杭州银行北京分行应当是委托贷款合同的主体之一。北京市中信公证处应当对由杭州银行北京分行作为主体的三方协议进行公证，而不是对没有杭州银行北京分行参加的两方协议和《还款协议》作出公证书并出具执行证书。因此，〔2009〕京中信内经证字 11928 号公证书及〔2010〕京中信执字 00049 号执行证书确有错误，应当不予执行。裁定驳回安鼎公司的复议请求，维持原裁定。

三、意见

本案涉及的主要问题是：对不予执行公证债权文书案件的审查标准。

《民事诉讼法》第 214 条第 2 款规定：公证债权文书确有错误的，人民法院裁定不予执行。该规定中的“确有错误”，法律、法规或司法解释未作具体解释，司法实践中的情形又十分复杂，出现了不同的理解。2011 年 9 月，为统一执法尺度，北京市高中两级法院执行局（庭）长座谈会（第三次会议）经研究，制定出台了《关于执行审查、裁决工作若干问题的意见》（以下简称《执行裁决工作意见》），其中规定了以下几种“确有错误”的情形：一是公证债权文书属于依法不得赋予强制执行效力的债权文书的；二是公证债权文书当事人未就债务人在其不履行义务或者不完全履行义务时由债权人向人民法院申请强制执行达成合意的；三是公证债权文书和执行证书的制作严重违反法定程序的；四是公证债权文书和执行证书的内容违背事实或者违反法律规定的；五是其他确有错误的情形。

《执行裁决工作意见》中前两种情形的规定，主要依据的是《债权文书执行联合通知》第1~2条关于公证机关赋予强制执行效力的债权文书的条件和范围的规定，违反《债权文书执行联合通知》的上述规定，即构成公证债权文书确有错误的情形。本案的审查主要涉及《执行裁决工作意见》第三种、第四种情形，第三种情形涉及对公证债权文书和执行证书制作程序的审查，第四种情形涉及对公证债权文书和执行证书内容的审查，这是司法实践中比较难把握的两种情形。结合案情，我们具体分析如下。

（一）关于对公证债权文书和执行证书内容的审查

《执行裁决工作意见》规定为公证债权文书和执行证书的内容违背事实或违反法律规定。本案中，公证的内容主要是委托贷款合同。委托贷款是指由委托人提供合法来源的资金，委托业务银行根据委托人确定的贷款对象、用途、金额、期限、利率等代为发放、监督使用并协助收回的贷款业务。委托贷款的参与者包括委托人（委托贷款方）、借款人（接受委托贷款方）、受托银行以及担保人。本案中，公证机关对安鼎公司与无锡肿瘤医院签订的两方协议进行了公证，违反了委托贷款的法律规定。

关于对公证债权文书和执行证书内容的审查，还涉及如何把握审查尺度的问题，审查中需要考虑与后续诉讼程序的衔接。2008年12月，最高人民法院审判委员会第1457次会议通过了《关于当事人对具有强制执行效力的公证债权文书的内容有争议提起诉讼人民法院是否受理问题的批复》中规定：公证债权文书确有错误，人民法院裁定不予执行的，当事人、公证事项的利害关系人可以就争议内容向人民法院提起民事诉讼。在执行审查程序中直接对相关实体问题作出判断，会影响后续诉讼对相关问题的认定。本案中，在法院裁定不予执行后，就委托贷款合同这一法律关系杭州银行北京分行具有自身的诉讼权利和实体权利。就安鼎公司和无锡肿瘤医院两方协议的争议问题，其可以通过诉讼予以解决。因此，复议法院从委托贷款法律关系的角度认定公证书及执行证书确有错误，未对两方协议的合同效力作出实体判断是合理、合法的。

（二）关于对公证债权文书和执行证书制作程序的审查

根据《执行裁决工作意见》的规定，公证债权文书和执行证书的制作程序严重违反法定程序。在公证债权文书和执行证书的制作程序上，《公证法》和《债权文书执行联合通知》对公证的重要程序进行了规定，公证机关应当遵照执行。相关法律、法规规定比较原则的情况下，在理解把握这些规定时，可以将司法部颁布的《公证程序规则》和中国公证协会颁布的《办理具有强制执行效力债权文书公证及出具执行证书的指导意见》作为参考。在违反法定程序的情节上，根据《执行裁决工作意见》的规定要达到“严重”的程度，即对公证债权文书的司法审查权不得滥用，对于存在程序瑕疵尚不构成严重违反法定程序的，不得裁定不予执行。本案中，根据《债权文书执行联合通知》第5条的规定，公证机关在签发执行证书时应当注意审查以下内容：一是不履行或不完全履行的事实确实发生；二是债权人履行合同义务的事实和证据，债务人依照债权文书已经部分履行的事实；三是债务人对债权文书规定的履行义务有无疑义。根据上述规定，对执行证书以上内容的审查并非强制性，而是“应当注意”，且对公证机关通过何种方式、方法进行审查也未进行强制性规定。执行法院认为公证机关未对安鼎公司未依约履行的事实进行核查、未依相关规定及明示的公证程序询问各债务人，即构成违反公证程序的情形。根据复议法院查明的事实，执行证书上载明的放款、还款情况与事实相符，并不构成“严重违反法定程序”。因此，复议法院纠正执行法院表述上存在的问题，并根据公证机关公证的两方协议违反委托贷款法律关系的相关规定，认定执行证书确有错误，应当不予执行。

综上，复议法院裁定驳回安鼎公司的复议请求，维持原裁定是正确的。

49. 送达程序违反仲裁规则的仲裁裁决应当不予执行

申请复议人：广州圆方展览服务有限公司
原案申请执行人：广州圆方展览服务有限公司
原案被执行人：北京东方佳创国际展览有限公司

一、案情

广州圆方展览服务有限公司（以下简称圆方公司）因与北京东方佳创国际展览有限公司（以下简称佳创公司）承揽合同纠纷，于2010年6月28日向广州仲裁委员会（以下简称广州仲裁委）申请仲裁，并在送达地址确认书中提供佳创公司的送达地址为“北京市海淀万寿路西街2号文博大厦502室”或“北京市海淀区金沟河路19号20号楼408室”，同时注明：“第一个地址为营业执照地址，前年签合同时的；第二个地址为申请仲裁前，在北京工商局红盾网上查询、打印出来的。两个地址均提交了书面材料。”同日，广州仲裁委将仲裁通知书、申请书副本及材料、选择仲裁组成书、仲裁规则、仲裁名册及须知通过特快专递邮寄送达佳创公司，送达地址为北京市海淀万寿西街2号文博大厦502室，该邮件被退回，退回理由为“原址查无此公司”。2010年7月7日，广州仲裁委将上述文件再次通过特快专递邮寄送达佳创公司，送达地址为北京市海淀区金沟河路19号20号楼408室，该邮件被退回，退回理由为“逾期退回”。2010年8月2日，广州仲裁委将开庭通知、组庭通知、送达回证通过特快专递邮寄送达佳创公司，送达地址为北京市海淀万寿西街2号文博大厦502室，该邮件被退回，退回理由为“原址查无此公司及无联系电话”。2010年8月21日，仲裁庭对案件进行缺席审理，并作出裁决书。2010年9月2日，广州仲裁委将裁决书、送达回证通过特快专递邮寄送达佳创公司，送达地址为北京市海淀万寿西街2号文博大厦502室，该邮件亦被退回，退回理由为“原址查无此公司、无联系电话、该楼5层没有502室”。2010年9月26日，广州仲裁委出具送达证明写明：该裁决书已于2010年9月6日送达圆方公司，于2010年9月6日送达佳创公司。

二、执行情况

仲裁裁决生效后，圆方公司向法院申请执行。执行过程中，佳创公司以广州仲裁委送达仲裁文书违反仲裁规则、仲裁裁决所依据的主要证据系伪造为由申请不予执行仲裁裁决。

执行法院查明，佳创公司原注册地址为北京市海淀区万寿路西街2号文博大厦502室；2007年6月29日注册地址变更为北京市海淀区金沟河路19号20号楼408室。同时查明，《广州仲裁委员会仲裁规则》规定，如本会或者对方当事人经合法查询仍不能找到受送达人的营业地点、惯常住所或者通信地址而以挂号信或能提供投递记录的其他任何手段送达给受送达人最后一个为人所知的营业地、注册地、住所地、惯常居住地或通讯地址，即视为已经送达。以挂号信、特快专递方式送达的，以投递至当事人或者代理人的营业地点、住所、户籍所在地或者通讯地址为送达地址，以查询回执上注明的收件日期为送达日期。受送达人拒绝签收邮寄的仲裁文书的，从文书退回之日起视为已经送达。受送达人下落不明，或采用其他方式无法送达的，可适用公告送达。无人签收或者拒绝签收的，不适用公告送达。

执行法院经审查认为，广州仲裁委未能将相关材料按照《广州仲裁委员会仲裁规则》全部送达至佳创公司的合法注册地，损害了佳创公司在仲裁程序中的合法权益，仲裁的程序违反了法定程序，依法不予执行。故依据《民事诉讼法》第140条第1款第（9）项、第213条第2款第（3）项的规定裁定：不予执行广州仲裁委员会〔2010〕穗仲案字第789号裁决书。

圆方公司不服，申请复议。

复议法院经审查认为，圆方公司已经合法查询到佳创公司的住所地并提交广州仲裁委，广州仲裁委向该地址送达因逾期退回后，不再向该地址送达，转而向已明确为“查无此公司”的地址送达，致使佳创公司在该案审理中未能陈述意见，其送达程序不符合《广州仲裁委员会仲裁规则》的规定，对其作出的仲裁裁决依法应当不予执行，故依据《民事诉讼法》第213条第2款第（3）项的规定裁定：驳回圆方公司的复议申请，维持原裁定。

三、意见

本案的争议焦点是：广州仲裁委送达仲裁文书是否违反了《广州仲裁委员会仲裁规则》，进而是否构成仲裁的程序违反了法定程序。对此，执行中存在以下两种不同意见。

第一种意见认为：“北京市海淀区金沟河路19号20号楼408室”是通过互联网查找出来的地址，而“北京市海淀万寿路西街2号文博大厦502室”是佳创公司营业执照上载明的地址，相较而言后者更具公示、公信效力，也是佳创公司与圆方公司交易时提供的最后一个营业地点。广州仲裁委在向上述两个地址送达仲裁文书均被退回的情况下，选择向佳创公司的工商注册地送达仲裁文书，符合《广州仲裁委员会仲裁规则》的要求，未违反仲裁的法定程序。

第二种意见认为："北京市海淀区金沟河路19号20号楼408室"是北京工商局红盾网载明的佳创公司住所地，同样具有公示、公信效力。当该地址与佳创公司营业执照上载明的地址不一致时，广州仲裁委应当通过合法、必要的查询以核实哪个地址是佳创公司现在的住所地，而不能在明知"查无此公司"的情况下继续向"北京市海淀万寿路西街2号文博大厦502室"送达仲裁文书。其送达程序不符合《广州仲裁委员会仲裁规则》的规定，导致佳创公司未能参加仲裁并陈述意见，属于仲裁的程序违反法定程序的情形，据此作出的仲裁裁决应当裁定不予执行。

我们同意第二种意见。理由如下。

其一，佳创公司现住所地系经合法查询所得。北京工商红盾网是北京市工商行政管理局的官方网站，其所公开的企业注册信息准确、权威。圆方公司通过该网站查询佳创公司的住所地，途径合法，结果可信。

其二，广州仲裁委坚持向明确为"查无此公司"地址送达仲裁文书违反了《广州仲裁委员会仲裁规则》。按照《广州仲裁委员会仲裁规则》的规定，只有在仲裁委或者对方当事人经合法查询仍不能找到受送达人的营业地点、惯常住所或者通信地址而以挂号信或能提供投递记录的其他任何手段送达给受送达人最后一个为人所知的营业地、注册地、住所地、惯常居住地或通讯地址，方可视为已经送达。本案中，圆方公司提供的佳创公司两个住所地皆为合法查询所得，广州仲裁委应当经过合理、审慎的调查核实，从中甄别出有效送达地址。虽然，广州仲裁委第一次向上述两个地址送达仲裁文书时，结果均是被退回，但第一个地址被退回的原因是"查无此公司"，第二个地址被退回的原因是"逾期退回"，而非查无此公司或拒绝签收。在此情况下，广州仲裁委仍坚持向多次退回结果皆为"查无此公司"的地址送达仲裁文书，显然未尽到必要的查询与审慎义务，违反了《广州仲裁委员会仲裁规则》中关于邮寄送达的规定。

其三，广州仲裁委违反《广州仲裁委员会仲裁规则》送达仲裁文书已构成仲裁的程序违反法定程序。由于广州仲裁委的送达程序违反了《广州仲裁委员会仲裁规则》，导致佳创公司未能接到仲裁通知及其他仲裁文书，丧失了参加庭审、举证质证、陈述意见等程序权利，其实体权利亦难以得到充分保障。因此，仲裁庭的缺席仲裁缺少合法、正当的程序基础，符合《民事诉讼法》第213条关于仲裁的程序违反法定程序的情形，对其作出的仲裁裁决应当不予执行。

综上，复议法院裁定驳回佳创公司的复议申请是正确的。

50. 被执行人在“特种预算存款”账户中资金使用混同的，执行中法院经认真核实可予以扣划

申请执行人：中集建设集团有限公司

被执行人（异议人）：中国人民解放军66321部队

一、案情

中集建设集团有限公司（以下简称中集公司）与中国人民解放军66321部队（以下简称66321部队）建设工程施工合同纠纷一案，经一审法院依法审理，判决被执行人66321部队给付中集公司工程款359 810.8元及利息。一审判决后，66321部队不服，提出上诉，二审法院经审理作出判决：驳回上诉，维持原判。

二、执行情况

判决生效后，被执行人66321部队未能履行判决所确定的义务，申请执行人中集公司于2011年10月8日申请强制执行。

在执行中，执行法院依法向被执行人66321部队送达了执行通知书，要求其履行判决所确定的义务，但其仍未履行。2011年12月12日，执行法院根据申请执行人中集公司所提供的财产线索，依法对被执行人66321部队在中国工商银行开设的账户中的存款433 722元予以扣划。

被执行人66321部队对法院的扣划不服，提出执行异议，认为法院扣划的银行存款系该部队的“军队特种预算存款”，该执行行为严重违反了相关法律的规定，要求予以返还。

执行法院经审查后认为，异议人66321部队虽属于军队一类保密单位，所开设的银行账户存款性质亦属“特种预算存款”，但在银行账户使用中，军需款项与工程款项等其他款项存在收支混同，致使该“特种预算存款”账户中存款性质无法界定，故裁定驳回异议人66321部队的异议。

66321部队不服，向上级法院提起复议。上级法院审查后裁定驳回66321部队的复议请求，维持原审执行裁定。

三、意见

本案争议焦点是：执行中如何认定“特种预算存款”以及能否扣划该账户内的存款。结合本案情况，笔者认为可对被执行人的该银行账户存款予以扣划，理由如下。

第一，强制执行程序启动的前提是被执行人未履行生效法律文书确定的义务。执行立案后，被执行人未按执行通知履行法律文书确定的义务，法院有权采取强制执行措施，包括查询、冻结、划拨被执行人名下的存款，查封、拍卖被执行人名下的不动产等。本案中，中集公司与66321部队建设工程施工合同纠纷一案已终审判决并生效，中集公司在66321部队不履行生效法律文书所确定的义务的情况下向执行法院申请启动强制执行程序是合理合法的。

第二，应根据账户的性质而不是账户的名称确定账户内存款是否属于法院扣划的范围。本案异议人表示法院扣划了其“军队特种预算存款”，违反相关法律规定。根据中国人民银行、最高人民法院、最高人民检察院、公安部《关于查询、冻结、扣划企业事业单位、机关、团体银行存款的通知》第5条的规定，军队、武警部队一类保密单位开设的“特种预算存款”、“特种其他存款”和连队账户的存款，原则上不采取冻结或扣划等诉讼保全措施，但军队、武警部队的其余存款可以冻结或扣划。中国人民银行、中国人民解放军总后勤部《军队银行账户和存款管理规定》第6条第（1）项规定，“特种预算存款”是指用于核算军队单位当年的预算经费存款。另该规定第13条第（1）项对“特种预算存款”账户的使用作出规定，即不得用于从事经营性收付业务。本案中，异议人虽然属于军队一类保密单位，所开设的银行账户也属于“特种预算存款”账户，表面上该账户属于上述通知中规定的不得冻结或扣划的范围，但经法院审查，该银行账户的实际使用情况混杂，既包括军需款项，又包括工程款项等其他款项，以致该“特种预算存款”账户中存款性质无法界定。故异议人在上述账户内的存款并非“特种预算存款”性质，不属于法院不得冻结或扣划的范围。

第三，被执行人在有可供执行财产，仍拒不履行生效法律文书所确定的义务的情况下，为维护生效法律文书的权威和申请人的合法权益，法院有权扣划被执行人银行存款。本案中，执行法院在66321部队不履行生效法律文书所确定的义务的情况下，根据申请执行人中集公司所提供的财产线索，查明66321部队上述账户内有可供执行的存款并进行了扣划是适当的。

综上，一审、二审法院作出的执行裁定是正确的。

51. 在执行中可以通过限制被执行人的特许经营资格来促使其履行义务

申请执行人：北京市京浆工贸有限公司

被执行人：山西鑫能煤炭运销有限公司

一、案情

2008年9月10日，北京市京浆工贸有限公司（以下简称京浆公司）与山西鑫能煤炭运销有限公司（以下简称鑫能公司）签订煤炭买卖合同，约定由鑫能公司向京浆公司提供原煤4 000吨，每吨1 040元，货款416万元，由京浆公司先付全货款。京浆公司通过电汇方式支付了全款。后因合同履行中煤炭质量出现问题，双方又约定，实际交付煤炭数量为3 125吨，价格也调整为每吨900元，实际价款为281.25万元。2008年11月24日，鑫能公司向京浆公司出具尚欠预付款134.75万元的书面证明。后京浆公司多次催要货款，鑫能公司一直未予支付，京浆公司遂诉至法院。

一审法院经审理依法作出判决：解除双方当事人订立的煤炭买卖合同；鑫能公司返还京浆公司货款134.75万元。

一审宣判后，双方均未上诉，判决已生效。

二、执行情况

此案进入执行程序后，执行法院对被执行人鑫能公司的财产情况进行了调查，未发现被执行人鑫能公司名下有可供执行的货币和实物财产。后执行法院依法追加鑫能公司下属十余家分公司为被执行人，但仅扣划了银行存款17 000元，再未发现可供执行的财产。执行法院再次到被执行人鑫能公司的住所地进行了实地调查，该公司法定代表人以及主要负责人均避而不见。

在这种情况下，申请执行人向执行法院提供了一条有价值的执行线索，即被执行人鑫能公司属于当地铁路局认可的具有相应资质的煤炭运输入围企业，是该省唯一一家每年能够保有一定数量铁路运输计划的民营企业，即其能够从当地铁路局每年确定申请下来一定数量的火车车皮进行煤炭运输，俗称“订车皮”。这种特殊的资格，使被执行人鑫能公司不仅可以运输自己公司的煤炭，也可以为其他公司运输煤炭，能够为被执行人鑫能公司带来经济收益，具有相当大的财产价值，属于鑫能公司的无形财产权，申请执行人请求法院就此进行执行。

基于此申请，执行法院依法向当地铁路局发送协助执行通知书，要求冻结鑫能公司在该局申请进行铁路运输煤炭的权利。铁路局经过认真研究，最后决定协助法院执行，暂停办理涉及被执行人鑫能公司申请进行煤炭铁路的运输计划。执行法院将上述执行情况告知被执行人鑫能公司后，该公司法定代表人委派办公室主任与执行法院碰面，表示会尽快履行给付义务。后双方最终达成抵车、交款的执行协议，现抵债车辆和现金均已交付，案件全部执行完毕。

三、意见

本执行案所涉及的主要问题是：被执行人申请进行铁路运输的资格是否构成一种可予执行的财产权利，人民法院在执行程序中能否予以冻结？

第一种意见认为：被执行人申请进行铁路运输的权利是一种订立合同的权利，人民法院在执行程序中不能冻结。主要理由：一是法律上并没有对这种权利进行明确定性，法院冻结这种权利缺乏明确依据；二是这种权利在审批和行使中具有唯一性、专属性和不可转让性，即使能够冻结，但处置起来难度也较大，况且目前法律中并没有处置这类财产的明确规定；三是若冻结被执行人的这种权利，可能会侵犯企业的订立合同自由权、经营自主权等权利，引起其他法律纠纷。

第二种意见认为：被执行人鑫能公司具有的这种特殊煤炭运输资格，本质上属于经营自主权的范畴，是企业订立合同自由权的具体体现，本身具有相当大的财产价值，属于鑫能公司的无形财产权。依据最高人民法院《关于人民法院执行工作若干问题的规定（试行）》第38条的规定，被执行人无金钱给付能力的，人民法院有权裁定对被执行人的其他财产采取查封、扣押措施。

我们同意第二种意见，主要理由如下：

第一，煤炭运输资格属无形财产权。作为经行政管理部门认可的煤炭运输企业，其申请进行煤炭运输，本质是一种特殊的经营资格，该项资格不仅是一般企业所不具有的能力，也是该企业进行营利的主要手段，具有一定的财产价值，应属一种无形财产权。

第二，执行法院对被执行人的上述权利采取强制措施符合法律规定。最高法院《关于人民法院执行工作若干问题的规定（试行）》第38条规定，“被执行人无金钱给付能力的，人民法院有权裁定对被执行人的其他财产采取查封、扣押措施。”本案中，被执行人申请铁路运输的权利应属于上述规定中的其他财产权，被执行人不履行生效法律文书确定的义务，法院可对其采取强制执行措施。另，根据最高人民法院《关于人民法院民事执行中查封、扣押、冻结财产的规定》第1条的规定，人民法院查封、扣押、冻结被执行人的动产、不动产及其他财产权，应当作出裁定，并送达被执行人和申请执行人。采取查封、扣押、冻结措施需要有关单位或者个人协助的，人民法院应当制作协助执行通知书，连同裁定书副本一并送达协助执行人。因此，法院向铁路局发出协助执行通知，铁路局予以协助，符合法律规定。

第三，对被执行人的上述权利采取强制措施并未侵犯企业的经营自主权，相反能够起到增强执行威慑力促使被执行人主动履行的法律效果。执行法院冻结被执行人申请铁路运输煤炭的权利，实质上是对被执行人盈利方式的一种限制，即限制被执行人在对外负债的情况下通过成本较低的方式进行谋利，并不构成对该公司进行煤炭运输经营范围的限制。因为鑫能公司还可以通过汽车运输等其他方式实现煤炭运输，只是采用替代方式进行煤炭运输的话，将会大大降低公司利润，这也恰恰证实了鑫能公司申请进行铁路运输的能力本身具有财产价值，具备冻结、限制的意义。而且，这种限制不以转让、处分为目的，其根本的动机是迫使被执行人感受到强大的执行压力而主动履行给付义务。所以，法院的强制措施不存在侵犯企业合同自由权、经营自主权的问题。

综上，执行法院对于此类具有潜在财产价值的无形权利采取强制措施，符合法律规定，拓宽了对除不动产、动产之外的其他财产权利的理解，具有积极的示范意义。

52. 生效法律文书未就债务性质作出认定的执行中，不宜以夫妻共同债务为由追加配偶为被执行人

申请执行人：柳某

被执行人：刘某

申请监督人：王某

一、案情

柳某诉刘某及第三人李某出资纠纷案与刘某反诉柳某及第三人李某出资纠纷案，一审法院于2005年12月14日判决如下：（1）解除柳某、刘某、李某分别于2005年1月6日、2月22日签订的《合作协议》与《协议》；（2）刘某于本判决生效之日起10日内退还柳某投资款50.6万元；（3）刘某于本判决生效之日起10日内赔偿柳某50.6万元投资款的利息（自2005年1月7日起至给付投资款之日止，按中国人民银行同期个人活期存款利率计算）；（4）驳回柳某的其他诉讼请求；（5）驳回刘某的反诉请求。

二、执行情况

上述判决生效后，刘某未履行义务，柳某依法向一审法院申请强制执行，要求刘某履行判决书确定的义务。

执行中查明：王某与刘某原系夫妻关系，双方于一审期间，即2005年7月28日办理离婚登记，并约定由刘某自行承担其所欠债务。

执行过程中，柳某认为其与刘某的债务发生在刘某与王某夫妻关系存续期间，属于夫妻共同债务，应由夫妻共同偿还，故向执行法院申请追加王某为被执行人。

执行法院认为，刘某与柳某出资纠纷发生在刘某与王某婚姻关系存续期间，属于夫妻共同债务，双方办理的离婚登记手续系在刘某与柳某出资纠纷案件一审审理期间，且双方对于债务承担的约定不能对抗申请执行人柳某，该债务应由夫妻共同偿还，据此裁定追加王某为被执行人，由王某对刘某所欠柳某的债务承担连带责任。

王某对该裁定不服，申请复议，复议法院经审查认为，刘某欠柳某出资款的事实发生在刘某与王某夫妻关系存续期间，应按夫妻共同债务处理，裁定驳

回复议申请，维持原裁定。

王某不服复议裁定，向高级法院申请监督。高级人民法院经审查认为，对夫妻关系存续期间夫妻共同财产、共同债务的认定，应通过诉讼程序经审理确认，而不应在执行程序中予以认定。据此，依照《民事诉讼法》第140条第1款第（11）项的规定作出裁定：撤销执行法院与复议法院的裁定。

三、意见

本案争议焦点是：执行程序能否直接对夫妻共同债务作出认定，并据此追加被执行人的配偶为被执行人。

（一）执行程序不得对实体问题进行确认

审判程序与执行程序都是以国家公权力为基础，实现民事诉讼法任务的法定程序，两者具有一定的联系，但两者的权力基础、特征和内容等有所不同。审判程序是执行程序的前提和基础，执行程序是审判程序的继续和完成。审判程序是解决民事纠纷的程序，法院通过审判，用调解或判决的形式确定当事人间争议的权利义务关系。执行程序则为实现权利的程序，如果当事人不履行生效法律文书确定的义务，法院可采取强制执行措施，实现已为审判程序确定的权利义务关系。换言之，执行程序的功能在于实现生效法律文书确定的债权人的权利，而确定当事人之间争议的民事权利义务关系是审判程序的功能。具体到本案，确定法院生效判决确定的债务是否为夫妻共同债务，涉及对当事人权利义务的实体确认，应通过审判程序解决，而不能通过执行程序直接对夫妻共同债务作出认定。

（二）执行中追加当事人应遵循严格法定原则

在执行中变更和追加当事人，事关当事人和案外人的合法权利，也关乎执行程序是否合法，因此，变更和追加执行当事人的情形，必须有法律和司法解释的明确规定。目前，我国现行法律、司法解释并无可以追加被执行人配偶为被执行人的相关规定，故执行中不宜认定债务性质，并以夫妻共同债务为由追加债务人配偶为被执行人，而应当通过另行诉讼解决。就此问题，《北京市高、中级法院执行局（庭）长座谈会（第二次会议）纪要——关于变更或追加执行当事人若干问题的意见》中加以重申和明确，即执行依据确定的债务人为夫妻一方的，执行法院不能裁定追加其配偶为被执行人。

综上，高级人民法院作出的撤销裁定是正确的。

53. 执行程序中不得以股东滥用公司法人独立地位或公司财产与股东财产混同为由，追加被执行人的股东为被执行人

申请执行人（申请复议人）：刘某
被执行人：北京中视京诚科技开发有限公司
被申请追加人：陈某，北京中视京诚科技开发有限公司经理
被申请追加人：梁某

一、案情

刘某与北京中视京诚科技开发有限公司（以下简称中视京诚公司）假冒专利及侵犯实用新型专利权纠纷一案，终审判决中视京诚公司赔偿刘某经济损失26万元，赔偿刘某因本案支付的合理支出16 726元。此案进入执行程序后，申请执行人刘某申请追加被执行人中视京诚公司的股东陈某、梁某为被执行人，理由为：(1) 有证据表明陈某、梁某签收过一笔32万元的资金，该笔资金应入公司账而实际未入账，系两人滥用公司法人地位损害公司债权人的利益。根据《公司法》第20条第3款的规定，公司股东滥用公司法人独立地位和股东有限责任，逃避债务，严重损害公司债权人利益的，应当对公司债务承担连带责任。(2) 中视京诚公司仅有陈某、梁某两个股东，且两人是夫妻关系，故中视京诚公司实际上应为一人有限责任公司。根据《公司法》第64条的规定，一人有限责任公司的股东不能证明公司财产独立于股东自己财产的，应当对公司债务承担连带责任。

二、审查情况

执行法院经审查，裁定驳回了刘某的追加请求。刘某不服，申请复议。复议法院经审查认为，在执行程序中追加被执行人应当严格遵循事由法定原则。申请复议人刘某以两个股东为夫妻关系、公司财产与股东财产混同、公司股东滥用公司法人独立地位为由，认为两股东应对公司债务承担连带责任，申请追加陈某、梁某为被执行人。复议法院认定上述事由均不属于在执行程序中追加被执行人的法定情形，对其复议申请不予支持，故维持原裁定。

三、意见

本案争议的焦点在于，法院能否在执行程序中以滥用公司法人独立地位或公司财产与股东财产混同为由追加被执行人的股东为被执行人。对此，审理中有以下两种意见。

一种意见认为：对于刘某的追加申请，法院可以在执行程序中依据有关实体法的规定进行审查。如经查明陈某、梁某确实存在滥用公司法人独立地位或个人财产与公司财产混同的情形，可依据《公司法》第20条第3款、第64条的规定，裁定追加陈某、梁某为被执行人。

另一种意见认为：对刘某的追加申请，法院只能严格依据执行方面的程序法的相关规定进行审查，程序法无明文规定的，不得裁定追加。

我们同意第二种意见。具体分析如下：

从法理上讲，变更或追加执行当事人属于实体问题，通过诉讼程序处理较为妥当。基于效率的考虑，现行法律和司法解释将部分实体问题的裁决权赋予了法院执行机构，即法院可在执行程序中以裁定的方式直接变更或追加执行当事人。学理上将民事执行中变更与追加执行当事人的正当性解释为生效法律文书执行力主观范围向第三人的扩张。从执行权行使的合法性角度讲，法院可以在执行程序中裁定变更或追加执行当事人，将申请执行人或被执行人的范围扩大到执行依据所指明的当事人以外的民事主体，完全是基于法律和司法解释的授权。换言之，法律和司法解释的授权范围是法院变更或追加执行当事人的行为边界。因此，法院在办理这类案件时应当坚持事由法定原则，即变更或追加执行当事人的，必须有执行方面的程序法律或司法解释的明确规定；执行方面的程序法律或司法解释未作规定的，法院不得裁定变更或追加执行当事人。在运用此原则时应当注意以下几个问题：一是既无程序法规定也无实体法规定的，不得变更或追加执行当事人。二是仅有实体法上关于被执行人与案外第三人权利义务的规定，而执行方面的程序法律或司法解释没有明确法院可以在执行程序中处理的，执行机构不得依照实体法中的相关规定裁定变更或追加执行当事人。三是执行方面的程序法律和司法解释规定可对案外第三人或其财产直接执行的，不作为变更或追加执行当事人的案件进行审查裁定。

目前，有关变更或追加执行当事人的程序法律和司法解释规定，主要有《民事诉讼法》第209条、最高人民法院《关于适用〈中华人民共和国民事诉讼法〉若干问题的意见》第271~274条、最高人民法院《关于人民法院执行工作若干问题的规定》第76~83条。其中，有关追加被执行人的股东为被执行人的规定，仅见于最高人民法院《关于人民法院执行工作若干问题的规定》

第80条和第81条，即“被执行人无财产清偿债务，如果其开办单位对其开办时投入的注册资金不实或抽逃注册资金，可以裁定变更或追加其开办单位为被执行人，在注册资金不实或抽逃注册资金的范围内，对申请执行人承担责任”及“被执行人被撤销、注销或歇业后，上级主管部门或开办单位无偿接受被执行人的财产，致使被执行人无遗留财产清偿债务或遗留财产不足清偿的，可以裁定由上级主管部门或开办单位在所接受的财产范围内承担责任”。上述规定适用于股东注册资金不实、抽逃注册资金或无偿接受公司财产这几种情形，且有被执行人无财产清偿债务，被执行人被撤销、注销或歇业等前提条件的限制。本案中，刘某在追加申请中主张的事由为滥用公司法人地位损害公司债权人的利益以及两个股东为夫妻关系、公司财产与股东财产混同，两个事由均不在上述法定情形之列，因而法院不予支持。

综上，本案执行法院和复议法院的裁定是正确的。

54. 被执行人提出债务消灭异议的，应以被执行人为异议人由执行裁决机构直接审查

申请复议人（原案申请执行人）：朗升实业有限公司（原名称为劲伟实业有限公司，1999 年 12 月名称变更为现名）

原案被执行人：地质矿产部北京地质仪器厂

一、案情

地质矿产部北京地质仪器厂（以下简称地质仪器厂）、广陵（中国）电子有限公司、劲伟实业有限公司于 1994 年 4 月合资成立了北京西陵科技有限公司（以下简称西陵公司）。同年 8 月，西陵公司的股东变更为地质仪器厂、劲伟实业有限公司。后因合资双方在履行合资合同过程中发生争议，地质仪器厂于 1998 年 10 月向中国国际经济贸易仲裁委员会深圳分会申请仲裁，该会于 1999 年 9 月 24 日作出（99）深国仲结字第 77 号裁决，裁决的内容主要有三项：（1）终止合资合同。（2）合资公司依法进行清算。地质仪器厂应于裁决作出之日起 40 日内向合资公司支付 135 万美元作为清算财产，合资公司应在清算开始后委托有法定资格的房地产评估单位对地质仪器厂投入合资公司使用的土地使用权（按同种类的工业用地）和厂房进行现值评估，如评估价值高于 135 万美元，地质仪器厂应于评估报告作出之日起 10 日内将高于 135 万美元部分的升值价款支付给合资公司。（3）地质仪器厂应于裁决作出之日起 30 日内向劲伟实业有限公司支付赔偿金人民币 500 万元。

1999 年 11 月，因地质仪器厂未履行生效仲裁裁决确定的义务，劲伟实业有限公司（1999 年 12 月名称变更为朗升实业有限公司，以下简称朗升公司）申请法院强制执行，执行法院依法予以受理。

2000 年 8 月，由于西陵公司不能按照普通清算程序进行清算，地质仪器厂向有关部门申请特别清算。2004 年 12 月，商务部作出批复，同意对西陵公司进行特别清算，并委托北京市投资促进局主持特别清算工作。2005 年 4 月，西陵公司特别清算委员会召开第三次会议，决定委托北京市价格认证中心按仲裁裁决对地质仪器厂投入合资公司使用的土地使用权和厂房进行现值评估。2005 年 9 月，北京市价格认证中心作出评估报告，评估结果为人民币 1 170.28万元（按人民币兑美元汇率 827.81 计算，折合 1 413 706.04 美元）。

2005年10月，因就地质仪器厂是否按照生效仲裁裁决的规定支付了清算财产等问题产生争议，朗升公司向西陵公司特别清算委员会申请中止特别清算工作。2007年5月，西陵公司特别清算委员会向商务部递交了“关于西陵公司特别清算中止报告”。

执行过程中，地质仪器厂向执行法院提交其已向西陵公司支付135万美元清算财产的情况说明及相关材料，称其在1999～2005年分期分批汇入西陵公司人民币1194.87万元（按人民币兑美元汇率827.81计算，折合1 443 410.93美元），已履行完生效仲裁裁决确定的第二项义务。朗升公司对此不予认可，并向执行法院提交了“关于对北京地质仪器厂135万美元入资情况的说明的严正异议”，称地质仪器厂意在拖延执行，请求执行法院按照生效仲裁裁决依法强制执行，并查封地质仪器厂的银行账户及资产。

对朗升公司提出的上述“严正异议”，执行法院按照《民事诉讼法》第202条的规定以朗升公司为异议人予以立案审查。

二、审查情况

执行法院经审查认为，根据现有证据表明，地质仪器厂在仲裁裁决生效后实际向合资公司支付的人民币折合为美元后已超过该厂应按仲裁裁决支付的135万美元，应视为该厂已履行了生效裁决所确定的该项义务。对合资公司使用的土地使用权和厂房委托北京市价格认证中心评估的决定系由西陵公司特别清算委员会讨论通过并形成的决议，现朗升公司单方请求重新评估的申请及理由本院不予审查。合资公司使用的土地使用权和厂房的评估价值虽然高于135万美元，但少于地质仪器厂已向合资公司支付的款项，因此地质仪器厂实际已将土地使用权和厂房高于135万美元部分升值价款支付给了合资公司。综上，朗升公司请求继续执行地质仪器厂剩余款项及对合资公司使用的土地和厂房重新委托评估的异议请求不予支持，予以驳回。朗升公司不服，申请复议。

复议法院经审查认为，根据《民事诉讼法》第202条的规定，当事人认为执行行为违反法律规定的，可以向负责执行的人民法院提出书面异议。被执行人提出债务已经消灭或部分消灭的异议的，执行法院应参照上述规定以被执行人为异议人进行立案审查。本案中，被执行人地质仪器厂向执行法院提交其已向西陵公司支付135万美元清算财产的情况说明后，申请执行人朗升公司不予认可，执行法院应当以地质仪器厂为异议人予以立案审查，其以朗升公司为异议人进行立案审查不妥，该院受理的执行异议案件应予撤销，所作的执行裁定书亦应撤销。据此，复议法院依照《民事诉讼法》第140条第1款第（11）项的规定作出裁定，撤销了原异议案件和异议裁定。

三、意见

本案的焦点问题是：应通过何种程序审查解决双方当事人对于债务是否已经消灭的争议。对此，存在以下两种意见。

第一种意见认为，本案是一个执行行为异议案件。在强制执行过程中，被执行人提出债务已经消灭或者部分消灭的主张，如果申请执行人不同意，即产生争议，这种争议可以先由执行法院执行实施部门进行解决并作出处理结果，各方当事人对于执行实施部门作出的处理结果不服的，可以依照民事诉讼法第202条的规定提出执行行为异议。本案中，虽然执行法院作为执行实施部门没有作出明确、具体、积极的执行行为，但实质上认定了地质仪器厂已经依法履行了义务，并将这种认定通过不继续强制执行这种不作为的形式表现出来。因此，朗升公司提出的“严正异议”，实质上是针对执行法院不继续强制执行这种消极的执行行为而提出的异议。有观点进一步提出，默示的消极执行行为不得成为执行行为异议的对象。本案中，执行实施部门应该通过明确具体的方式将争议处理结果体现出来，比如制作决定书或者明确告知各方处理结果并载入笔录等。

第二种意见认为，本案不是一个执行行为异议案件，而是一个特殊类型的异议案件。各方当事人对于债务是否已经消灭或者部分消灭存在争议的，对于这种争议的处理涉及实体问题，依照执行权分权配置原则，应当将主张债务已经消灭或者部分消灭的被执行人作为异议人，由执行法院执行裁决部门直接立案审查，执行法院执行实施部门不应予以审查判断。

笔者同意第二种意见。理由如下。

司法实践中，债务是否已经消灭或者部分消灭的争议不可避免地存在，对这种争议应该通过什么程序解决，学理上和一些大陆法系国家或者地区的立法都采用债务人异议之诉制度来救济，比如德国、日本和我国台湾地区。债务人异议之诉是指债务人主张执行依据所确定的权利，与债权人在实体法上的权利现状不符，请求通过判决排除执行依据的执行力的救济方法，其诉讼原告须为执行依据所确定的债务人或其继受人，其异议事由之一即是债务人提出债务已经消灭或者部分消灭。执行依据确定之后，可能因为债务人的清偿、提存、抵销或者债权人的债务免除等原因，导致执行依据确定的权利义务与当事人之间实际存在的权利义务不相符合，如果债权人申请强制执行执行依据确定的权利义务的，人民法院应当依照执行依据实施强制执行，这在程序上是合法的，但在实体法上可能使债务人遭受损害。为维护公平正义，应当允许债务人提起异议之诉，以求救济。

债务是否已经消灭或者部分消灭的主张涉及实体问题，对当事人各方的权益影响重大，如果能通过较为严谨的诉讼程序来解决则更加合理，更加有利于保护各方当事人的合法权益，但我国法律没有规定债务人异议之诉，也没有针对这种异议设置专门的救济制度。我们认为，在现行法律规定的执行救济制度框架内，根据不同执行救济制度的异议主体不同，这类异议可以参照《民事诉讼法》第202条规定，由执行裁决部门直接立案审查。但这类异议是一种特殊的异议，不同于执行行为异议，也不能从形式上将其作为执行行为异议审查。一方面，从异议的实质内容来看，这类异议的核心争议在于当事人之间实体法上权利义务关系的实然状态，而执行行为异议的核心争议在于执行行为是否违反法律规定，两者截然不同。另一方面，先由执行实施部门进行审查再通过执行行为异议复议制度救济，相当于人民法院对该争议进行了三次审查，无端损耗了司法资源，违背了执行效率原则。

综上，被执行人提出债务已经消灭或者部分消灭的异议，是一种特殊类型的异议，应当将提出主张的被执行人作为异议人，由执行裁决部门直接立案审查。有鉴于此，《北京市高、中级法院执行局（庭）长座谈会（第三次会议）纪要》第1条规定将其作为一种专门的异议类型予以明确。在强制执行过程中，被执行人提出上述异议的，执行实施部门可以将该异议转达给申请执行人，如果申请执行人认可被执行人异议主张的，执行实施部门即可根据当事人的合意进行强制执行程序，如果双方存在实体争议的，应当移交执行裁决部门以被执行人作为异议人，专门立案审查。本案中，申请执行人针对被执行人关于债务已经消灭的异议提出了抗辩，执行法院执行裁决部门将这种抗辩作为其异议主张予以立案审查欠妥，应当予以纠正。

综上，复议法院的裁定是正确的。